STUDIUM UND PRAXIS

Alois Wagner
Strafvollstreckung

Strafvollstreckung

Lehrbuch für Studium und Praxis

von

Alois Wagner
Regierungsoberrat a. D.,
vormals Referent im
Sächsischen Staatsministerium der Justiz

2. Auflage

Verlag C. H. Beck München 2009

Verlag C. H. Beck im Internet:
beck.de

ISBN 978 3 406 57998 1

Wilhelmstraße 9, 80801 München

Druck und Bindung: Nomos Verlagsgesellschaft
In den Lissen 12, 76547 Sinzheim

Satz: Druckerei C. H. Beck Nördlingen
(Adresse wie Verlag)

Gedruckt auf säurefreiem, alterungsbeständigem Papier
(hergestellt aus chlorfrei gebleichtem Zellstoff)

Vorwort

Seit dem Erscheinen der ersten Auflage im Jahre 1996 hat sich im Bereich der Strafvollstreckung vieles getan. Leider konnte sich der Gesetzgeber bis heute nicht dazu durchringen, ein Strafvollstreckungsgesetz zu schaffen. So finden sich die Vorschriften für die Strafvollstreckung teilweise im StGB, in der StPO, in der StVollstrO, im BtMG, in der JbeitrO und anderen Verordnungen. Für die Gesetzgebung im Bereich des Strafvollzugs war bisher der Bund zuständig. Nach der Förderalismusreform ist diese Zuständigkeit auf die Länder übergegangen. Die meisten Bundesländer haben inzwischen eigene Strafvollzugsgesetze auch für den Bereich der Jugendstrafvollstreckung erlassen. In diesem Buch soll nur ganz am Rande auf den Strafvollzug eingegangen werden.

Ganz wesentlich ist die Änderung im RPflG. Die früher geltende Begrenzungsverordnung ist entfallen. Die Zuständigkeit im Bereich der Strafvollstreckung wurde voll und ganz dem Rechtspfleger übertragen, der damit eine weitgehende Verantwortung erhalten und damit auch ganz weitreichende Einschnitte gegen verurteilte Personen zu entscheiden hat. Aber auch für Richter, Staatsanwälte und Rechtsanwälte sind umfangreiche Kenntnisse im Bereich der Strafvollstreckung erforderlich.

Die Strafvollstreckung ist ein Gebiet, das Juristen und vor allem die Gerichte in vielfältiger Weise beschäftigt, ein Gebiet im Bereich der Strafjustiz, das jedoch in Studium und Lehre meist stiefmütterlich behandelt wird. Es ist deshalb unentbehrlich, Rechtspflegern, aber auch Staatsanwälten, Richtern und Rechtsanwälten einen Überblick über den Bereich der Strafvollstreckung anzubieten.

Vielfach konnten die Probleme nur angeschnitten werden. Der Verfasser war gezwungen, wegen der oft auseinandergehenden Rechtsprechung der Gerichte im Bereich der Strafvollstreckung auf Kommentare und Entscheidungen zu verweisen. Es würde den Rahmen dieses Lehrbuchs sprengen, wenn sich der Verfasser eingehend mit den verschiedenen Meinungen auseinandersetzte. So soll angeregt werden, sich mit den unterschiedlichen Entscheidungen selbst zu befassen und sich vor allem eigene Meinungen zu bilden.

Anregungen zur Verbesserung des Werkes werden gerne entgegengenommen. Allen denen, die sich schon die Mühe gemacht haben, dem Verfasser Vorschläge zu unterbreiten, sei an dieser Stelle nochmals gedankt.

Dresden, im Januar 2009 *Alois Wagner*

Inhaltsverzeichnis

2. Kapitel – Die Strafvollstreckung

1. Abschnitt. Einführung in das Strafvollstreckungsrecht

2. Abschnitt. Einleitung der Strafvollstreckung

3. Abschnitt. Die Vollstreckung von Freiheitsstrafen

4. Abschnitt. Die Strafzeitberechnung

5. Abschnitt. Nachträgliche Gesamtstrafenbildung nach §§ 54, 55 StGB, 460 StPO

6. Abschnitt. Geldstrafenvollstreckung

Abkürzungsverzeichnis

a. a. O.	am angegebenen Ort
Abs.	Absatz
Abschn.	Abschnitt
AG	Amtsgericht
Amtsverlust	Verlust der Amtsfähigkeit, der Wählbarkeit und des Stimmrechts
Anm.	Anmerkung
AO	Abgabenordnung
Art.	Artikel
Aufl.	Auflage
AuslG	Ausländergesetz
AZ	Aktenzeichen
BayOblG	Bayerisches Oberstes Landesgericht
BayVerfGH	Bayerischer Verfassungsgerichtshof
BegrVO	Begrenzungsverordnung
BGB	Bürgerliches Gesetzbuch
BGH	Bundesgerichtshof
BGHSt	Entscheidungen des Bundesgerichtshof in Strafsachen
BGHZ	Entscheidungen des Bundesgerichtshofs in Zivilsachen
BRAGO	Bundesrechtsanwaltsgebührenordnung
BT	Bundestag
BtM	Betäubungsmittel
BtMG	Betäubungsmittelgesetz
BVerfG	Bundesverfassungsgericht
BVerfGG	Bundesverfassungsgerichtsgesetz
BZR	Bundeszentralregister
BZRG	Bundeszentralregistergesetz
d. h.	das heißt
DRK	Deutsches Rotes Kreuz
EBAO	Einforderungs- und Betreibungsanordnung
EGBGB	Einführungsgesetz zum Bürgerlichen Gesetzbuch
EGGVG	Einführungsgesetz zum Gerichtsverfassungsgesetz
EGStGB	Einführungsgesetz zum Strafgesetzbuch
evtl.	eventuell
FA	Führungsaufsicht
FeV	Fahrerlaubnis-Verordnung
Fischer	Fischer, Strafgesetzbuch und Nebengesetze, 56. Auflage 2009
FS	Freiheitsstrafe
FV	Fahrverbot
GA	Goltdammer's Archiv für Strafrecht
GewO	Gewerbeordnung
GG	Grundgesetz
ggf.	gegebenenfalls
GKG	Gerichtskostengesetz
GVG	Gerichtsverfassungsgesetz
h. M.	herrschende Meinung
i. S.	im Sinne
i. V. m.	in Verbindung mit
JArbSchG	Jugendarbeitsschutzgesetz
JBeitrO	Justizbeitreibungsordnung
JGG	Jugendgerichtsgesetz
JJMMTT	Jahre, Monate, Tage
JuMoG	Justizmodernisierungsgesetz
Justiz	Die Justiz (Zeitschrift)

JZ	Juristenzeitung
Kap.	Kapitel
KV	Kostenverzeichnis
LG	Landgericht
Maßregeln	Maßregeln der Besserung und Sicherung
Meyer-Goßner	Meyer-Goßner, Strafprozessordnung, 51. Aufl. 2008
MiStra	Mitteilungen in Strafsachen
NJW	Neue Juristische Wochenzeitschrift
NStZ	Neue Zeitschrift für Strafrecht
OLG	Oberlandesgericht
OrgHaft	Organisationshaft
OWiG	Ordnungswidrigkeitengesetz
PLK	psychiatrisches Landeskrankenhaus
Rn.	Randnummer, Randnummern
RK	Rechtskraft
Rpfleger	Der Deutsche Rechtspfleger (Zeitschrift)
RpflG	Rechtspflegergesetz
RVG	Rechtsanwaltsvergütungsgesetz
StGB	Strafgesetzbuch
StPO	Strafprozessordnung
StV	Strafverteidiger
StVG	Straßenverkehrsgesetz
StVollstrO	Strafvollstreckungsordnung
StVollZG	Strafvollzugsgesetz
StVZO	Straßenverkehrs-Zulassungsordnung
TB	Tagbeginn
TE	Tagende
TS	Tagessätze
TTMMJJ	Tage, Monate, Jahre
U-Haft	Untersuchungshaft
u. a.	und anderes
u. U.	unter Umständen
u. v. a.	und vieles andere
UdG	Urkundsbeamter der Geschäftsstelle
UVollzO	Untersuchungshaftvollzugsordnung
vgl.	vergleiche
VZR	Verkehrszentralregister
WDO	Wehrdisziplinarverordnung
WiStG	Wirtschaftsstrafgesetz
WStG	Wehrstrafgesetz
z. B.	zum Beispiel

1. Kapitel. Die Rechtsfolgen der Tat

I. Allgemeines

Aufgabe des Strafrechts ist der Schutz des Zusammenlebens der Menschen in der Gemeinschaft. Niemand kann auf Dauer ganz auf sich selbst gestellt existieren. Das Strafrecht als Friedens- und Schutzordnung für die menschlichen Sozialbeziehungen hat darum fundamentale Bedeutung. Die Sozialordnung allein kann jedoch das Zusammenleben der Menschen in der Gemeinschaft nicht sicherstellen. Sie muss durch die Rechtsordnung ergänzt, verfeinert und verstärkt werden. Das Strafrecht sichert die Unverbrüchlichkeit der Rechtsordnung durch staatlichen Zwang. 1

Die Strafgewalt des Staates darf zum Schutz des Zusammenlebens der Menschen in der Gemeinschaft nicht in beliebiger Weise und nicht in beliebigem Umfang eingesetzt werden. Das Strafrecht soll zwar dazu beitragen, das Chaos in der Welt zu überwinden und die Willkür der Menschen durch bewusste Beschränkung ihrer Freiheit einzudämmen, aber es kann dies nur in einer Form tun, die mit dem gesamten Kulturzustand der Nation vereinbar ist. Unter einer Verfassung, die sich wie diejenige der Bundesrepublik Deutschland als *freiheitliche, demokratische Grundordnung* versteht, vermag das Strafrecht den Gesellschaftsschutz nur dadurch zu gewährleisten, dass es den öffentlichen Frieden sichert, die Handlungsfreiheit des Einzelnen zugleich achtet und gegen rechtswidrigen Zwang verteidigt und bei erheblichen Rechtsbrüchen nach dem Prinzip der austeilenden Gerechtigkeit verfährt. Schutz des öffentlichen Friedens heißt, die Vorherrschaft des Stärkeren zu brechen und damit allen Bürgern die freie Entfaltung ihrer Persönlichkeit zu sichern. Allgemeine Sicherheit bedeutet nicht einen Zustand, in dem es keine Verbrechen oder Vergehen oder Ordnungswidrigkeiten gibt, wohl aber, dass die Kriminalität unter die Kontrolle des Staates gebracht ist, indem begangene Straftaten zu einem hohen Prozentsatz aufgeklärt und ohne Ansehen der Person verfolgt werden. Da das Grundgesetz die allgemeine menschliche Handlungsfreiheit gewährleisten will, darf das Strafrecht Beschränkungen nur dann anordnen, wenn dies zum Schutz der Gesellschaft unvermeidlich ist. Das Strafrecht soll zugleich durch Abwehr von Willkürakten schwerwiegender Art dem Einzelnen einen Spielraum schaffen, innerhalb dessen er sich frei entscheiden und seine Entschlüsse nach eigenem Ermessen durchführen kann. Das Strafrecht beschränkt also nicht die Freiheit, sondern es schafft Freiheit. Durch die *austeilende Gerechtigkeit* im Strafrecht sollen erhebliche Rechtsbrüche weder durch beliebige Milde bagatellisiert, noch durch übersteigerte Härte dramatisiert werden. 2

1. Repressive und präventive Funktion des Strafrechts

Das Strafrecht dient der Aufgabe des Gesellschaftsschutzes einmal durch die Ahndung von Rechtsverletzungen, die bereits stattgefunden haben, es ist insoweit repressiver Natur. Es dient dieser Aufgabe zum anderen durch die Verhütung von Rechtsverletzungen, die erst in der Zukunft zu befürchten sind, es ist insoweit präventiver Natur. Beide müssen als Einheit verstanden werden. 3

Die Ahndung einer bereits eingetretenen Rechtsverletzung durch die Strafe nach dem Prinzip der austeilenden Gerechtigkeit kommt ihrer Natur nach immer zu 4 spät, denn die Strafe blickt in die Vergangenheit und kann das begangene Unrecht nicht ungeschehen machen. Das gerichtliche Urteil bringt für den Täter wie auch für die Allgemeinheit unmissverständlich zum Ausdruck, dass das Recht sich, wenn auch manchmal erst spät, durchsetzt und dass darum damit gerechnet werden kann, dass es sich auch in Zukunft durchsetzen wird. Diese Wirkung wird erreicht, durch Aufstellung klarer, dem Gemeinverständnis zugänglicher Strafvorschriften, die den Unwertgehalt der verbotenen Handlung eindeutig kennzeichnen, durch eine an der Tatschwere und dem Verschulden orientierte Strafbemessung, die in der Allgemeinheit als gerecht empfunden wird.

5 Darüber hinaus hat das Strafrecht aber auch unmittelbar eine präventive Funktion zu erfüllen. Jede Strafe soll dazu beitragen, bei dem Verurteilten die Achtung vor dem Recht wieder zu festigen und ihn aus eigener Kraft und Einsicht auf den Weg der Ordnung zurückzuführen. Eine zu große Milde kann diese Funktion nicht erfüllen, aber auch eine zu große Härte vermag dies nicht zu tun; sie ist dagegen geeignet, da diese Strafe als nicht gerecht angesehen wird und werden kann, den Täter zu veranlassen, nun erst recht gegen die Rechtsordnung zu verstoßen, um damit ein angeblich ihm zugefügtes Übel auszugleichen.

6 Es gibt aber auch eine Kriminalität, bei deren Trägern die Fähigkeit zur Selbstbindung an Regeln und Werte aufgrund körperlicher oder seelischer Defekte oder schweren Sozialisationsmängeln weitgehend fehlt und bei denen deshalb der Einfluss der Strafe bis zur Wirkungslosigkeit abgeschwächt ist.[1] Sie stellen deshalb ein latentes Potential der Kriminalität von großer Gefährlichkeit dar. Ihnen gegenüber muss das Strafrecht mit anderen Mitteln vorgehen, um die Aufgabe des Gesellschaftsschutzes zu erfüllen. Das moderne Strafrecht hat zu diesem Zwecke Maßregeln der Besserung und Sicherung geschaffen.

7 Das Strafrecht kann nicht überall eingreifen, wo Störungen des Gemeinschaftslebens auftreten, sondern muss auf den Schutz der Grundwerte der Sozialordnung beschränkt bleiben. Es hat die Aufgabe, Rechtsgüter zu schützen. Allen Strafrechtsnormen liegen positive Werturteile über Lebensgüter zugrunde, die für das Zusammenleben der Menschen in der Gemeinschaft unentbehrlich sind und daher durch die Zwangsgewalt des Staates mittels der öffentlichen Strafe geschützt werden.

Die den Strafrechtsnormen zugrunde liegenden Werturteile beziehen sich aber nicht nur auf die zu schützenden Rechtsgüter, sondern auch auf die **Qualität der menschlichen Handlungen.** Rechtlich ist es ein fundamentaler Unterschied, ob ein Unwetter Schaden anrichtet oder eine vorsätzlich ausgelöste Explosion, obwohl der Erfolg in beiden Fällen der gleiche sein kann, oder ob durch fahrlässiges Handeln der Tod eines Menschen herbeigeführt wird oder durch eine vorsätzliche Tötung.

2. Strafrecht und Strafgewalt

8 Das Strafrecht und das Recht der Ordnungswidrigkeiten bestimmen,[2] welche Zuwiderhandlungen gegen die soziale Ordnung Verbrechen sind, welches Vergehen und welche Zuwiderhandlungen Ordnungswidrigkeiten sind, es droht als Rechtsfolge die Strafe bzw die Sanktion nach dem Ordnungswidrigkeitengesetz (OWiG) an. Das Strafrecht beruht auf der Strafgewalt des Staates. Es gehört zu den elementaren Aufgaben des Staates, eine Rechtsordnung zu schaffen, weil ohne sie menschliches Zusammenleben nicht möglich wäre. Verbrechen, Vergehen, Strafe und Maß-

[1] Auf die Schuldfähigkeit bzw. die beschränkte Schuldfähigkeit wird später eingegangen.
[2] Die Unterscheidung zwischen Vergehen und Verbrechen ist in § 12 StGB definiert.

regeln der Besserung und Sicherung sind die Grundbegriffe des modernen Strafrechts. Verbrechen ist das vom Tatbestand des Strafgesetzes in seinen Merkmalen festgelegte, mit Strafe bedrohte Unrecht, für das der Täter einen Schuldvorwurf verdient. Maßregeln dienen dem Schutz der Allgemeinheit und des Täters gegen sich selbst. Vergehen sind wie die Verbrechen das vom Tatbestand des Strafgesetzes in seinen Merkmalen festgelegte, mit Strafe bedrohte Unrecht. Die Unterscheidung trifft § 12 StGB. So sind Verbrechen Taten, die in der **Mindestmaß der Strafandrohung** mit Freiheitsstrafe von mindestens 1 Jahr oder mehr bedroht sind. Schärfungen oder Minderungen, die nach den Vorschriften des Allgemeinen Teils des StGB oder für besonders schwere Fälle vorgesehen sind, bleiben für diese Einteilung außer Betracht.[3] Vergehen sind demnach rechtswidrige Taten, die im **Mindestmaß** mit einer geringeren Freiheitsstrafe oder mit Geldstrafe bedroht sind. Es kommt hier also nicht auf die rechtskräftig verhängte Strafe an. Selbst wenn für einen Diebstahl eine Freiheitsstrafe von 2 Jahren verhängt wird, bleibt Diebstahl ein Vergehen, da die **Mindeststrafandrohung** die Geldstrafe ist. Wird dagegen eine Tat, die nach diesen Kriterien ein Verbrechen ist, auf Grund besonderer Milderungsgründe mit einer geringeren Strafe als 1 Jahr Freiheitsstrafe geahndet, bleibt diese Tat ein Verbrechen. Maßregeln der Sicherung und Besserung dienen dem Schutz der Allgemeinheit und des Täters gegen sich selbst.

II. Hauptgebiete des Strafrechts

1. Das materielle Strafrecht (StGB) regelt die Voraussetzungen der Strafbarkeit 9
und der Anwendbarkeit von Maßregeln im Allgemeinen, nennt die zulässigen Strafen, Maßregeln und sonstigen Maßnahmen und Nebenfolgen, legt die Grundzüge der Zumessung fest und bestimmt die Grenzen der staatlichen Strafgewalt.

2. Das Strafverfahrensrecht (StPO) ist der Inbegriff derjenigen Vorschriften, die 10
zur Durchsetzung der sich aus dem materiellen Strafrecht ergebenen Rechtsfolgen erforderlich sind.

3. Das Strafvollstreckungsrecht (StVollstrO) umfasst alle Rechts- und Verwal- 11
tungsvorschriften, die die Einleitung, Durchführung und Überwachung der rechtskräftig angeordneten Strafen, Maßregeln, Maßnahmen und Nebenfolgen betreffen.

III. Grundsätze des Strafrechts

Der Schuldgrundsatz bedeutet, dass Strafe nur auf die Feststellung gegründet 12
werden darf, dass dem Täter seine Tat zum Vorwurf gemacht werden kann. Aus diesem Prinzip ergibt sich, dass Strafe überhaupt **Schuld** voraussetzt, so dass, wer ohne Schuld handelt, nicht bestraft werden kann, zum anderen, dass die Strafe auch das Maß der Schuld nicht überschreiten darf. Auf dieser Grundlage ist die Straftat (Verbrechen oder Vergehen) eine tatbestandsmäßige, rechtswidrige und schuldhafte Handlung. Sie muss also dem Täter zum Vorwurf gereichen.

Der Grundsatz der Rechtsstaatlichkeit hat die Rechtssicherheit zu verbürgen. 13
Da das Strafrecht die tiefsten Eingriffe in die Freiheitssphäre des Bürgers ermöglicht, müssen besondere Schutzvorkehrungen gegen seinen Missbrauch getroffen werden. So bestimmt Art. 103 II GG, dass eine Tat nur dann bestraft werden kann, wenn die Strafbarkeit gesetzlich bestimmt war, *bevor* die Tat begangen wurde.

---

[3] § 12 Abs. 3 StGB.

Im Vordergrund steht die Wahrung der Menschenrechte nach Art. 1 GG. Daraus folgt mit der Gewährleistung der allgemeinen Handlungsfreiheit nach Art. 2 GG für das Strafrecht die Beschränkung auf **notwendige Eingriffe** und die Verhältnismäßigkeit der Mittel.

14 Grundlage muss endlich der **Grundsatz der Humanität** sein. Strafrecht hat seine Aufgabe zum großen Teil in der Rückgewinnung verurteilter Straftäter in die soziale Ordnung. So muss auch der Gefangene menschlich und mit Achtung der Menschenwürde behandelt werden. Diese Regelungen sind in den Strafvollzugsgesetzen (StVollzG) der Bundesländer enthalten. Nach der Förderalismusreform ist die Zuständigkeit für den Strafvollzug auf die Länder übergegangen. Nach der alten Bestimmung in § 4 StVollzG unterliegt der Gefangene nur den in diesem Gesetz vorgesehenen Beschränkungen seiner Freiheit. Diese Bestimmung wurde, soweit ersichtlich auch in alle Strafvollzugsgesetzte der Länder aufgenommen. Soweit das StVollzG eine besondere Regelung nicht enthält, dürfen dem Gefangenen nur Beschränkungen auferlegt werden, die zur Aufrechterhaltung der Sicherheit oder zur Abwendung einer schwerwiegenden Störung der Ordnung der Anstalt unerlässlich sind.

IV. Übersicht über die Rechtsfolgen der Tat

15 **Strafen**

Geldstrafe – § 40 StGB	*5 bis 360 Tagessätze (TS)*
	Höhe der TS € 1–5.000,–[4]
Freiheitsstrafe – §§ 38 f. StGB	*lebenslang*
	zeitig – 1 Monat bis 15 Jahre
Nebenstrafen	*Fahrverbot § 44 StGB*
	Vermögensstrafe § 43 a StGB[5]

Verwarnung mit Strafvorbehalt – §§ 59 ff. StGB
Absehen von Strafe – § 60 StGB

Maßregeln der Besserung und Sicherung

- Sicherungsverwahrung – § 66 StGB
- Unterbringung im psychiatrischen Krankenhaus – § 63 StGB
- Unterbringung in der Entziehungsanstalt – § 64 StGB
- Führungsaufsicht – § 68 StGB
- Entziehung der Fahrerlaubnis – §§ 69 f. StGB
- Berufsverbot – § 70 StGB

Sonstige Maßnahmen

- Aberkennung der Amtsfähigkeit, der Wählbarkeit und des Stimmrechts – § 45 StGB
- Verfall und Verfall des Wertersatzes – §§ 73 ff. StGB
- Einziehung und Einziehung des Wertersatzes – §§ 74 ff. StGB
- nachträgliche Anordnung von Verfall oder Einziehung des Wertersatzes einschließlich der selbständigen Anordnung – §§ 76 f. StGB

---

[4] Die Höhe der Tagessätze stammt aus dem Jahr 1975. Nach einem Kabinettsbeschluss vom Herbst 2008 sollen die Tagessatzhöhen angehoben und den wirtschaftlichen Verhältnissen angepasst werden.

[5] § 43 a StGB ist gemäß BVerfGE vom 20. 3. 2002 – BvR 794/95 mit Artikel 103 Abs. 2 GG unvereinbar und nichtig. Diese Entscheidungsformel hat gemäß § 31 Abs. 2 BVerfGG Gesetzeskraft.

1. Die Freiheitsstrafe

16

> **Die Freiheitsstrafe** ist zeitig, wenn das Gesetz nicht lebenslange Freiheitsstrafe androht. Das Höchstmaß der zeitigen Freiheitsstrafe ist 15 Jahre, ihr Mindestmaß ein Monat – § 38 StGB.
>
> Freiheitsstrafe unter einem Jahr wird nach vollen Wochen und Monaten, Freiheitsstrafe von längerer Dauer nach vollen Monaten und Jahren bemessen – § 39 StGB.

Nach Abschaffung der Todesstrafe durch Art. 102 GG ist die lebenslange Frei- 17
heitsstrafe bei Anwendung des allgemeinen Strafrechts die schwerste Strafe. Sie ist als absolute Strafe in § 221 (Mord) und § 220a Abs. 1 Nr. 1 StGB vorgeschrieben und kann auch verhängt werden nach weiteren Strafvorschriften, so z.B. nach § 80 StGB (Vorbereitung eines Angriffskrieges), § 81 StGB (Hochverrat gegen den Bund), § 212 StGB (Totschlag) u.a. Die lebenslange Freiheitsstrafe muss aber in der entsprechenden Strafvorschrift zugelassen sein.[6]

Für die Bemessung der zeitigen Freiheitsstrafen ist die Höchststrafe auf 15 Jahre 18
festgelegt. Diese zeitige Freiheitsstrafe kann auch bei der Bildung einer Gesamtfreiheitsstrafe nicht überschritten werden. Ist z.B. aus 2 oder mehreren einzelnen Freiheitsstrafen von je 15 Jahren eine Gesamtfreiheitsstrafe zu bilden, so kann die Gesamtfreiheitsstrafe höchstens 15 Jahre sein.

Einzelstrafen bis zu einem Jahr sind immer nach vollen Wochen und Monaten zu verhängen. Nicht möglich ist deshalb eine Einzelstrafe von 6 Monaten und 3 Tagen. Freiheitsstrafen von längerer Dauer sind nach vollen Monaten und Jahren zu bemessen. Nicht möglich ist deshalb eine Freiheitsstrafe von 1 Jahr und 2 Wochen.[7] Auf Bruchteile von Zeiteinheiten darf nicht erkannt werden, wie z.B. auf „ein halbes Jahr" oder einen „halben Monat", wobei aber Umdeutung möglich ist, wie zum Beispiel ein halbes Jahr in 6 Monate. Das Mindestmaß von 1 Monat darf grundsätzlich nicht unterschritten werden.

Bei der Bildung einer Gesamtfreiheitsstrafe unter einem Jahr kommt eine Bemes- 19
sung nach Wochen zum Zuge, bei einer Gesamtstrafe von 1 Jahr und mehr muss zwar bei 2 Einzelstrafen von 1 Jahr die niedrigste Strafe 1 Jahr und 1 Monat betragen, doch kann die Gesamtstrafe dann auf 1 Jahr und 1 Woche lauten, wenn die Einzelstrafen z.B. 1 Jahr und 1 Monat betragen – *BGH* 16, 167 und zwar entgegen dem Wortlaut des § 54 Abs 1 und 2 StGB. Kann eine Strafe, weil sie bereits vollstreckt ist, nicht mehr zu einer Gesamtstrafe herangezogen werden, so kann der erforderliche Härteausgleich zu einer Strafe nach Jahren, Monaten und Wochen führen – NJW 89, 236.[8]

---

[6] Die Aufzählung ist nicht vollständig.

[7] Ausnahmen sind möglich bei der nachträglichen Gesamtstrafenbildung nach § 460 StPO. Siehe hierzu Ausführungen bei der nachträglichen Gesamtstrafe.

[8] Vgl. auch *Fischer*, Anm. 7 und 22 zu § 46 StGB.

2. Die Geldstrafe

20 **Die Geldstrafe** wird in Tagessätzen verhängt. Sie beträgt mindestens 5 und, wenn das Gesetz nichts anderes bestimmt, höchstens 360 volle Tagessätze. Die Höhe eines Tagessatzes bestimmt das Gericht unter Berücksichtigung der persönlichen und wirtschaftlichen Verhältnisse des Täters. Ein Tagessatz wird auf mindestens € 1,– und höchstens € 5.000,– festgesetzt – § 40 StGB.[9]

21 Neben Freiheitsstrafe darf Geldstrafe nur unter den Voraussetzungen des § 41 StGB verhängt werden, und zwar dass sich der Täter durch die Tat bereichert hat bzw. einen Vermögensvorteil verschafft hat oder sich zu bereichern versucht und die kumulative Geldstrafe auch unter Berücksichtigung der persönlichen und wirtschaftlichen Verhältnisse des Täters nach Strafzumessungsgrundsätzen angebracht ist.

22 Die Anzahl der Tagessätze bestimmt das Gericht im Zumessungsakt. Es hat sich hierbei vor der Überlegung leiten zu lassen, wie viel Tagessätze erforderlich sind, um im Rahmen einer schuldgerechten Strafe die bestmögliche Wirkung zu erzielen. Die finanzielle Belastbarkeit des Täters spielt hier keine Rolle.

23 Geldstrafe im Rechtssinne ist nicht schon die Anzahl der Tagessätze, sondern erst das Produkt aus Anzahl und Höhe des Tagessatzes, die Geldstrafenendsumme – *BGH* 27, 363. Sie allein ist das vollstreckungsfähige und für die verurteilte Person fühlbare Strafübel. Für die Höhe der Tagessätze ist maßgebend in erster Linie das Nettoeinkommen. Es umfasst alle Einkünfte aus selbständiger oder nichtselbständiger Arbeit, aus Kapitalvermögen, Gewerbebetrieben, Vermietung und Verpachtung, Renten, Unterhaltsbezügen und auch allen unbaren Vorteilen. Es kommt jedoch nicht nur auf das tatsächliche, sondern auch auf das in zumutbarer Weise erzielbare, potentielle Einkommen an. Die Unterhaltsverpflichtungen des Täters sind angemessen zu berücksichtigen. Andere Verbindlichkeiten nehmen nur in besonderen Fällen auf die Tagessatzhöhe Einfluss. An sich ist es Aufgabe der Ermittlungsbehörde, die wirtschaftlichen und persönlichen Verhältnisse des Täters zu ermitteln. Das Gesetz gibt jedoch dem Gericht eine Schätzungsbefugnis, wenn der Täter von vornherein keine oder unzureichende oder unzutreffende Angaben macht.

Die Entscheidungsformel des Gerichts muss bei der Verhängung von Geldstrafen sowohl die Anzahl der Tagessätze, als auch ihre Höhe enthalten und zwar auch dann, wenn aus einer Freiheitsstrafe und einer Geldstrafe im Urteil eine Gesamtfreiheitsstrafe nach § 53 StGB zu bilden ist, da ansonsten bei einer evtl späteren Auflösung der Gesamtfreiheitsstrafe in die Einzelstrafen die Geldstrafe mangels Angabe der Höhe der Tagessätze nicht vollstreckbar ist.

24 Die Entscheidung über die Höhe der Tagessätze und deren Anzahl ist getrennt anfechtbar, da es sich bei den Entscheidungen um zwei grundsätzlich getrennte Entscheidungen handelt – *BGH* 27, 70.

25 Für eine Tat können höchstens 360 Tagessätze verhängt werden. Wird jedoch aus mehreren Geldstrafen nachträglich eine Gesamtgeldstrafe gebildet, oder wird der Täter wegen mehrerer begangener Taten gleichzeitig abgeurteilt und wird wegen

[9] Nach einem bereits gefassten Kabinettsbeschluss sollen die Tagessatzhöhen den neuen wirtschaftlichen Verhältnissen angepasst werden. Die jetzt noch gültigen Tagessatzhöhen beruhen auf den wirtschaftlichen Verhältnissen Mitte der 70er-Jahre.

jeder abgeurteilten Tat eine Geldstrafe verhängt, so darf auf eine Gesamtgeldstrafe von bis zu 720 Tagessätzen erkannt werden. (Vergleiche den Gegensatz zur zeitigen Freiheitsstrafe. Hier beträgt die höchste zeitige Freiheitsstrafe für eine Tat 15 Jahre und die Gesamtfreiheitsstrafe beträgt hier ebenfalls höchstens 15 Jahre. Aus mehreren zeitigen Freiheitsstrafen kann nie eine Gesamtfreiheitsstrafe dergestalt gebildet werden, dass eine lebenslange Freiheitsstrafe herauskommt).

3. Verwarnung mit Strafvorbehalt

Hat jemand Geldstrafe bis zu 180 Tagessätzen verwirkt, so kann das Gericht ihn **26** neben dem Schuldspruch verwarnen, die Strafe bestimmen und die Verurteilung zu dieser Strafe vorbehalten, wenn

1. zu erwarten ist, dass der Täter künftig auch ohne Verurteilung zu Strafe keine Straftaten mehr begehen wird,
2. nach der Gesamtwürdigung von Tat und Persönlichkeit des Täters besondere Umstände vorliegen, die eine Verhängung von Strafe entbehrlich machen, und
3. die Verteidigung der Rechtsordnung die Verurteilung zu Strafe nicht gebietet.

§ 56 Abs. 1 Satz 2 StGB gilt entsprechend. So sind namentlich die Persönlichkeit des Täters, sein Vorleben, die Umstände seiner Tat, sein Verhalten nach der Tat, seine Lebensverhältnisse und die Wirkungen zu berücksichtigen, die von der Verwarnung für den Täter zu erwarten sind.

Das Gericht stellt die Schuld des Täters fest und verwarnt ihn. Es bestimmt die **27** Strafe nach der Anzahl der Tagessätze und deren Höhe und behält sich die Verurteilung zu dieser Strafe vor, wenn sich der Täter nicht bewährt.

Neben der Verwarnung kann auf Verfall, Einziehung oder Unbrauchbarmachung erkannt werden. Neben Maßregeln der Besserung und Sicherung ist die Verwarnung mit Strafvorbehalt nicht zulässig. So kann neben der Verwarnung mit Strafvorbehalt zwar keine Entziehung der Fahrerlaubnis verhängt werden, wohl aber ein Fahrverbot nach § 44 StGB, da es sich bei dieser um eine Nebenstrafe handelt. Die vorbehaltene Strafe kann auch eine Gesamtgeldstrafe von bis zu 180 Tagessätzen sein. Ist nachträglich eine Gesamtstrafe, in die die vorbehaltene Strafe einzubeziehen ist zu bilden, muss der Verwarnte zuvor nicht zu der vorbehaltenen Strafe verurteilt werden. In diesem Fall steht die vorbehaltene Strafe einer erkannten Strafe gleich.[10]

Das Gericht bestimmt die Dauer der Bewährungszeit. Sie darf 2 Jahre nicht über- **28** schreiten und 1 Jahr nicht unterschreiten. Ferner kann das Gericht den Verwarnten anweisen,

- sich zu bemühen, einen Ausgleich mit dem Verletzten zu erreichen oder sonst den durch die Tat verursachten Schaden wieder gut zu machen,
- seinen Unterhaltspflichten nachzukommen,
- einen Geldbetrag zugunsten einer gemeinnützigen Einrichtung oder der Staatskasse zu zahlen,
- sich einer ambulanten Heilbehandlung oder einer ambulanten Entziehungskur zu unterziehen oder
- an einem Verkehrsunterricht teilzunehmen.

Dabei dürfen an die Lebensführung des Verwarnten keine unzumutbaren Anfor- **29** derungen gestellt werden. Unter den Voraussetzungen des § 56f. StGB kann das Gericht den Verwarnten zu der vorbehaltenen Strafe verurteilen, wenn er innerhalb

[10] Vgl. § 59c Abs. 2 StGB.

der Bewährungszeit neue Straftaten begeht oder gegen Weisungen und Auflagen beharrlich verstößt. Wird der Verwarnte nicht zu der vorbehaltenen Strafe verurteilt, stellt das Gericht nach Ablauf der Bewährungszeit fest, dass es bei der Verwarnung sein Bewenden hat.

4. Absehen von Strafe

30 Das Gericht sieht von Strafe ab, wenn die Folgen der Tat, die den Täter getroffen haben, so schwer sind, dass die Verhängung einer Strafe offensichtlich verfehlt wäre. Dies gilt nicht, wenn der Täter für die Tat eine Freiheitsstrafe von mehr als einem Jahr verwirkt hätte – § 60 StGB.

Das Absehen von Strafe ist nicht auf bestimmte Tatbestände beschränkt und kann auch angewendet werden, wenn der Täter ein Verbrechen begangen hat, jedoch darf der Täter keine höhere Strafe als Freiheitsstrafe von mehr als einem Jahr verwirkt haben. Es handelt sich hier um eine Tatfolgen-Ausnahmenregelung. Die Tat muss schwere Folgen für den Täter gehabt haben, das können körperliche oder wirtschaftliche Folgen sein aber auch Verlust von Angehörigen oder nahe stehenden Menschen. Verfehlt wäre die Strafe, wenn sie unter keinem ihrer Leitgesichtspunkte eine sinnvolle Funktion hätte[11] und auch vom Standpunkt der Rechtsgemeinschaft her die Verwirklichung eines Schuldvorwurfs nicht mehr sinnvoll erscheint. Das Verfehltsein von Strafe muss offensichtlich sein.

Neben der Anwendung des § 60 StGB kann ein Fahrverbot nicht verhängt werden, da das Fahrverbot eine Nebenstrafe ist. Wohl aber kann eine Maßregel der Besserung und Sicherung (z.B. Entziehung der Fahrerlaubnis) angeordnet werden.

5. Nebenstrafen

a) Das Fahrverbot

31 Das Fahrverbot kann grundsätzlich nur **neben** der Verurteilung zu einer Strafe verhängt werden (Nebenstrafe). Durch diesen Rechtscharakter unterscheidet sich das Fahrverbot von der Entziehung der Fahrerlaubnis (§§ 69ff. StGB), die eine Maßregel der Besserung und Sicherung ist. Schon hieraus ergibt sich, dass ein Fahrverbot als Nebenstrafe nur bei Vorliegen der Schuldfähigkeit verhängt werden kann, während eine Maßregel auch und gerade dann verhängt werden kann, wenn die Schuldunfähigkeit des Täters erwiesen oder nicht auszuschließen ist.

32 Zweck dieser Nebenstrafe ist es in erster Linie, dem Täter zusätzlich zu der Hauptstrafe einen fühlbaren „Denkzettel" zu erteilen. Durch die kurzfristige Ausschaltung aus dem motorisierten Straßenverkehr soll er vor dem Rückfall gewarnt und ihm das Gefühl dafür vermittelt werden, was es bedeutet, vorübergehend ohne Führerschein zu sein. Während die Entziehung der Fahrerlaubnis voraussetzt, dass sich der Täter durch die Tat als ungeeignet zum Führen von Kraftfahrzeugen erwiesen hat, ist die Nebenstrafe des Fahrverbots überwiegend als Warnungs- und Besinnungsstrafe für nachlässige oder leichtsinnige oder sonst pflichtvergessene Kraftfahrer gedacht. Bei Jugendlichen kann nach §§ 2, 6, 8 Abs. 3 JGG ein Fahrverbot neben Jugendstrafe auch neben Erziehungsmaßregeln und Zuchtmitteln ausgesprochen werden.

[11] *BGH* 27, 300.

aa) Voraussetzungen. Voraussetzung der Nebenstrafe des Fahrverbots ist zunächst die Verurteilung des Täters wegen einer Straftat zu einer Hauptstrafe. Eine Ordnungswidrigkeit genügt für die Verhängung eines Fahrverbots nach § 44 StGB nicht – vgl. aber Rn. 34.[12] Ferner ist unerheblich, ob die Tat vorsätzlich oder fahrlässig begangen worden ist, ob Vollendung oder strafbarer Versuch vorliegt. Auch auf die Höhe der erkannten Strafe kommt es nicht an. Voraussetzung ist aber stets, dass ein Strafausspruch erfolgt ist. Ein Fahrverbot ist danach ausgeschlossen, wenn es zwar zu einem Schuldspruch kommt, eine Straffestsetzung aber unterbleibt, wie allgemein nach § 60 StGB (Absehen von Strafe). An einer Verurteilung zu einer Strafe fehlt es auch bei der Verwarnung mit Strafvorbehalt. Ob in diesem Fall ein Fahrverbot verhängt werden kann, ist strittig, wie auch die Frage, ob bei einem Schuldspruch nach § 27 JGG die Verhängung eines Fahrverbots möglich ist. Die h.M. bejaht die Zulässigkeit der Verhängung eines Fahrverbots neben dem Schuldspruch nach § 27 JGG und nach der Verwarnung mit Strafvorbehalt. 33

Ein Fahrverbot kann auch verhängt werden, wenn der Verurteilte keine Fahrerlaubnis besitzt, oder wenn ihm im Strafverfahren die Fahrerlaubnis entzogen und eine Sperrfrist für die Neuerteilung einer Fahrerlaubnis festgesetzt wird. Dann hat das Fahrverbot praktisch die Bedeutung nur für Kraftfahrzeuge, die ohne Fahrerlaubnis geführt werden dürfen.

bb) Fahrverbot in Verbindung mit einer Ordnungswidrigkeit. Da der Gesetzgeber bei der Umgestaltung der Verkehrsübertretungen in Verkehrsordnungswidrigkeiten im Jahre 1968 auf die bewährte Einrichtung des Fahrverbots nicht verzichten wollte, wurde durch den neu eingefügten § 25 StVG die Möglichkeit geschaffen, ein Fahrverbot gleichen Inhalts wie nach § 44 StGB als Nebenfolge einer Verkehrsordnungswidrigkeit im Sinne des § 24 StVG neben einer Geldbuße durch Bußgeldbescheid der Verwaltungsbehörde und in einer gerichtlichen Bußgeldentscheidung festzusetzen, aber mit der Einschränkung, dass der Täter die Verkehrsordnungswidrigkeit **unter grober oder beharrlicher Verletzung der Pflichten eines Kraftfahrzeugführers** begangen hat. Das BVerfG hat dies für grundgesetzmäßig erklärt, dabei aber betont, dass von dem Fahrverbot nach § 25 StVG erst Gebrauch gemacht werden dürfe, wenn der angestrebte Erfolg im Einzelfall auch mit einer empfindlichen und im Wiederholungsfalle auch mit einer verschärften Geldbuße nicht erreicht werden könne. 34

Die Fristberechnung zur Vollstreckung des Fahrverbots nach § 25 StVG ist die gleich wie nach § 44 StGB. Hierauf wird im Vollstreckungsteil eingegangen. (s. 8. Abschn., Rn. 548ff.)

cc) Dauer des Fahrverbots. Die Mindestdauer des Fahrverbots beträgt 1 Monat, die Höchstdauer 3 Monate. Nicht möglich ist daher ein Fahrverbot von 4 Wochen. Verhängt das Gericht dennoch ein solches Fahrverbot entgegen den gesetzlichen Bestimmungen, darf die Vollstreckungsbehörde nicht ein Fahrverbot von 1 Monat vollstrecken. Die Entscheidung des Gerichts ist rechtskräftig geworden, insoweit gilt der Vertrauensschutz. Die Begrenzung der Höchstdauer erklärt sich aus dem Bestreben, die Denkzettelfunktion der Nebenstrafe deutlich gegenüber der einschneidenderen Maßnahme der Fahrerlaubnisentziehung mit der Mindestdauer der Sperrfrist von 6 Monaten abzugrenzen. 35

---

[12] Das Fahrverbot im Ordnungswidrigkeitenrecht ist in § 25 StVG geregelt.

b) Die Vermögensstrafe

36, 37 Die Vermögensstrafe wurde eingeführt zur Intensivierung der organisierten Kriminalitätsbekämpfung und wurde, wie das Fahrverbot als, **Nebenstrafe** ausgestaltet – § 43a StGB. Nach der Entscheidung des *BVerfG* vom 20. 3. 2002 – BvR 794/95 – (BGBl. I S. 1340) ist § 43a mit Artikel 103 Abs. 2 des Grundgesetzes unvereinbar und nichtig. Diese Entscheidungsformel hat gemäß § 31 Abs. 2 BVerfGG Gesetzeskraft. Die Folgen des Wegfalls der Vermögensstrafe wurden bereits im Revisionsverfahren entschieden. Danach steht das Verschlechterungsverbot des § 358 Abs. 2 StPO einer Erhöhung der Einzel- oder Gesamtstrafe entgegen;[13] infrage kommt aber die zusätzliche Verhängung einer Geldstrafe nach § 41 StGB.[14]

V. Maßregeln zur Besserung und Sicherung

38

§ 61 StGB enthält einen abschließenden Katalog über die möglichen und zulässigen Maßregeln. Mehrere Maßregeln können nach § 72 Abs. 2 StGB auch nebeneinander angeordnet werden. Jedoch schränkt § 62 StGB die Anordnung der Maßregeln ein. Sie dürfen nicht angeordnet werden, wenn sie zur Bedeutung der vom Täter begangenen und zu erwartenden Taten, sowie zum Grad der von ihm ausgehenden Gefahr außer Verhältnis stehen. § 62 StGB geht davon aus, dass der tief in Grundrechte einschneidende Eingriff, den vor allem eine freiheitsentziehende Maßregel darstellt, nur gerechtfertigt werden kann, wenn die Gefahr, die von dem Täter ausgeht, so groß ist, dass ihm, auch wenn er ohne Schuld gehandelt hat, ein solcher Eingriff im überwiegenden Interesse der Allgemeinheit zuzumuten ist. Fehlende Heilungschancen sind in diesem Zusammenhang bedeutungslos – MDR 7, 110.

1. Unterbringung in einem psychiatrischen Krankenhaus – § 63 StGB

39 Voraussetzung für Anordnung der Unterbringung in einem psychiatrischen Krankenhaus ist, dass **eine rechtswidrige Tat begangen wurde** also **keine Straftat** vorliegen muss. Eine rechtswidrige Tat ist eine solche, die den Tatbestand eines Strafgesetzes verwirklicht und damit auch das Vorliegen einer Handlung voraussetzt. Auf die Schuld des Täters kommt es hier nicht an im Gegensatz zu dem Begriff Straftat. Rechtswidrig ist eine Tat auch dann, wenn der Täter infolge seines

---

[13] *BGH* StV 2002, 302.
[14] *BGH* NStZ 2003, 198.

Zustandes Tatsachen verkennt, die jeder geistig Gesunde richtig erkannt hätte – *BGH* 3, 287 –. Bei Kindern und Jugendlichen, die infolge mangelnder Reife nicht verantwortlich sind, kommt § 63 StGB nicht in Betracht, anders jedoch, wenn bei Jugendlichen § 20 StGB oder § 21 StGB vorliegt.

Die Tat muss im Zustand der Schuldunfähigkeit nach § 20 StGB oder der erheblich verminderten Schuldfähigkeit nach § 21 StGB begangen worden sein. Der zur Zeit der Tat bestehende Zustand muss länger andauern und darf nicht nur vorübergehend gewesen sein. Der Zustand muss mit einer gewissen Wahrscheinlichkeit seine Gefährlichkeit für die Zukunft begründen. In den Fällen des § 21 StGB (verminderte Schuldfähigkeit) tritt die Unterbringung in einem psych. Krankenhaus regelmäßig neben die Strafe. Auch müssen die Voraussetzungen der §§ 20, 21 StGB zweifelsfrei festgestellt sein – *BGH* 34, 27 –. Es genügt aber die Feststellung, dass entweder ein Fall des § 20 oder des § 21 StGB vorliegt. 40

Die Gesamtwürdigung des Täters und der Tat muss zu einer negativen Gefährlichkeitsprognose führen, d.h. es müssen weitere erhebliche rechtswidrige Taten zu erwarten sein. Der Täter muss für die **Allgemeinheit gefährlich** sein und zwar deshalb, weil erhebliche Taten von ihm zu erwarten sind. Maßgebender Zeitpunkt für die Gefährlichkeitsprognose, die längerfristig zu stellen ist, ist der Zeitpunkt der Aburteilung. 41

Die Dauer der Unterbringung im psychiatrischen Krankenhaus ist aus dem Umkehrschluss des § 67d Abs. 1 Satz 1 StGB unbefristet. Sie kann im Urteil auch nicht befristet angeordnet werden. Jedoch hat das Gericht, und zwar die Strafvollstreckungskammer nach § 462a I StPO, jedes Jahr zu prüfen, ob die weitere Vollstreckung der Unterbringung zur Bewährung auszusetzen ist. Diese Prüfungsfrist beginnt mit dem Tag der Unterbringung. Lehnt das Gericht eine Aussetzung ab, so beginnen die künftigen Fristen mit der Entscheidung des Gerichtes von neuem. Eine Prüfung kann aber auch jederzeit stattfinden. 42

§ 67 Abs. 1 StGB regelt darüber hinaus noch, dass eine Maßregel der Unterbringung im einem psych. Krankenhaus oder in einer Entziehungsanstalt, wenn sie neben einer Strafe verhängt wird, in der Regel **vor** der Strafe vollzogen wird. Das Gericht kann jedoch bestimmen, dass die Strafe oder ein Teil der Strafe vor der Maßregel zu vollziehen ist, wenn dadurch der Zweck der Maßregel leichter erreicht wird. Gerechtfertigt ist dieser Vorwegvollzug weil ein nachfolgender Strafvollzug die Auswirkungen des Maßregelvollzugs wieder gefährden könnte. Der Vorwegvollzug der Maßregel hat grundsätzlich zur Folge, dass die Zeit, die der Verurteilte im Maßregelvollzug zugebracht hat, auf die Strafe angerechnet wird, bis zwei Drittel der Strafe erledigt sind. Eine Anrechnung erfolgt auch dann, wenn die Strafe ganz zur Bewährung ausgesetzt wird. Die Rechtsfolge der Anrechnung tritt automatisch ein. Die Strafvollstreckungsbehörde hat sie als gesetzliche Rechtsfolge bei der Strafzeitberechnung zu berücksichtigen, so dass die Strafe nicht mehr vollstreckt werden kann, soweit sie durch Anrechnung erledigt ist. 43

Sind jedoch Maßregelvollzug und Freiheitsstrafe aus verschiedenen Strafurteilen zu vollstrecken, bestimmt die Vollstreckungsbehörde grundsätzlich nach § 44b StVollstrO die Reihenfolge. Durch die Streichung der Begrenzungsverordnung ist hierfür der Rechtspfleger zuständig, was ihm einen tiefen Einstieg in das materielle Recht abverlangt. 44

Auf die **Vollstreckung** der Maßregel wird mit Berechnungsbeispielen im Vollstreckungsteil eingegangen. (s. 9. Abschn., Rn. 566ff.)

2. Unterbringung in der Entziehungsanstalt – § 64 StGB

45 Hat eine Person den Hang, alkoholische Getränke oder andere berauschende Mittel im Übermaß zu sich zu nehmen, und wird sie wegen einer rechtswidrigen Tat (nicht Straftat), die sie im Rausch begangen hat oder die auf ihren Hang zurückgeht, verurteilt, oder nur deshalb nicht verurteilt, weil ihre Schuldunfähigkeit erwiesen oder nicht auszuschließen ist, so soll das Gericht die Unterbringung in einer Entziehungsanstalt anordnen, wenn die Gefahr besteht, dass sie infolge ihres Hanges weitere erhebliche rechtswidrige Taten begehen wird. Die Anordnung ergeht nur, wenn eine hinreichend konkrete Aussicht besteht, die Person durch die Behandlung in einer Entziehungsanstalt zu heilen oder über eine erhebliche Zeit vor dem Rückfall in den Hang zu bewahren und von der Begehung erheblicher rechtswidriger Taten abzuhalten, die auf ihren Hang zurückgehen.

46 Die Anordnung der Unterbringung in einer Entziehungsanstalt ist daher Beschränkungen unterlegen. Zum einen muss die Gefahr bestehen, dass der Täter weitere rechtswidrige Taten begehen wird und es muss konkrete Aussicht eines Therapieerfolges bestehen und zum anderen ist die Unterbringung in der Entziehungsanstalt auf 2 Jahre begrenzt nach § 67d StGB. Voraussetzung, dass eine Unterbringung in einer Entziehungsanstalt überhaupt angeordnet werden kann, ist:

1. eine den Täter treibende oder herrschende Neigung, Drogen oder Alkohol im Übermaß zu sich zu nehmen. Er muss noch nicht den Grad physischer Abhängigkeit erreicht haben.
2. der Täter muss eine rechtswidrige Tat begangen haben (s. auch Ausführen Rn. 39). Dazukommen muss, dass diese rechtswidrige Tat in einem Zusammenhang mit seinem Hang steht, entweder dadurch, dass diese rechtswidrige Tat im Rausch begangen wurde oder auf seinen Hang zurückzuführen ist. So ist auch z.B. Diebstahl oder Raub, um Drogen oder alkoholische Getränke zu beschaffen, auf den Hang zurückzuführen.
3. und es muss die Gefahr bestehen, dass der Täter infolge seines Hanges weitere erhebliche rechtswidrige Taten begehen wird. Gefahr bedeutet hier einen geringeren Grad an Wahrscheinlichkeit als der Begriff des Erwartens.

Trotz dieser Voraussetzungen unterbleibt die Anordnung, wenn zweifelsfrei festgestellt werden kann, dass eine Entziehungskur von vornherein aussichtslos erscheint bzw. wenn keine konkrete Aussicht auf einen Therapieerfolg vorliegt. Therapieunwilligkeit recht jedoch nicht aus, es muss **Therapieunfähigkeit** vorliegen.

47 **Die Dauer** der Unterbringung in einer Entziehungsanstalt ist nach § 67d Abs. 1 Satz 1 StGB auf 2 Jahre befristet. Das Gericht, nämlich die Strafvollstreckungskammer nach § 462a I StPO, hat alle 6 Monate zu prüfen, ob die weitere Vollstreckung fortzudauern hat, oder, ob die weitere Unterbringung zur Bewährung ausgesetzt werden kann. Diese Prüfungsfrist beginnt mit dem Tag der Unterbringung. Lehnt das Gericht eine Aussetzung ab, so beginnen die künftigen Fristen mit der Entscheidung des Gerichts von neuem. Eine Prüfung kann aber auch jederzeit stattfinden, in der Regel immer dann, wenn ein entsprechender Antrag gestellt wird. Die gesetzlichen Fristen sind jedoch immer von Amts wegen zu beachten. Auf die Verlängerung der Höchstfrist wird im Vollstreckungsteil weiter eingegangen.

48 § 67 Abs. 1 StGB regelt darüber hinaus noch, dass eine Maßregel der Unterbringung in einem psychiatrischen Krankenhaus oder in einer Entziehungsanstalt, wenn

sie neben einer Strafe verhängt wird, in der Regel vor der Strafe vollzogen wird. Das Gericht kann jedoch bestimmen, dass die Strafe oder ein Teil der Strafe vor der Maßregel zu vollziehen ist, wenn dadurch der Zweck der Maßregel leichter erreicht wird. Gerechtfertigt ist dieser Vorwegvollzug weil ein nachfolgender Strafvollzug die Auswirkungen des Maßregelvollzugs wieder gefährden könnte. Der Vorwegvollzug der Maßregel hat grundsätzlich zur Folge, dass die Zeit, die die verurteilte Person im Maßregelvollzug zugebracht hat, auf die Strafe angerechnet wird, bis zwei Drittel der Strafe erledigt sind. Eine Anrechnung erfolgt auch dann, wenn die Strafe ganz zur Bewährung ausgesetzt wird. Diese Rechtsfolge der Anrechnung tritt automatisch ein. Die Strafvollstreckungsbehörde hat sie als gesetzliche Rechtsfolge bei der Strafzeitberechnung zu berücksichtigen, so dass keine Strafe mehr zu vollstrecken ist, soweit sie durch Anrechnung erledigt ist.

Sind jedoch Maßregelvollzug und Freiheitsstrafe aus verschiedenen Strafurteilen zu vollstrecken, bestimmt die Vollstreckungsbehörde grundsätzlich nach § 44b StVollstrO die Reihenfolge.[15]

Auf die **Vollstreckung** der Maßregel wird mit Berechnungsbeispielen im Vollstreckungsteil eingegangen. (s. 9. Abschnitt, Rn. 566ff.)

3. Unterbringung in der Sicherungsverwahrung – § 66 StGB

Voraussetzungen für die Anordnung: 49

- Verurteilung wegen einer **vorsätzlichen Straftat** (nicht rechtswidrige Tat) zu Freiheitsstrafe von mindestens 2 Jahren, wenn
- der Täter wegen vorsätzlicher Straftaten, die er vor der neuen Tat begangen hat, schon zweimal jeweils zu einer Freiheitsstrafe von mindestens einem Jahr verurteilt worden ist; die Vollstreckung einer dieser Strafen kann auch zur Bewährung ausgesetzt worden sein;
- er wegen einer oder mehrerer dieser Taten vor der neuen Tat für die Zeit von mindestens zwei Jahren Freiheitsstrafe verbüßt oder sich im Vollzug einer freiheitsentziehenden Maßregel der Besserung und Sicherung befunden hat und
- die Gesamtwürdigung des Täters und seiner Taten ergibt, dass er infolge eines Hanges zu erheblichen Straftaten, namentlich zu solchen, durch welche die Opfer seelisch oder körperlich schwer geschädigt werden oder schwerer wirtschaftlicher Schaden angerichtet wird, für die Allgemeinheit gefährlich ist.

Hat jemand drei vorsätzliche Straftaten begangen, durch die er jeweils Freiheitsstrafe von mindestens einem Jahr verwirkt hat, und wird er wegen einer oder mehrerer dieser Taten zu Freiheitsstrafe von mindestens drei Jahren verteilt, so kann das Gericht unter der in § 66 Abs. 1 Nr. 3 StGB bezeichneten Voraussetzung neben der Strafe die Sicherungsverwahrung auch ohne frühere Verurteilung oder Freiheitsentziehung anordnen.

Eine besondere Anordnungsmöglichkeit ist in § 66 Abs. 3 geregelt. Bei Verbrechen oder Straftaten gegen die sexuelle Selbstbestimmung, bei Sexualdelikten und bei schweren oder besonders schweren Körperverletzungen auch wenn Vollrausch nach § 323a StGB angewendet wird, kann das Gericht neben der Strafe die Sicherungsverwahrung anordnen, wenn der Täter wegen einer oder mehrerer solcher Straftaten, die er vor der neuen Tat begangen hat, schon einmal zu Freiheitsstrafe von mindestens 3 Jahren verurteilt worden ist und die übrigen Voraussetzungen nach § 66 Abs. 1 Nr. 2 und 3 erfüllt sind. Hat der Täter zwei Straftaten der bezeich-

[15] Siehe hierzu auch Rn. 44.

neten Art begangen, durch die er jeweils mit Freiheitsstrafe von mindestens zwei Jahren verwirkt hat und wird er wegen einer oder mehrerer dieser Taten zu Freiheitsstrafe von mindestens drei Jahren verurteilt, so kann das Gericht ebenfalls neben der Strafe die Sicherungsverwahrung auch ohne frühere Verurteilung oder Freiheitsentziehung anordnen.

50 Ist bei der Verurteilung wegen einer in § 66 Abs. 1 StGB genannten Straftaten nicht mit hinreichender Sicherheit feststellbar, ob der Täter für die Allgemeinheit gefährlich ist, so kann das Gericht die Anordnung der Sicherungsverwahrung vorbehalten. In diesen Fällen hat das Gericht spätestens 6 Monate vor dem Zeitpunkt, ab dem eine Aussetzung der Vollstreckung des Strafrestes zur nach Bewährung nach § 57 StGB auch in Verbindung mit § 454b Abs. 3 StPO über die Anordnung der Sicherungsverwahrung zu entscheiden.

Neu ist die **nachträgliche Anordnung** der Sicherungsverfahren nach § 66b StGB. In den in § 67b Abs. 1 StGB genannten Fällen ist die nachträgliche Anordnung der Sicherungsverwahrung dann möglich, wenn vor dem Ende der Strafvollzugs Tatsachen erkennbar sind, die auf eine erhebliche Gefährlichkeit der verurteilten Person für die Allgemeinheit hinweisen und sich ergibt, dass sie mit hoher Wahrscheinlichkeit erhebliche Straftaten begehen wird. Gleiches gilt, wenn vor der Erledigterklärung der Unterbringung in einem psychiatrischen Krankenhaus die Schuldunfähigkeit oder vermindernde Schuldfähigkeit zu diesem Zeitpunkt nicht besteht unter den in § 66b Abs. 3 StGB genannten Voraussetzungen.

51 Die Bestimmung des § 67 StGB über den Vorwegvollzug der Maßregel gilt nicht für die Unterbringung in der Sicherungsverwahrung. Grundsätzlich wird hier die Strafe vor der Maßregel vollzogen. Die Dauer der Unterbringung in der Sicherungsverwahrung ist in § 67d StGB geregelt. Sind 10 Jahre der Unterbringung in der Sicherungsverwahrung vollzogen worden, so erklärt das Gericht (Strafvollstreckungskammer) die Maßregel für erledigt, wenn nicht die Gefahr besteht, dass die untergebrachte Person infolge ihres Hanges erhebliche Straftaten begehen wird. Im übrigen hat das Gericht nach § 67e StGB alle 2 Jahre zu prüfen, ob der weitere Vollzug der Unterbringung in der Sicherungsverwahrung zur Bewährung ausgesetzt werden kann. Der erneute Lauf der Prüfungsfristen des § 67e Abs. 2 StGB beginnt mit dem Tag, an dem das Gericht die Aussetzung der Unterbringung ablehnt. Es kommt nicht darauf an, zu welchem Zeitpunkt die Entscheidung rechtskräftig geworden ist.[16] Eine Prüfung kann auch jederzeit erfolgen. Dies wird in der Regel dann aber nur auf Antrag erfolgen.

4. Die angeordnete Führungsaufsicht

52 Hat jemand wegen einer Straftat, bei der das Gesetz Führungsaufsicht besonders vorsieht, zeitige Freiheitsstrafe von mind. 6 Monaten verwirkt, so kann das Gericht neben der Strafe Führungsaufsicht anordnen, wenn die Gefahr besteht, dass der Täter weitere Straftaten begehen wird.

53 Besonders vorgesehen ist die Führungsaufsicht ua ausdrücklich in den §§ 129a, 181b, 228, 239c, 245, 256, 262, 263, 263a, 321 StGB, § 34 BtMG.

54 Der Täter muss eine Freiheitsstrafe von mindestens 6 Monaten verwirkt haben. Bei der Bildung einer Gesamtstrafe kommt es darauf an, ob eine Einzelstrafe wegen einer entsprechenden Tat 6 Monate erreicht. Doch reicht es auch aus, wenn eine Gesamtstrafe von 6 Monaten wegen Taten gebildet wird, wenn bei sämtlichen ver-

[16] *OLG Karlsruhe* Rpfleger 2007, 223.

letzten Strafvorschriften Führungsaufsicht angeordnet werden kann, z.B. nach § 242 StGB i.V.m. § 245 StGB. Weitere Voraussetzung ist eine ungünstige Prognose, die gegeben ist, wenn die Gefahr besteht, dass der Täter weitere Straftaten (also nicht rechtswidrige Taten) begehen wird.

Die Dauer der Führungsaufsicht beträgt mind. 2 Jahre und höchstens 5 Jahre 55
nach § 68c StGB. Das Gericht kann die Höchstfrist abkürzen oder unter den in § 68c Abs. 2 StGB eine die Höchstfrist überschreitende unbefristete Führungsaufsicht anordnen unter den in den Abs. 2 und 3 genannten Voraussetzungen. Die angeordnete Führungsaufsicht beginnt mit der Rechtskraft der Anordnung, die Führungsaufsicht kraft Gesetzes, auf die später weiter eingegangen wird, mit der Rechtskraft der Aussetzungsentscheidung oder zu einem gerichtlich angeordneten späteren Zeitpunkt. In ihre Dauer wird die Zeit nicht eingerechnet, in welcher die verurteilte Person flüchtig ist, sich verborgen hält oder auf behördliche Anordnung in einer Anstalt verwahrt wird. Unter behördlicher Anordnung der Verwahrung in einer Anstalt ist nicht nur die Justizvollzugsanstalt zu sehen; jede behördliche (nicht nur gerichtliche) Unterbringungsanordnung ist maßgebend.

Soweit sie nicht unbefristet ist, endet die Führungsaufsicht
- mit Beginn des Vollzugs einer Freiheitsstrafe, neben der eine freiheitsentziehende Maßregel angeordnet ist,
- mit Beginn des Vollzugs einer freiheitsentziehenden Maßregel,
- mit dem Eintritt einer neuen Führungsaufsicht (ob angeordnet oder kraft Gesetzes ist nicht erheblich).

Das Gericht kann die befristete Führungsaufsicht frühestens nach Ablauf der gesetzlichen Mindestdauer aufheben, in den Fällen der unbefristeten Führungsaufsicht unter den Voraussetzungen des § 68e Abs. 3 StGB.[17]

Die verurteilte Person untersteht einer Aufsichtstelle. Für die Dauer der Führungsaufsicht bestellt das Gericht einen Bewährungshelfer, § 68a StGB. Ferner kann das Gericht dem Verurteilten für die Dauer der Führungsaufsicht Weisungen erteilen nach § 68b StGB, diese auch erst nachträglich treffen, ändern oder aufheben.

Neben der angeordneten Führungsaufsicht kann auch **kraft Gesetzes** Führungs- 56
aufsicht eintreten. Diese Falle werden zusammen mit Berechnungsbeispielen im Vollstreckungsteil besprochen. (s. 10. Abschn., Rn. 588ff.)

5. Entziehung der Fahrerlaubnis – §§ 69, 69a StGB

Die in der Praxis wohl am häufigsten verhängte Maßregel ist die Entziehung der 57
Fahrerlaubnis und die Verhängung einer Sperrfrist für die Wiedererteilung oder überhaupt die Ersterteilung einer Fahrerlaubnis, die sogenannte isolierte Sperrfrist. Voraussetzung für Entziehung der Fahrerlaubnis oder die Verhängung einer isolierten Sperre ist, dass der Täter eine rechtswidrige Tat bei oder im Zusammenhang mit dem Führen eines Kraftfahrzeugs oder unter Verletzung der Pflichten eines Kraftfahrzeugführers begangen hat und deshalb verurteilt wird oder nur deshalb nicht verurteilt wird, weil seine Schuldunfähigkeit erwiesen oder nicht auszuschließen ist – § 69 StGB. Wird nur eine Ordnungswidrigkeit begangen, reicht dies zur Entziehung der Fahrerlaubnis nicht aus. Durch die Tat muss er sich ungeeignet zum Führen von Kraftfahrzeugen jeder Art erwiesen haben. Neben dieser Maßregel kann ausnahmsweise auch noch eine Nebenstrafe, das Fahrverbot verhängt werden, vor allem dann, wenn Fahren mit fahrerlaubnisfreien Fahrzeugen in Betracht kommt.

---

[17] Weitere Ausführungen zum Ende der Führungsaufsicht siehe *Wolf*, Rpfleger 2007, 293.

Dies könnte z.B. dann der Fall sein, wenn der Täter mit einem führerscheinfreien Kraftfahrzeug unter Alkoholeinfluss gefahren ist.

58 **Die Mindestsperrfrist** für die Wiedererteilung einer neuen Fahrerlaubnis oder die Erteilung der Fahrerlaubnis überhaupt bei der isolierten Sperre beträgt 6 Monate, die Höchstfrist 5 Jahre oder ausnahmsweise für immer, nämlich dann, wenn zu erwarten ist, dass die gesetzliche Höchstfrist von 5 Jahren nicht ausreicht zur Abwehr der von dem Täter drohenden Gefahr. Ausnahmsweise beträgt auch die Mindestsperre 1 Jahr, wenn gegen den Täter in den letzten drei Jahren vor der Tat bereits einmal eine Sperre angeordnet worden ist. Das Gericht kann von der Sperre bestimmte Arten von Kraftfahrzeugen ausnehmen, wenn besondere Umstände die Annahme rechtfertigen, dass der Zweck der Maßregel dadurch nicht gefährdet wird. Ergibt sich Grund zu der Annahme, dass der Täter zum Führen von Kraftfahrzeugen nicht mehr ungeeignet ist, so kann das Gericht die Sperre vorzeitig aufheben – § 69a Abs. 7 StGB –, frühestens nach Ablauf der Mindestsperre.[18] Ausnahmsweise kann sich die gesetzliche Mindestsperre auf bis zu 3 Monaten verkürzen, nämlich dann, wenn dem Täter wegen der Tat, für die ihm die Fahrerlaubnis entzogen wird, bis zur Entscheidung die Fahrerlaubnis bereits vorläufig entzogen war nach § 111a StPO.

Beispiel: Vorläufige Entziehung der Fahrerlaubnis nach § 111 StPO am 15. 5. 2008. In der Hauptverhandlung am 15. 9. 2008 ist das Gericht der Meinung, eine Gesamtsperre von 6 Monaten sei ausreichend. Es wird daher im Urteil noch eine Sperrfrist von 3 Monaten festsetzen (2 Monate sind nicht möglich nach §§ 69f. StGB).

59 Während bei der Verhängung eines Fahrverbots nach § 44 StGB der Verurteilte im Besitz der Fahrerlaubnis (also der Berechtigung, Kraftfahrzeuge zu führen) bleibt, wird ihm bei der Entziehung der Fahrerlaubnis diese Berechtigung entzogen, so dass der Führerschein, der von einer Behörde im Inland ausgestellt wurde als „Ausweispapier“ für diese Berechtigung tatsächlich wertlos wird. Dies wirkt sich natürlich ganz erheblich auf die Berechnung der Fristen aus. Während beim Fahrverbot die Frist erst zu laufen beginnt, wenn der Führerschein zu den Akten gelangt oder zumindest in amtliche Verwahrung genommen wird, kommt es bei der Maßregel nach § 69 StGB auf den Führerschein überhaupt nicht an. So regelt § 69a Abs. 5 StGB ausdrücklich, dass die Sperrfrist wirksam wird mit der Rechtskraft oder ausnahmsweise bereits mit der letzten tatrichterlichen Entscheidung, nämlich dann, wenn dem Täter wegen dieser Tat, also in dieser Sache, die Fahrerlaubnis vorläufig entzogen war, und die Frist auch zu laufen beginnt, unabhängig davon, ob der Verurteilte seinen Führerschein noch in den Händen hat, oder ob dieser bereits in amtlicher Verwahrung ist.

60 Da bei der Entziehung der Fahrerlaubnis der Führerschein selbst „wertlos“ wird, ist er unbrauchbar zu machen und der Verwaltungsbehörde zu übersenden. Die verurteilte Person muss daher eine neue Fahrerlaubnis erwerben.

---

[18] Auch bei lebenslanger Sperrfrist kommt eine Aufhebung der Sperre grundsätzlich in Betracht, *OLG Karlsruhe* NStZ-RR 2002, 283.

Gegenüberstellung 61

	Fahrverbot	**Entziehung der Fahrerlaubnis**
	Nebenstrafe	Maßregel
Dauer	1 bis 3 Monate	6 Monate bis 5 Jahre oder für immer
wirksam	mit Rechtskraft	mit Rechtskraft
Frist beginnt zu laufen	wenn Führerschein zu den Akten gelangt oder in amtliche Verwahrung	mit Rechtskraft ausnahmsweise mit der letzten tatrichterlichen Entscheidung
Anrechnung	Zeiten, in denen der Führerschein vorläufig sichergestellt, beschlagnahmt oder entzogen war, sind auf das Fahrverbot anzurechnen	In der Vollstreckung erfolgt keine Anrechnung
Ablauf der Frist	Führerschein ist zurückzugeben	Führerschein wird unbrauchbar gemacht
Ruhen der Frist	Fahrverbotsfrist ruht, wenn der Verurteilte auf Grund einer behördlichen Anordnung in einer Anstalt verwahrt wird	kein Ruhen

Darf der Täter auf Grund einer im Ausland erteilten Fahrerlaubnis im Inland Kraftfahrzeuge führen, so hat die Entziehung der Fahrerlaubnis die Wirkung einer Aberkennung dieses Rechts, von der Fahrerlaubnis im Inland Gebrauch zu machen. Ist der ausländische Führerschein von einer Behörde eines Mitgliedstaates der Europäischen Union oder eines anderen Vertragsstaates des Abkommens über den Europäischen Wirtschaftsraum ausgestellt worden und hat der Inhaber seinen ordentlichen Wohnsitz im Inland, so wird der Führerschein im Urteil eingezogen und an die ausstellende Behörde zurückgesandt. In anderen Fällen werden die Entziehung der Fahrerlaubnis und die Sperre in den ausländischen Führerscheinen vermerkt, § 69b StGB.[19]

Berechnungsbeispiele zum Fahrverbot und zur Entziehung der Fahrerlaubnis mit Verhängung einer Sperrfrist siehe im Vollstreckungsteil. (s. 2. Kap., 7. Abschn., Rn. 518ff.)

6. Das Berufsverbot – § 70 StGB

Wird jemand wegen einer rechtswidrigen Tat, die sie unter Missbrauch ihres Be- 62
rufes oder Gewerbes oder unter grober Verletzung der mit ihnen verbundenen Pflichten begangen hat, verurteilt oder nur deshalb nicht verurteilt, weil ihre Schuldunfähigkeit erwiesen oder nicht auszuschließen ist, so kann ihr das Gericht

---

[19] Ausführlich siehe *Zeitler*, Rpfleger 2000, 486.

die Ausübung des Berufs, Berufszweiges, Gewerbes oder Gewerbezweiges unter sagen für die Dauer von einem bis zu fünf Jahren, wenn die Gesamtwürdigung des Täters und der Tat die Gefahr erkennen lässt, dass er bei weiterer Ausübung erhebliche rechtswidrige Taten der bezeichneten Art begehen wird. Das Berufsverbot kann auch für immer angeordnet werden, wenn zu erwarten ist, dass die gesetzliche Höchstfrist von 5 Jahren zur Abwehr der von dem Täter drohenden Gefahr nicht ausreicht – § 70 StGB.

63

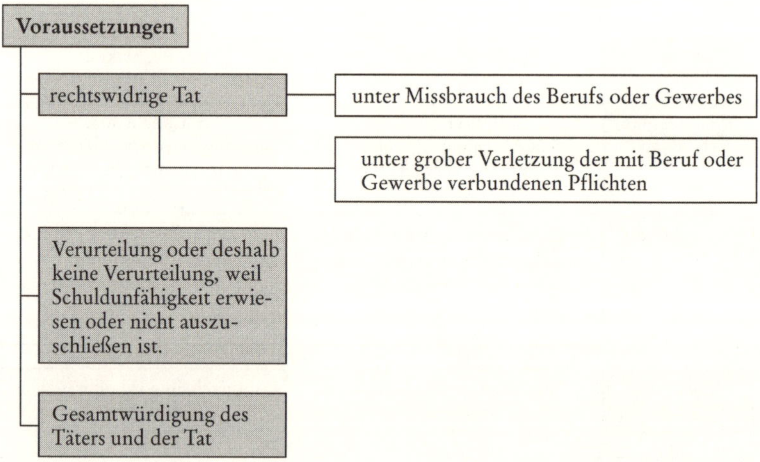

64 Im Falle des Verbots hat das Urteil den untersagten Beruf genau zu bezeichnen. Die Folge ist, dass der Täter den Beruf weder für sich selbst oder für einen anderen noch für sich selbst oder einen anderen ausüben lassen darf. Die Dauer des Verbots hat das Gericht in der Urteilsformel auszusprechen. Wirksam wird das Verbot mit der Rechtskraft der Entscheidung. Nach § 70a StGB kann das Berufsverbot zur Bewährung ausgesetzt werden, und zwar dann, wenn das Verbot mind. 1 Jahr gedauert hat. Der Widerruf der Aussetzung des Berufsverbotes und die Erledigung regelt § 70b StGB.

VI. Weitere Rechtsfolgen der Tat

1. Aberkennung der Amtsfähigkeit, der Wählbarkeit und des Stimmrechts nach §§ 45ff. StGB

65 Das Gericht kann, wenn das Gesetz in einer Strafandrohung die Aberkennung der Amtsfähigkeit, der Wählbarkeit und des Stimmrechts besonders vorsieht, dem Verurteilten diese aberkennen oder nach § 45 Abs. 5 StGB auch nur das Stimmrecht. Mit der Rechtskraft der Entscheidung verliert die verurteilte Person diese Rechte. Das Gericht hat auch die Dauer dieses Verlustes im Urteil auszusprechen. Die Mindestdauer beträgt 2 Jahre, die Höchstdauer 5 Jahre. In die Frist wird jedoch nach § 45b Abs. 2 StGB die Zeit nicht eingerechnet, in welcher die verurteilte Person auf behördliche Anordnung in einer Anstalt verwahrt worden ist.[20]

[20] Wegen der Formulierung „Verwahrung in einer Anstalt auf Grund einer behördlichen Anordnung“ siehe die Ausführungen zum Fahrverbot, Rn. 31ff.

Unter dem Verlust der Amtsfähigkeit versteht man den Verlust der Fähigkeit, öffentliche Ämter zu bekleiden. Das sind nur solche Dienststellungen, die aus der Staatsgewalt abgeleitet sind und staatlichen Zwecken dienen. Darunter fallen auch Ämter der Körperschaften des öffentlichen Rechts und der öffentlichen Anstalten. Ausländische Ämter im Sinne dieser Vorschrift fallen nicht darunter, da sie von einer außerhalb des Geltungsbereichs des Grundgesetzes etablierten Staatsgewalt hergeleitet sind. Ferner fallen nicht hierunter alle kirchlichen Ämter und die Rechtsanwälte wohl aber die Notare. 66

Mit dem Verlust der Fähigkeit, öffentliche Ämter zu bekleiden, verliert die verurteilte Person zugleich die entsprechenden Rechtsstellungen und Rechte die sie inne hat, § 45 Abs. 3 StGB. Nach beamtenrechtlichen Vorschriften endet das Beamtenverhältnis mit der Rechtskraft eines strafgerichtlichen Urteils, soweit in diesem der Amtsverlust nach § 45 StGB ausgesprochen wurde oder soweit kraft Gesetzes dieser Amtsverlust eintritt. In diesen Fällen bedarf es zum Erlöschen der Beamtenrechte keines besonderen Disziplinarverfahrens. Dienst- und Versorgungsbezüge fallen weg. 67

Den Verlust der Wählbarkeit (passives Wahlrecht) umschreibt das Gesetz als den Verlust der Fähigkeit, Rechte aus öffentlichen Wahlen zu erlangen. Die Folge ist, dass die verurteilte Person mit dem Eintritt des Rechtsverlustes nicht mehr in die Ämter gewählt werden kann, für die sie die Rechtsstellung, hätte sie sie bereits innegehabt, verloren hätte.

Daneben kann das Gericht auch das Stimmrecht aberkennen, d.h. das Recht, an solchen Wahlen teilzunehmen, ihr Stimmrecht auszuüben (aktives Wahlrecht). Unter öffentlichen Wahlen sind nicht nur etwa die demokratischen Urabstimmungen und Urwahlen zur Sozialversicherung gemeint, sondern sämtliche Wahlen in öffentlichen Angelegenheit, einschließlich in Körperschaften, die staatliche Sachaufgaben wahrnehmen (z.B. auch Richterwahlausschuss, Ausschüsse zur Auswahl von Schöffen, Handelskammern oder Rechtsanwalts- und Notarkammern u.a.). 68

Nicht zu den öffentlichen Wahlen in diesem Sinne gehören die Wahlen zu kirchlichen Organisationen.

Auf Jugendliche ist § 45 StGB nicht anwendbar. 69

Das Gericht kann nach die verlorenen oder entzogenen Rechte wieder verleihen, wenn der Verlust die Hälfte der Zeit, für die er dauern sollte, wirksam war und zu erwarten ist, dass die verurteilte Person künftig keine vorsätzlichen Straftaten mehr begehen wird.

Da der Amtsverlust auch kraft Gesetzes eintreten kann, siehe Rn. 78ff., wird mit Berechnungsbeispielen in diesem Abschnitt näher eingegangen (s. Rn. 82–84). 70

2. Verfall und Einziehung

Ist eine rechtswidrige Tat begangen worden und hat der Täter oder Teilnehmer für die Tat oder aus ihr einen Vermögensvorteil erlangt, so ordnet das Gericht dessen **Verfall** an. Dies gilt nicht, soweit dem Verletzten aus der Tat ein Anspruch erwachsen ist, dessen Erfüllung den aus der Tat erlangten Vermögensvorteil beseitigen oder mindern würde. Die Anordnung des Verfalls erstreckt sich auch auf die gezogenen Nutzungen. Sie kann sich auch auf die Gegenstände erstrecken, die der Täter durch die Veräußerung eines erlangten Gegenstandes oder als Ersatz für dessen Zerstörung, Beschädigung oder Entziehung oder auf Grund eines erlangten Rechtes erworben hat. Der Verfall wird auch dann angeordnet, wenn der Gegenstand einem Dritten gehört oder zusteht – §§ 73ff. StGB. 71

72 Soweit der Verfall eines bestimmten Gegenstandes wegen der Beschaffenheit des Erlangten oder aus einem anderen Grunde nicht möglich ist, ordnet das Gericht den Verfall eines Geldbetrages an, der dem Wert des Erlangten entspricht – **Verfall des Wertersatzes** – § 73 a StGB.

Der Verfall bewirkt, dass das Eigentum an der Sache oder das verfallene Recht mit der Rechtskraft der Entscheidung auf den Staat übergeht, wenn es dem von der Anordnung Betroffenen zu dieser Zeit zusteht. Rechte Dritter bleiben bestehen.

73 **Die Einziehung** – § 74 StGB – setzt voraus, dass eine vorsätzliche Straftat begangen wurde. Gegenstände, durch die sie hervorgebracht oder zu ihrer Begehung oder Vorbereitung gebraucht oder bestimmt gewesen sind, können eingezogen werden. Eine Einziehung ist jedoch nur dann zulässig, wenn die Gegenstände zur Zeit der Entscheidung dem Täter gehören oder zustehen oder die Gegenstände nach ihrer Art und den Umständen die Allgemeinheit gefährden oder die Gefahr besteht, dass sie der Begehung weiterer rechtswidriger Tagen dienen werden. Im letzteren Fall ist die Einziehung auch dann zulässig, wenn der Täter ohne Schuld gehandelt hat.

74 Hat der Täter den Gegenstand, der ihm zur Zeit der Tat gehörte oder zustand und auf dessen Einziehung hätte erkannt werden können, vor der Entscheidung verwertet oder verbraucht oder die Einziehung sonst vereitelt, so kann das Gericht die Einziehung eines Geldbetrags gegen den Täter bis zu der Höhe anordnen, die dem Wert des Gegenstandes entspricht. An die Stelle der Einziehung tritt der **Wertersatz**, wenn der Täter als früherer Rechtsinhaber die Einziehung ganz unmöglich gemacht hat – § 74 Abs. 2 StGB.

75 **Die Wirkung** der Einziehung ist, dass das Eigentum an der Sache oder das eingezogene Recht mit der Rechtskraft der Entscheidung auf den Staat übergeht. Rechte Dritter bleiben jedoch bestehen. Das Gericht ordnet jedoch das Erlöschen dieser Rechte an, wenn es die Einziehung darauf stützt, dass die Voraussetzungen des § 74 Abs. 2 StGB vorliegen. Schutz für gutgläubige Erwerber gibt es trotzdem nach §§ 932ff. BGB. Stand das Eigentum an der Sache oder das eingezogene Recht zur Zeit der Rechtskraft einem Dritten zu oder war der Gegenstand mit dem Recht eines Dritten belastet, das durch die Entscheidung erloschen oder beeinträchtigt ist, so wird der Dritte aus der Staatskasse unter Berücksichtigung des Verkehrswerts angemessen in Geld entschädigt. Die Höhe der Entschädigung ist begrenzt zum einen nach der Höhe der Forderung des Dritten und zum anderen nach der Höhe des Wertes des eingezogenen Gegenstandes.

3. Nachträgliche Anordnung von Verfall oder Einziehung des Wertersatzes einschließlich der selbständigen Anordnung nach §§ 76f. StGB

76 Ist die Anordnung des Verfalls oder der Einziehung eines Gegenstandes nicht ausführbar oder unzureichend, weil nach der Anordnung eine der in §§ 73a, 73d Abs. 2 oder 74c bezeichneten Voraussetzungen eingetreten oder bekannt geworden sind, so kann das Gericht den Verfall oder die Einziehung des Wertersatzes nachträglich anordnen.

77 Kann wegen der Straftat aus rechtlichen Gründen keine bestimmte Person verfolgt oder abgeurteilt werden, so muss oder kann auf Verfall oder Einziehung des Gegenstandes oder Wertersatzes oder auf Unbrauchbarmachung selbständig erkannt werden, wenn die Voraussetzungen, unter denen die Maßnahme vorgeschrieben oder zugelassen ist, im Übrigen vorliegen. Unter den Voraussetzungen des § 74 Abs. 2 Nr. 2, Abs. 3 und des § 74d StGB ist dies auch anzuwenden, wenn die Ver-

folgung der Straftat verjährt ist oder sonst aus rechtlichen Gründen keine bestimmte Person verfolgt werden kann und das Gesetz nichts anderes bestimmt.

VII. Rechtsfolgen kraft Gesetzes

78

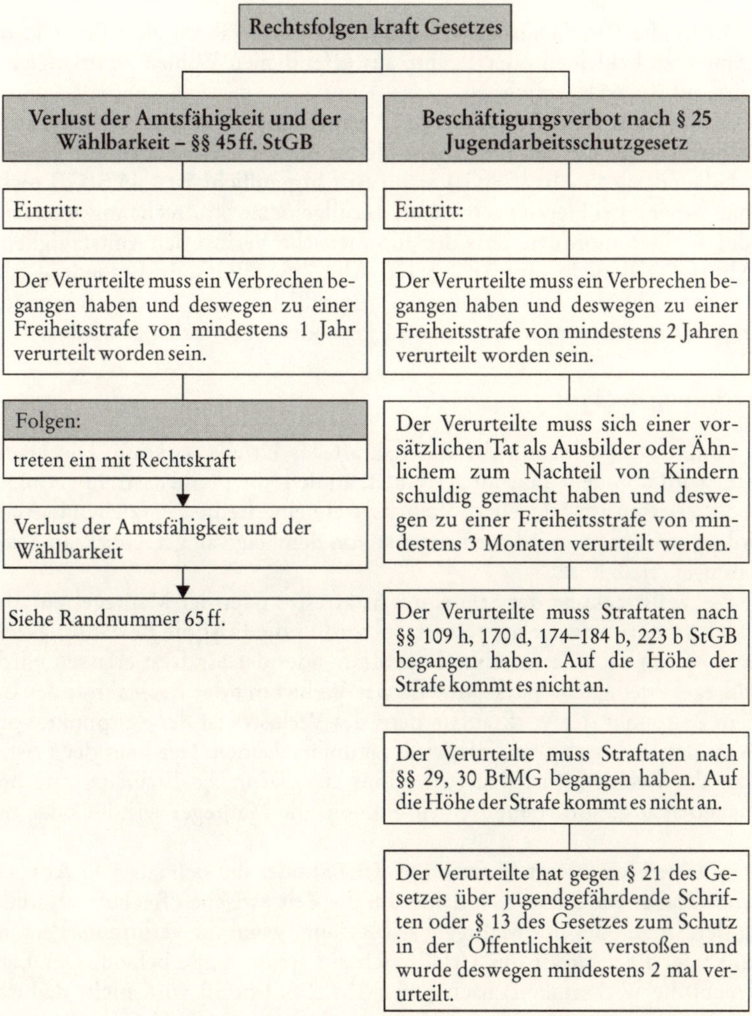

1. Verlust der Amtsfähigkeit und der Wählbarkeit nach § 45 Abs. 1 StGB[21]

Diese Nebenfolge tritt kraft Gesetzes ein, wer wegen eines Verbrechens zu einer 79
Freiheitsstrafe von mindestens 1 Jahr verurteilt wird. Ob die Vollstreckung dieser Strafe zur Bewährung ausgesetzt wird oder nicht, berührt den Eintritt der Folge nicht. Wird der Täter wegen eines Verbrechens, weil besondere Milderungsgründe vorliegen, zu weniger als 1 Jahr Freiheitsstrafe verurteilt, tritt die Rechtsfolge nicht

[21] Siehe hierzu auch Ausführungen in den Rn. 65–70 zu dem im Urteil verhängten Amtsverlust.

ein. Die Rechtsfolge tritt auch nicht ein, wenn ein Täter wegen eines Vergehens zu einer Freiheitsstrafe von mehr als 1 Jahr verurteilt wird. Das **Stimmrecht** (aktives Wahlrecht) wird hiervon nicht betroffen. Dieses kann nur durch Urteil aberkannt werden.

a) Dauer

80 Die verurteilte Person verliert für die Dauer von 5 Jahren die Fähigkeit, öffentliche Ämter zu bekleiden oder Rechte aus öffentlichen Wahlen zu erlangen. Insoweit wird auf Rn. 65ff. verwiesen.

81 Der Amtsverlust tritt bereits mit der Verurteilung als solcher ein und zwar mit der Rechtskraft des Urteils. Eines besonderen Ausspruchs bedarf diese Nebenfolge in den Fällen des § 45 Abs. 1 StGB nicht. Auf **Jugendliche ist § 45 StGB nicht anwendbar**. Soweit bei Heranwachsenden das allgemeine Strafrecht angewendet wird, kann der Richter anordnen, dass der automatische Verlust der Amtsfähigkeit nach § 45 Abs. 1 StGB nicht eintritt – § 106 Abs. 2 S. 2 JGG. Insbesondere tritt der Amtsverlust nicht ein, wenn gegen einen Jugendlichen oder Heranwachsenden wegen eines Verbrechens Jugendstrafe von 1 Jahr oder mehr verhängt wird.

b) Berechnung der Frist

82 Der Amtsverlust wird mit der Rechtskraft des Urteils wirksam. Die Dauer des Verlustes wird von dem Tage an gerechnet, an dem die Freiheitsstrafe verbüßt, verjährt oder erlassen ist. Ist neben Freiheitsstrafe eine freiheitsentziehende Maßregel angeordnet worden, so wird die Frist erst von dem Tage an gerechnet, an dem auch die Maßregel erledigt ist.

83 War die Vollstreckung der Strafe, des Strafrestes oder der Maßregel zur Bewährung oder im Gnadenwege ausgesetzt, so wird in die Frist die Bewährungszeit eingerechnet, wenn nach deren Ablauf die Strafe oder der Strafrest erlassen wird oder die Maßregel erledigt ist. Wirksam wird der Verlust mit der Rechtskraft des Urteils. Von dem Zeitpunkt des Wirksamwerdens des Verlustes ist der Zeitpunkt, von dem die Dauer des Verlustes gerechnet wird, zu unterscheiden. Der Lauf der Frist, während der der Rechtsverlust dauert, beginnt erst, wenn die Freiheitsstrafe und die etwa daneben ausgesprochene freiheitsentziehende Maßregel verbüßt oder erledigt ist.

84 Die im Urteil festgesetzte Frist (nach Rn. 65) oder die sich aus § 45 Abs. 1 StGB ergebende Dauer verlängert sich daher um die Zeit zwischen Rechtskraft und Erledigung der Strafe oder der Maßregel selbst dann, wenn die verurteilte Person zum Zeitpunkt der Rechtskraft des Urteils sich auf freiem Fuße befand. Der Lauf der Frist (nicht die Wirksamkeit) nach § 45a Abs. 2 S. 1 StGB wird **nicht** dadurch gehindert, dass die verurteilte Person in anderer Sache weiter in Haft ist (andere Regelung bei der Führungsaufsicht und Fahrverbot).[22] Für den Fristbeginn ist die Erledigung der Maßregel maßgebend, falls auf eine solche neben der Freiheitsstrafe erkannt worden ist. Eine Maßregel ist erledigt, wenn sie verbüßt, verjährt, erlassen ist oder Fälle der §§ 67c Abs. 2, 67d Abs. 3, 67f, 67g Abs. 5 StGB eingetreten sind. Eine „Verbüßung" kann bei der Unterbringung in einer Entziehungsanstalt nur in Betracht kommen, wenn der Untergebrachte nach der gesetzlichen Höchstdauer von 2 Jahren (§ 67d Abs. 1 S. 1 StGB) entlassen wird. Wo für freiheitsentziehende Maßregeln keine Höchstfristen bestehen (Unterbringung im psychiatrischen Kran-

[22] Siehe Formulierung in § 45 Abs. 2 StGB.

kenhaus und Sicherungsverwahrung), erledigt sich die Maßregel, falls die Vollstreckung der Unterbringung zur Bewährung ausgesetzt, später nicht widerrufen wird und die kraft Gesetzes eingetretene Führungsaufsicht beendet ist. Verkürzt sich hiernach die Frist durch eine Einrechnung nicht, so ist die Maßregel erst erledigt, wenn ihre Vollstreckung nach § 79 Abs. 4 StGB verjährt ist. In dem besonderen Fall, in dem die gesamte Freiheitsstrafe als durch die verbüßte Untersuchungshaft als verbüßt gilt, kommt es für den Fristbeginn auf die Rechtskraft des Urteils an und nicht etwa auf den Verbüßungszeitpunkt selbst, da die Frist immer erst beginnen kann, wenn der Rechtsverlust wirksam wird (mit der Rechtskraft).

c) Rechtsverlust bei Ausländern

Der Rechtsverlust bei Ausländern wird in der Praxis mehrfach in Frage gestellt. **85** Zum einen deshalb, weil der Begriff „öffentliche Ämter" und „Rechte aus öffentlichen Wahlen" zu eng ausgelegt wird. Unter § 45 StGB fallen aber sämtliche Wahlen in öffentlichen Angelegenheiten. Im übrigen bekommt der Amtsverlust bzgl. der Ausländer auch im Hinblick auf ein evtl. Ausländerwahlrecht verstärkt Bedeutung. Zum anderen enthält § 45 StGB keine Einschränkung hinsichtlich der Staatsangehörigkeit. Der Verlust nach § 45 Abs. 1 StGB tritt demnach auch bei Ausländern ein.

Das Gericht kann die verlorenen Fähigkeiten der verurteilten Person wieder ver- **86** leihen, wenn nach § 45b StGB die Hälfte der Zeit, für die sie andauern sollte wirksam war und wenn zu erwarten ist, dass die verurteilte Person künftig keine vorsätzlichen Straftaten mehr begehen wird. Zu beachten ist, dass für diese Fristberechnung die Zeit nicht eingerechnet wird, in welcher die verurteilte Person auf behördliche Anordnung in einer Anstalt verwahrt wird (andere Regelung wie in § 45a Abs. 2 StGB und gleiche Regelung wie beim Fahrverbot und bei der Führungsaufsicht). Hier ist unerheblich, ob die verurteilte Person auf Grund strafrechtlicher Verurteilung oder sonstiger gerichtlicher oder behördlicher Anordnung verwahrt wurde. Die Unterbringung muss auch nicht in diesem Strafverfahren angeordnet worden sein.

2. Beschäftigungsverbot nach § 25 JArbSchG

Diese Folge tritt grundsätzlich ohne Ausspruch im Urteil ein. Sie tritt kraft Ge- **87** setzes ein und ist nach § 5 Abs. 1 Nr. 7 BZRG in das Bundeszentralregister einzutragen. Die Entscheidung, ob diese Nebenfolge eintritt, trifft der Rechtspfleger bei der Einleitung der Vollstreckung.

Nach **§ 25 JArbSchG** gilt ein Beschäftigungsverbot durch **88**
Personen, die

1. wegen eines Verbrechens zu einer Freiheitsstrafe von mindestens 2 Jahren verurteilt wurden. Freiheitsstrafe ist der Oberbegriff und umfasst auch die Jugendstrafe. § 6 JGG schließt diese Nebenfolge nicht aus.
2. wegen einer vorsätzlichen Tat, die sie unter Verletzung der ihnen als Arbeitgeber, Ausbildender oder Ausbilder obliegenden Pflichten zum Nachteil von Kindern oder Jugendlichen begangen haben, zu einer Freiheitsstrafe von mehr als 3 Monaten verurteilt wurden.
3. wegen einer Straftat nach § 109h StGB (Anwerben für fremden Wehrdienst), §§ 170d, 174 bis 184b, 223b StGB verurteilt wurden. Der Eintritt ist unabhängig von der Höhe der Strafe. Er tritt auch bei Verurteilung zu Geldstrafe ein. Es

muss aber eine Strafe verhängt worden sein. Freispruch wegen Schuldunfähigkeit und zugleich angeordnete Maßregel ist keine Strafe.

4. wegen einer Straftat nach den §§ 29, 30 BtMG verurteilt wurden. Damit werden alle Verurteilungen wegen eines Verstoßes gegen das Betäubungsmittelgesetz umfasst. Auch hier kommt es auf die Höhe der Strafe nicht an. Im Übrigen vgl. Nr. 3.
5. wegen einer Straftat nach § 21 des Gesetzes über die Verbreitung jugendgefährdender Schriften oder nach § 13 des Gesetzes vom Schutz der Jugend in der Öffentlichkeit wenigstens zweimal rechtskräftig verurteilt worden sind.

Sie dürfen Jugendliche nicht beschäftigen sowie im Rahmen eines Rechtsverhältnisses im Sinne des § 1 JArbSchG nicht beaufsichtigen, nicht anweisen, nicht ausbilden und nicht mit der Beaufsichtigung, Anweisung oder Ausbildung von Jugendlichen beauftragt werden.

89 Zu Nr. 3 bis 5:
Die Hauptstrafe muss in das Zentralregister eingetragen werden – § 4 BZRG –, d.h. bei Anwendung von Jugendrecht tritt die Nebenfolge nur ein, wenn auf Jugendstrafe, Schuldspruch nach § 27 JGG und Maßregel erkannt ist. Bei anderen jugendrichterlichen Maßnahmen wie Zuchtmittel oder Erziehungsmaßregeln tritt die Folge des § 25 JArbSchG nicht ein.

90 Zu beachten ist, dass bei einer Verurteilung im Sinne von § 25 Abs. 1 Nr. 2 JArbSchG zusätzlich zu der Mitteilung an das BZR auch eine Mitteilung an das Gewerbeaufsichtsamt nach Nr. 36 MiStra zu erfolgen hat.

91 Eine Fristberechnung hat die Vollstreckungsbehörde nicht vorzunehmen. Spätestens mit der Tilgung oder des Eintritts der Tilgungsreife im Zentralregister erlischt auch das Beschäftigungsverbot. Es ist lediglich Aufgabe der Vollstreckungsbehörde (des Rechtspflegers), den Eintritt dieser Nebenfolge zu erkennen und die entsprechenden Mitteilungen zu veranlassen.

VIII. Die Strafaussetzung zur Bewährung

92

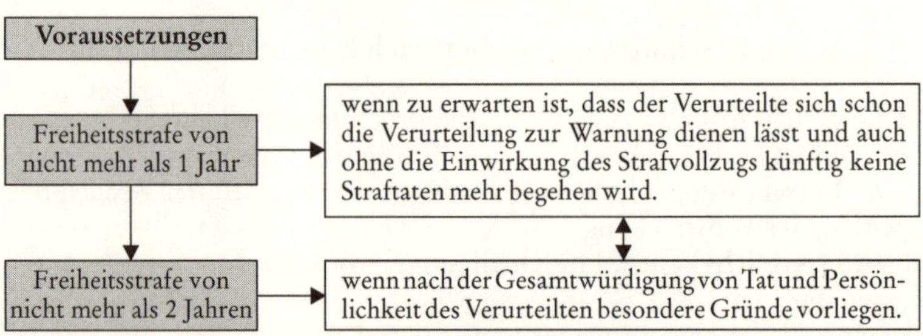

93 Auf Geldstrafe und damit auf die Ersatzfreiheitsstrafe kann § 56 StGB nicht angewendet werden. Die Aussetzung der Maßregeln der Besserung und Sicherung ist in den Vorschriften §§ 67bff. StGB gesondert geregelt. Auch auf einen Teil einer Freiheitsstrafe kann im Urteil nicht auf Strafaussetzung zur Bewährung erkannt werden.

94 Vorausgesetzt werden muss eine günstige Sozialprognose. Die Schwere der Schuld, wie auch die Umstände der Tat sind nur insoweit von Bedeutung, wie sie Rückschlüsse auf das künftige Verhalten zulassen. Es muss die begründete Erwartung vorliegen, dass sich die verurteilte Person schon die Verurteilung zur Warnung

dienen lässt und künftig, also nicht nur während der Bewährungszeit, auch ohne die Einwirkung des Strafvollzugs keine Straftaten mehr begehen wird. Eine Strafaussetzung zur Bewährung darf jedoch dann nicht erfolgen, wenn die Verteidigung der Rechtsordnung die Vollstreckung gebietet. Bei Freiheitsstrafen bis zu 2 Jahren müssen noch hinzukommen besondere Umstände von Tat und Persönlichkeit der verurteilten Person. Hierbei ist namentlich auch das Bemühen der verurteilten Person zu berücksichtigen, den durch die Tat verursachten Schaden wieder gutzumachen.

Das Gericht bestimmt nach § 56a StGB die Bewährungszeit, die 5 Jahre nicht **95**
überschreiten und 2 Jahre nicht unterschreiten darf. Die Bewährungszeit beginnt mit der Rechtskraft der Entscheidung und kann nachträglich bis zum Mindestmaß verkürzt oder bis zum Höchstmaß verlängert werden.

Durch die Verlängerung der Bewährungszeit, die maximal um die Hälfte der zunächst bestimmten Bewährungszeit erfolgen kann, kann auch die Höchstfrist von 5 Jahren überschritten werden. War zunächst eine Bewährungszeit von 4 Jahren bestimmt, kann sie später um 2 Jahre auf insgesamt 6 Jahre verlängert werden. Bei Bewährungszeiten von ursprünglich 2 Jahren wäre aber weiterhin auch eine mehrfache Verlängerung bis insgesamt 5 Jahre möglich.

Das Gericht kann der verurteilten Person Auflagen und Weisungen erteilen – **96**
§§ 56b und 56c StGB. Die dort aufgeführten Auflagen und Weisungen sind nicht abschließend. Ferner kann das Gericht die verurteilte Person für die Dauer der Bewährungszeit oder einen Teil der Aufsicht und Leitung eines Bewährungshelfers unterstellen, wenn dies angezeigt ist, um sie von weiteren Straftaten abzuhalten. Ein Bewährungshelfer ist in der Regel zu bestellen, wenn eine Freiheitsstrafe von mehr als 9 Monaten zur Bewährung ausgesetzt wird und die verurteilte Person noch nicht 27 Jahre alt ist.

Das Gericht kann die Auflagen, Weisungen oder auch die Unterstellung unter die Leitung und Aufsicht eines Bewährungshelfers auch noch nachträglich treffen, ändern oder aufheben.

Wird die Strafaussetzung nach § 56f StGB widerrufen, werden Leistungen, die **97**
die verurteilte Person zur Erfüllung von Auflagen, Anerbieten, Weisungen oder Zusagen erbracht hat, nicht zurückerstattet. Das Gericht kann jedoch Leistungen, die die verurteilte Person erbracht hat auf die Strafe anrechnen. Es hat dann im Widerrufsbeschluss auszusprechen, dass durch das Erbringen bestimmter Leistungen, die das Gericht zu bezeichnen hat ein vom Gericht festzulegender Teil der Strafe als verbüßt gilt.

Wird die Strafaussetzung nicht widerrufen, erlässt das Gericht die Strafe nach **98**
Ablauf der Bewährungszeit. Auch hier gilt, dass Leistungen, die die verurteilte Person erbracht hat, nicht zurückerstattet werden.

Mit dem Straferlass ist die Strafe erledigt und kann nicht mehr vollstreckt werden – absolutes Vollstreckungshindernis. Ein Widerruf des Straferlasses ist nur unter der Voraussetzung möglich, dass die verurteilte Person wegen einer vorsätzlichen Tat, die sie während der Bewährungszeit begangen hat, zu einer Freiheitsstrafe von mind. 6 Monaten verurteilt wird. Ein Widerruf des Straferlasses ist jedoch nur innerhalb eines Jahres nach Ablauf der Bewährungszeit[23] möglich und nur dann, wenn dieser Widerruf innerhalb von 6 Monaten nach Rechtskraft der neuen Verurteilung ergeht. Der Widerruf des Straferlasses bewirkt, dass die Strafe vollstreckt

---

[23] Maßgebend ist nicht der Zeitpunkt des Straferlasses, der in aller Regel zeitlich nach Ablauf der Bewährungszeit liegt.

werden kann. Ein zusätzlicher Widerruf der Strafaussetzung zur Bewährung ist nicht erforderlich § 56g Abs. 2 StGB.

IX. Konkurrenzen

99 Nach § 46 StGB ist Grundlage der Strafzumessung die **Schuld des Täters.** Nach dieser Vorschrift ist Sinn der Strafe jedenfalls auch im Schuldausgleich zu sehen, der zwei Funktionen hat – repressiv und präventiv. Unter diesen Gesichtspunkten ist sicher zu unterscheiden, ob ein Täter einen andern absichtlich tötet oder ob jemand durch Fahrlässigkeit den Tod eines anderen Menschen verursacht. Das Strafrecht, das auch dem Schutz der Grundwerte dient, muss sich aber ganz wesentlich auch auf die Tatschwere und das Verschulden des Täters konzentrieren.

1. Rechtsfolgen der Tat

100

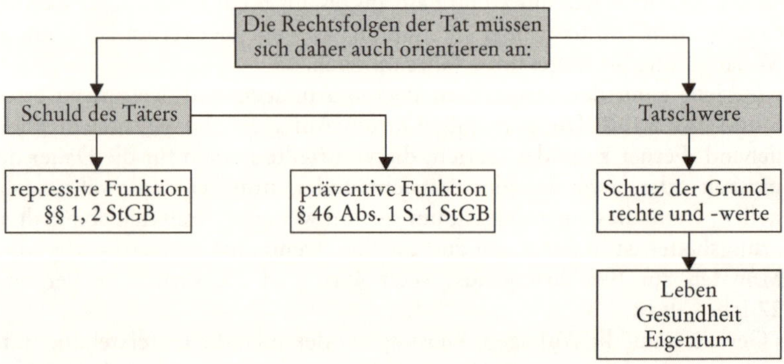

Ausgangspunkt der Konkurrenzlehre ist die Unterscheidung von Handlungseinheit und Handlungsmehrheit. Der Begriff Handlungseinheit nach § 52 StGB hat mit dem verfahrensrechtlichen Begriff der Tat im Sinne von § 264 StPO nichts zu tun. Gemeint ist dort der dem Strafverfahren zugrundeliegende **geschichtliche Vorgang** in seiner Gesamtheit – *BGH* 10, 396.

101

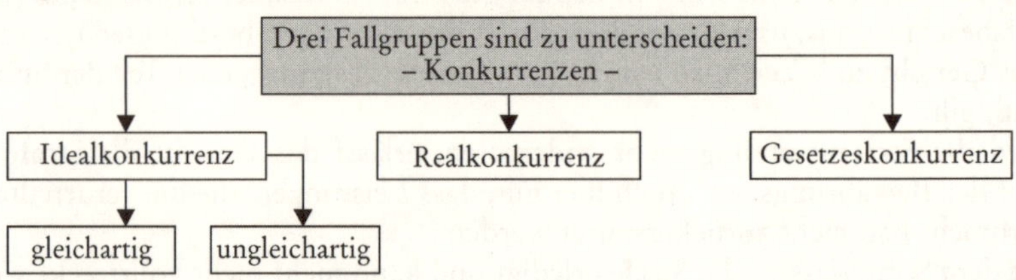

2. Die Idealkonkurrenz – § 52 StGB

a) Eine Handlung verletzt dasselbe Strafgesetz mehrfach (gleichartig)

102 Vielfach ergibt sich dies bereits aus der einfachen Verwirklichung eines Tatbestandes, wie z.B. fahrlässige Körperverletzung in 3 Fällen durch **eine** Tat. Aber auch wenn eine natürliche Handlungseinheit vorliegt. In Betracht kommt einmal die wiederholte Verwirklichung eines Tatbestandes in kurzer zeitlicher Reihenfolge, wie z.B. Agententätigkeit, Geldfälschung, Vornahme sexueller Handlungen, Schlägerei u.a.

Voraussetzung für die Annahme von Handlungseinheit ist, dass die Rechtsverletzung durch die mehrfache Wiederholung nur eine rein **quantitative** Steigerung erfährt und dass die Tat außerdem auf einer einheitlichen **Motivationslage** beruht. Die natürliche Handlungseinheit wird nicht dadurch ausgeschlossen, dass höchstpersönliche Rechtsgüter verschiedener Träger verletzt werden (vgl. aber Rn. 108)

Die Folge ist die Verurteilung nach der Strafvorschrift, welche die höchste Strafe 103
androht – **Absorptionsprinzip.** Die Strafe wird dem mehrfach verletzten Gesetz nur einmal entnommen. Im Rahmen der angedrohten Höchststrafe wird die Tatsache der mehrfachen Verletzung desselben Gesetzes in der Regel strafschärfend zu berücksichtigen sein. Die zugelassene Höchststrafe darf jedoch nicht überschritten werden.

b) Eine Handlung verletzt mehrere Strafgesetze (ungleichartig)

Hier können durch eine Handlung ein einziger Erfolg eintreten, wie z.B. beim 104
erzwungenen Beischlaf mit der Schwester (Blutschande nach § 173 StGB und Vergewaltigung nach § 177 StGB) oder durch eine Handlung mehrere ungleichartige Erfolge, wie z.B. Schuss durchs Fenster, wobei eine Person getötet und eine andere verletzt wird (Sachbeschädigung nach § 303 StGB, Körperverletzung nach § 223 StGB, Mord nach § 211 StGB).

Folge: die Verurteilung erfolgt durch Verknüpfung zu einer gemeinsamen Strafe 105
nach dem **Kombinationsprinzip**. Die Strafe wird aus einem dem Kombinationsprinzip gebildeten Strafrahmen sämtlicher verletzten Gesetze zusammengestellt. Nach oben ist sie begrenzt durch die schwerste Höchststrafe, nach unten durch die schwerste Mindeststrafe.

c) Fortgesetzte Handlung

106

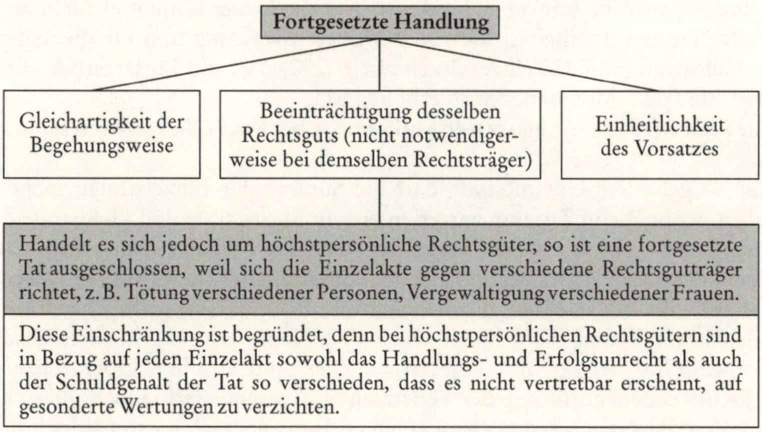

Dies ist die Zusammenfassung einer Mehrheit von Einzelakten zur Handlungs- 107
einheit und nur in verhältnismäßig engen Grenzen möglich. Die Rechtsprechung hat die Annahme von einer rechtlichen Handlungseinheit bemüht, um dem Zwang zur Feststellung aller Einzelakte und der Anwendung der Regeln über die Realkonkurrenz (Tatmehrheit) zu entgehen. Der praktischen Vorteile dieser Aushilfe stehen jedoch erhebliche kriminalpolitische Nachteile entgegen:

1. der Strafrahmen ist geringer als bei der Tatmehrheit, was sich im Sinne unangebrachter Milde auswirken kann.
2. die Strafzumessung verliert an Genauigkeit und Nachprüfbarkeit, wenn keine Einzelstrafen ausgeworfen werden müssen.
3. die Möglichkeit der Verhängung von Sicherungsverwahrung nach § 66 StGB wird eingeschränkt.
4. die Rechtskraftwirkung schneidet die weitere Verfolgung auch dann ab, wenn wesentliche Teile der Tat erst später entdeckt werden.

108 Der *BGH* hat in seiner Entscheidung vom 3. 5. 1994[24] die Annahme des Fortsetzungszusammenhangs erheblich eingeschränkt. Ein Fortsetzungszusammenhang kann danach nur noch angenommen werden, wenn dies zur sachgerechten Erfassung des verwirklichten Unrechts und der Schuld unumgänglich ist. Jedenfalls bei den Straftatbeständen der §§ 173, 174, 176 und 263 StGB ist das – so der BGH – nicht der Fall.

3. Die Realkonkurrenz

109 **Realkonkurrenz** (Tatmehrheit) liegt vor, wenn der Täter mehrere **selbständige** Taten begangen hat, die gleichzeitig in demselben Strafverfahren abgeurteilt werden. Die **Folge** ist eine Verurteilung für jede dieser Taten zu einer gesonderten Strafe, die dann in eine Gesamtstrafe einfließen und zwar dadurch, dass die schwerste Strafe verschärft wird nach dem **Asperationsprinzip.** Die entsprechenden Vorschriften enthält § 54 StGB:

1. zunächst wird für jede Straftat im Urteil eine Einzelstrafe ausgeworfen, wobei hinsichtlich der Strafzumessung grundsätzlich so zu verfahren ist, als ob die Einzeltat allein zur Aburteilung stünde;
2. dann wird nach den Grundsätzen, die auch bei der Idealkonkurrenz gelten, die schwerste Einzelstrafe ermittelt (Einsatzstrafe), wobei Freiheitsstrafe als ihrer Art nach immer die schwerste Strafe ist. Auf die Dauer kommt es nicht an (wird für eine Tat eine Freiheitsstrafe von 3 Monaten verhängt und für die andere Tat eine Geldstrafe von 150 Tagessätzen zu je € 30,–, ist die Einsatzstrafe die Freiheitsstrafe von 3 Monaten, die zu erhöhen ist);
3. schließlich wird diese Einsatzstrafe erhöht, wobei zwei Obergrenzen zu beachten sind:
   a) die so gebildete Gesamtstrafe darf die Summe der Einzelstrafen nicht erreichen, wobei beim Zusammentreffen von Freiheitsstrafe und Geldstrafe die allgemeine Regel gilt, dass ein Tagessatz einem Tag Freiheitsstrafe entspricht;
   b) die Gesamtstrafe darf bei zeitiger Freiheitsstrafe die Dauer von 15 Jahren (dies ist auch die höchste zeitige Freiheitsstrafe für eine Tat) nicht übersteigen, bei Geldstrafe darf sie nicht höher sein als 720 Tagessätze (die höchste Geldstrafe für eine Tat beträgt 360 Tagessätze). Dies sind absolute Obergrenzen. Die Höchststrafenandrohung der verletzten Strafgesetze darf jedoch überschritten werden. Aus mehreren zeitigen längeren Freiheitsstrafen kann jedoch nie eine lebenslange Freiheitsstrafe als Gesamtstrafe gebildet werden.

---

[24] NStZ 1994, 383.

Bildung der Gesamtstrafe 110

muss	kann
wenn mehrere Freiheitsstrafen oder mehrere Geldstrafen jeweils gesondert verwirkt sind.	wenn Freiheitsstrafe und Geldstrafe nebeneinander verwirkt sind. Hier soll der Richter freie Hand haben zu entscheiden, ob aus Freiheitsstrafe und Geldstrafe eine Gesamtstrafe zu bilden ist, die notwendigerweise eine Freiheitsstrafe sein muss, oder ob beide Strafen gesondert bestehen bleiben sollen. Dann liegt auch keine Gesamtstrafe vor; *OLG Stuttgart,* Rpfl. 89, 39.

4. Die Gesetzeskonkurrenz

Neben den beiden echten Konkurrenzen treten andere Fallgestaltungen, bei denen mehrere Strafgesetze nur scheinbar zusammentreffen, während in Wirklichkeit eines die anderen ausschließt. Der Gesetzgeber hat im Allgemeinen Teil des StGB die Gesetzeseinheit nicht erwähnt, weil im Ergebnis nur ein Strafgesetz angewendet wird, obwohl zunächst mehrere Vorschriften anwendbar erscheinen. 111

Spezialität	liegt vor, wenn eine Strafvorschrift alle Merkmale einer anderen aufweist und sich nur dadurch von dieser unterscheidet, dass sie mindestens noch ein weiteres Merkmal enthält, das den Sachverhalt unter einem anderen Gesichtspunkt erfasst. Mord und Kindestötung sind spezielle Strafvorschriften zum Totschlag; Diebstahl mit Waffen und Bandendiebstahl sowie Haus- und Familiendiebstahl sind spezielle Strafvorschriften zum Diebstahl.
Alternative Gesetzeskonkurrenz	liegt vor, wenn zwei Tatbestände einander widerstreitende Merkmale enthalten und sich deswegen gegenseitig ausschließen. Diebstahl und Unterschlagung.
Subsidiarität	bedeutet, dass eine Strafvorschrift nur hilfsweise für den Fall Anwendung findet, dass nicht schon eine andere Strafvorschrift eingreift. Falsche Verdächtigung, die zugleich die Vortäuschung einer Straftat enthält; Betrug und Automatenmissbrauch; erpresserischer Menschenraub und Geiselnahme.
Konsumtion	ist dann anzunehmen, wenn der Unrechts- und Schuldgehalt einer tatbestandsmäßigen Handlung eine andere Tat bzw. einen anderen Tatbestand einschließt, so dass bereits die Verurteilung unter dem einen Gesichtspunkt den Unwert des Gesamtgeschehens erschöpfend ausdrückt. Hausfriedensbruch und Sachbeschädigung gegenüber dem Einbruchsdiebstahl; Beleidigung im Verhältnis zu den Sittlichkeitsdelikten; Sachbeschädigung im Verhältnis zum Totschlag.

112

113 Beim Vorliegen von Gesetzeseinheit hätte das verdrängte Gesetz an sich gänzlich aus der Betrachtung auszuscheiden, doch ist der Grundsatz der vollen Deliktsabsorbtion durch die Rechtsprechung erheblich modifiziert worden. Da das zurücktretende Gesetz auf die Entscheidung Einfluss haben kann, muss es in allen Fällen, in denen ein solcher Einfluss in Betracht kommt, geprüft und festgestellt werden. Das verdrängte Gesetz hat ferner auf den Strafrahmen des anzuwendenden Gesetzes Einfluss. So muss eine höhere Mindeststrafe berücksichtigt werden und darf das Gericht dem verdrängten Gesetz Nebenstrafen und Nebenfolgen entnehmen. Auch bei der Strafzumessung kann das durch Gesetzeseinheit ausgeschlossene Gesetz strafverschärfend berücksichtigt werden, soweit es sich nicht um Merkmale handelt, die schon zum Tatbestand des anzuwendenden Gesetzes gehören.

X. Die Untersuchungshaft

Voraussetzungen:

114 – **dringender Tatverdacht**

– **Haftgrund**

  – der Beschuldigte ist flüchtig oder hält sich verborgen
  – es besteht die Gefahr, dass der Beschuldigte sich dem Strafverfahren entziehen werde (Fluchtgefahr)
  – das Verhalten des Beschuldigten begründet den dringendem Verdacht, er werde Beweismittel vernichten, verändern, beiseite schaffen, unterdrücken oder fälschen oder
  – auf Mitbeschuldigte, Zeugen oder Sachverständige in unlauterer Weise einwirken oder
  – andere zu solchem Verhalten veranlassen

  und es bestehe deshalb die Gefahr, dass die Ermittlung der Wahrheit erschwert werde (Verdunklungsgefahr).
  – Gegen den Beschuldigten, der einer Straftat nach § 6 Abs. 1 Nr. 1 (Völkermord), § 129a und 129b StGB (Bildung terroristischer Vereinigungen auch im Ausland), § 211 StGB (Mord), § 212 StGB (Totschlag), § 226 StGB (schwere Körperverletzung), §§ 306b, c StGB (besonders schwere Brandstiftung, Brandstiftung mit Todesfolge) und § 308 Abs. 1 bis 3 StGB (Herbeiführen einer Sprengstoffexplosion) dringend verdächtig ist, darf die Untersuchungshaft auch angeordnet werden, wenn ein Haftgrund nach den obigen Ausführungen nicht vorliegt.

115 Weitere **Haftgründe** sind in § 112a StPO aufgeführt. Dies sind dort in Abs. 1 Nr. 1 weitgehend Straftaten gegen die sexuelle Selbstbestimmung aufgeführt und in Nr. 2 überwiegend Straftaten gegen Leib und Leben Anderer. Hinzukommen muss: dass die Gefahr begründet ist, der Beschuldigte werde vor seiner Verurteilung weitere erhebliche Straftaten gleicher Art begehen oder die Straftat fortsetzen und in den Fällen der Nr. 2 eine Freiheitsstrafe von mehr als einem Jahr zu erwarten ist. Voraussetzung, das Untersuchungshaft angeordnet werden kann ist auch hier der dringende Tatverdacht gegen den Beschuldigten, der immer vorliegen muss.

2. Kapitel. Die Strafvollstreckung

1. Abschnitt. Einführung in das Strafvollstreckungsrecht

I. Strafvollstreckung und Strafvollzug

1. Aufgaben der Strafvollstreckung

Aufgaben der Strafvollstreckung sind die nach Rechtskraft des Straferkenntnisses **116** anfallenden Aufgaben im Rahmen der Durchführung des rechtskräftigen Straferkenntnisses. Das Strafvollstreckungsrecht regelt alle Maßnahmen und Entscheidungen, die erforderlich sind zur Einleitung, Durchführung und Überwachung eines rechtskräftigen Straferkenntnisses. Die Aufgaben der Strafvollstreckungsbehörde beginnen bereits in dem Zeitpunkt, in dem ein rechtskräftiges und damit vollstreckbares Urteil vorliegt. Schon von diesem Zeitpunkt an muss sich die Vollstreckungsbehörde um die Vollstreckung bemühen. Gerade für die Zeit, die nach Eintritt der Rechtskraft, aber vor der Erteilung der Rechtskraftbescheinigung liegt, hat der Grundsatz der nachdrücklichen und beschleunigten Vollstreckung besondere Bedeutung. Dies gilt insbesondere dann, wenn sich die verurteilte Person bis zum Eintritt der Rechtskraft in Untersuchungshaft befunden hat. Der Rechtspfleger hat sich daher ggf. darum zu kümmern, dass er die für die Vollstreckung nötigen Urkunden erhält. Er muss sie erforderlichenfalls anfordern und dabei auch auf Beschleunigung drängen, wenn zu befürchten ist, dass die verurteilte Person sich der Vollstreckung entzieht, oder wenn sie sich in Untersuchungshaft befindet.

Durch Gnadengesuche und andere Eingaben darf die Vollstreckung grundsätzlich nicht verzögert werden. Die Vollstreckungsbehörde hat in jedem Einzelfall, vor allem auch bei Einwendungen gegen ablehnende Gnadenentscheidungen sorgfältig zu prüfen, ob wirklich eine Hemmung der Vollstreckung angezeigt ist. Bei offenbar unrichtigen Entscheidungen hat die Vollstreckungsbehörde von einer Vollstreckung abzusehen und ein Gnadenverfahren von Amts wegen anzuregen.

2. Aufgaben des Strafvollzugs

Die Aufgaben des Strafvollzugs sind die Vollziehung der freiheitsentziehenden **117** Sanktionen aus einem Straferkenntnis. Nicht zuständig ist der Strafvollzug bei der Unterbringung im psychiatrischen Krankenhaus und in der Entziehungsanstalt, dafür aber für den Vollzug der Sicherungsverwahrung; diese wird in den Justizvollzugsanstalten vollstreckt. Wie der Strafvollzug ausgestaltet wird und wie die verurteilte Person in der Vollzugsanstalt behandelt wird, entscheidet in der Regel grundsätzlich die Vollzugsanstalt allein. Die Vollstreckungsbehörden haben hierauf grundsätzlich keinen Einfluss. Das Strafvollzugsrecht, hauptsächlich geregelt im Strafvollzugsgesetz, enthält alle Rechtsnormen, welche die Art und Weise der Durchführung einer Freiheitsentziehung zum Inhalt haben. In die Art und Weise des Strafvollzugs kann und darf die Strafvollstreckungsbehörde nicht eingreifen.

3. Vorschriften für die Strafvollstreckung

118 **StGB,** Allgemeiner Teil, insbesondere

§§ 11, 12	Personen und Sachbegriffe
§§ 38–40	Freiheits- und Geldstrafen
§ 42	Zahlungserleichterungen für Geldstrafen
§ 43	Ersatzfreiheitsstrafe
§ 44	Fahrverbot
§§ 45–45b	Verlust der Amtsfähigkeit, der Wählbarkeit und des Stimmrechts mit Berechnungsvorschriften
§ 51	Anrechnungsvorschriften
§§ 52–55	Tateinheit, Tatmehrheit, Gesamtstrafe
§§ 56–58	Strafaussetzung zur Bewährung
§§ 59, 60	Verwarnung mit Strafvorbehalt und Absehen von Strafe
§§ 61–72	Maßregeln der Besserung und Sicherung mit Berechnungsvorschriften
§§ 73ff.	Verfall und Einziehung
§§ 79–79b	Vollstreckungsverjährung

119 **StPO,** 7. Buch, Strafvollstreckung und Kosten, insbesondere

§ 449	Vollstreckungsvoraussetzungen
§§ 450, 450a	Anrechnungen
§ 451	Vollstreckungsbehörden
§§ 453–454b	Nachträgliche Entscheidungen über Strafaussetzung zur Bewährung, Unterbrechung der Vollstreckung
§§ 455–456c	Strafaufschub und Strafunterbrechung
§ 457	Vollstreckungshaftbefehl
§§ 458, 460–462a	Gerichtliche Entscheidungen nach Rechtskraft
§§ 459–459h	Vollstreckung von Geldstrafen
§ 460	Nachträgliche Gesamtstrafe durch Beschluss
§§ 463–463d	Vollstreckung von Maßregeln der Besserung und Sicherung und der Nebenstrafen
§§ 464ff.	Kosten des Verfahrens

120 **JGG,** Jugendgerichtsgesetz

§§ 82ff.	Vollstreckung von Jugendstrafen, jugendrichterlichen Maßnahmen, Zuchtmitteln und Maßregeln und die hierzu ergangenen Jugendstrafvollzugsgesetze der Länder

121 **OWiG,** Ordnungswidrigkeitengesetz

§§ 96ff.	Vollstreckung von Geldbußen und Erzwingungshaft

122 **StVollstrO,** Strafvollstreckungsordnung
JBeitrO, Justizbeitreibungsordnung
EBAO, Einforderungs- und Beitreibungsanordnung

BtMG, Betäubungsmittelgesetz

§§ 35, 36	Zurückstellung der Vollstreckung, Anrechnung und Aussetzung zur Bewährung, Widerruf

II. Zuständigkeiten zur Strafvollstreckung

Zur Strafvollstreckung bei der Vollstreckungsbehörde der Staatsanwaltschaft **123**
können gelangen:
- Freiheitsstrafen nach §§ 38, 39 StGB
- Geldstrafen nach §§ 40 bis 43 StGB
- freiheitsentziehende Maßregeln der Besserung und Sicherung nach §§ 63, 64, 66 StGB (Unterbringung im psychiatrischen Krankenhaus, Unterbringung in der Entziehungsanstalt und Sicherungsverwahrung)
- Entziehung der Fahrerlaubnis nach §§ 69, 69a, 69b StGB
- sonstige Maßregeln der Besserung und Sicherung nach §§ 68, 70 StGB (Führungsaufsicht und Berufsverbot)
- Nebenfolgen nach § 45 StGB (Verlust der Amtsfähigkeit, der Wählbarkeit und des Stimmrechts), § 25 JarbSchG (Beschäftigungsverbot) u.a.
- Fahrverbot als Nebenstrafe nach § 44 StGB
- Einziehung, Verfall, Wertersatz nach §§ 73 bis 75 StGB
- Bußgeldsachen nach § 91 OWiG
- Erzwingungshaft nach § 97 OWiG
- Ordnungs- und Zwangsgeld oder -haft in Strafsachen nach §§ 51, 70, 95 StPO
- Ordnungs- und Zwangsgeld oder -haft in Bußgeldsachen nach § 46 OWiG

1. Sachliche Zuständigkeit

Staatsanwaltschaften **124**
- Vollstreckung der Geld- und Freiheitsstrafen nach § 451 Abs. 1 StPO, § 4 StVollstrO, einschließlich der Vollstreckung der Maßregeln der Besserung und Sicherung, der Nebenstrafen und Nebenfolgen;
- Vollstreckung in Bußgeldsachen einschließlich der Erzwingungshaft nach §§ 91, 97 OWiG, § 451 Abs. 1 StPO, §§ 1 Abs. 2, 4, 87 StVollstrO;
- Vollstreckung der Ordnungs- und Zwangsgeldstrafen in Straf- und Bußgeldsachen nach § 36 Abs. 2 S. 1 StPO, §§ 1 Abs. 1 Nr. 3, 2 EBAO, § 4 StVollstrO;
- Vollstreckung der Ordnungs- und Zwangshaft in Straf- und Bußgeldsachen nach § 36 Abs. 2 S. 2 StPO, § 46 Abs. 1 OWiG, §§ 4, 88 StVollstrO;
- Vollstreckung von dringenden Anordnungen nach § 6 StVollstrO.

Vorsitzender des Gerichts **125**
- Vollstreckung von Ordnungsmitteln nach § 179 GVG, § 88 Abs. 2 StVollstrO (Ordnungsgeld oder Ordnungshaft wegen Ungebühr).

Jugendrichter **126**
- Vollstreckung von Entscheidungen gegen Jugendliche und Heranwachsende bei Anwendung von Jugendstrafrecht, einschließlich der Bußgeldsachen gegen Jugendliche (soweit gegen Jugendliche überhaupt eine Geldbuße nach dem OWiG festgesetzt werden kann) und Heranwachsende nach §§ 82–85 JGG, § 110 JGG, §§ 91, 97 OWiG.

2. Örtliche Zuständigkeit der Staatsanwaltschaft

Nach § 143 Abs. 1 GVG, § 7 Abs. 1 StVollstrO. Die örtliche Zuständigkeit der **127**
Beamten der Staatsanwaltschaft wird durch die örtliche Zuständigkeit des Gerichts bestimmt, für das sie bestellt sind. Dies gilt auch, wo bestimmte Strafsachen bei

einem Gericht örtlich konzentriert sind. Werden z.B. Wirtschaftsstrafsachen bei einem gesonderten Gericht konzentriert, ist auch für die Vollstreckung der Strafe die Staatsanwaltschaft zuständig, in deren Bezirk das Gericht liegt. Die Landesregierungen wurden in § 143 Abs. 5 BGB jedoch ermächtigt, durch Rechtsverordnung einer Staatsanwaltschaft für die Bezirke mehrerer Land- oder Oberlandesgerichte die Zuständigkeit für die Strafvollstreckung und die Vollstreckung von Maßregeln der Besserung und Sicherung ganz oder teilweise zuzuweisen.

Wird eine Gesamtstrafe gebildet und wird in diese Gesamtstrafe die Strafe eines anderen Gerichts einbezogen, so ist zur Vollstreckung der Gesamtstrafe die Staatsanwaltschaft örtlich zuständig, in deren Bezirk das Gericht liegt, das die Gesamtstrafe gebildet hat nach § 8 StVollstrO. Eine Ausnahme besteht dann, wenn zur nachträglichen Gesamtstrafenbildung nach § 460 StPO zwei oder mehrere Strafentscheidungen anstehen, in denen bereits auf Gesamtstrafe erkannt wurde. Da die Gesamtstrafen aufzulösen sind und nur Einzelstrafen in die neue Gesamtstrafe einbezogen werden können, besteht die Möglichkeit, dass nach Auflösung der Gesamtstrafen und Einbeziehung einzelner Einzelstrafen in die neue Gesamtstrafe aus einem Straferkenntnis eine Einzelstrafe bestehen bleibt. Zur Vollstreckung dieser Einzelstrafe bleibt oder wird die frühere Staatsanwaltschaft örtlich zuständig.

Ausnahmen macht hiervon § 7 Abs. 2 StVollstrO. Wird im Revisionsverfahren eine Entscheidung aufgehoben und zur Verhandlung und Entscheidung an ein anderes Gericht zurückverwiesen, so ist Vollstreckungsbehörde die Staatsanwaltschaft, in deren Bezirk das Gericht liegt, das nach Zurückverweisung entschieden hat. Gleiches gilt, wenn im Wiederaufnahmeverfahren ein anderes Gericht eine Sachentscheidung getroffen hat. Dies gilt allerdings dann nicht, wenn das Gericht des Wiederaufnahmeverfahrens keine eigene Sachentscheidung getroffen hat.

128 Die Inanspruchnahme der Vollstreckungsbehörde eines anderen Landes ist nach § 9 Abs. 1 S. 1 StVollstrO im Wege der Vollstreckungshilfe zulässig, wenn die Vollstreckungsanordnung außerhalb des Landes, in dem die Vollstreckungsbehörde ihren Sitz hat, durch eine Landesbehörde durchgeführt werden soll. Nach der Vereinbarung der Länder zur Vereinfachung und Beschleunigung der Strafvollstreckung und der Vollstreckung anderer freiheitsentziehender Maßnahmen in Straf- und Bußgeldsachen vom 8. Juni 1999 kann die Vollstreckungsbehörde die verurteilte Person aber auch unmittelbar zum Strafantritt in die Justizvollzugsanstalt eines anderen Landes laden oder durch begründetes Aufnahmeersuchen, weshalb die dortige Justizvollzugsanstalt zuständig ist, einweisen oder die Polizeidienststellen eines anderen Landes um die Ausführung von Vorführungs- oder Haftbefehlen zum Zwecke der Strafvollstreckung ersuchen.

Diese Ländervereinbarung gilt jedoch für die Vollstreckung der freiheitsentziehenden Maßregeln nicht.

3. Funktionelle Zuständigkeit

129 Nach § 31 Abs. 2 RpflG sind die der Vollstreckungsbehörde in Straf- und Bußgeldsachen obliegenden Geschäfte dem Rechtspfleger übertragen. Damit sind zunächst einmal alle bei der Vollstreckungsbehörde anfallenden Tätigkeiten dem Rechtspfleger übertragen worden, soweit es nicht Aufgaben des Staatsanwalts in seiner Eigenschaft als Strafverfolgungsbehörde sind. Die Begrenzungsverordnung, nach der bestimmte Aufgaben der Strafvollstreckung dem Staatsanwalt vorbehalten waren, wurde durch Gesetz vom 24. 8. 2004, in Kraft getreten am 1. 9. 2004, aufgehoben. Dagegen wurden einige Bestimmungen, die seither in der Begrenzungsverordnung enthalten waren, in § 31 RPflG übernommen.

So kann der Rechtspfleger nicht entscheiden, ob der Vollzug einer Freiheitsstrafe an einer verurteilten Person, die das 24. Lebensjahr noch nicht vollendet hat und die sich für den Jugendstrafvollzug eignet, auch in der Einrichtung für den Vollzug der Jugendstrafe vollzogen wird.[1] Mit der Beurteilung dieser Kriterien ist der Rechtspfleger – nach Ansicht des Gesetzgebers –[2] aus seiner täglichen Arbeit kaum vertraut.

Der Rechtspfleger **hat** die ihm übertragenen Sachen dem Staatsanwalt vorzulegen, wenn er 130
- von einer ihm bekannten Stellungnahme des Staatsanwalts abweichen will oder
- zwischen dem übertragenen Geschäft und einem vom Staatsanwalt wahrzunehmenden Geschäft ein so enger Zusammenhang besteht, dass eine getrennte Sachbearbeitung nicht sachdienlich ist, oder
- ein Ordnungs- oder Zwangsmittel von dem Staatsanwalt verhängt ist und dieser sich die Vorlage ganz oder teilweise vorbehalten hat.

Mit der Formulierung im Gesetz, der Rechtspfleger „hat" vorzulegen, ist die Vorlage an den Staatsanwalt in den genannten Dingen obligatorisch.

Im Übrigen **kann** der Rechtspfleger die ihm übertragenen Sachen dem Staatsanwalt vorlegen, wenn 131
- sich bei der Bearbeitung Bedenken gegen die Zulässigkeit der Vollstreckung ergeben,
- ein Urteil vollstreckt werden soll, das von einem Mitangeklagten mit der Revision angefochten ist.

Die vorgelegten Sachen bearbeitet der Staatsanwalt, solange er es für erforderlich hält. Er kann die Sache dem Rechtspfleger zurückgeben. An eine dabei mitgeteilte Rechtsauffassung ist der Rechtspfleger gebunden. 132

Nicht zuständig ist bisher nach wie vor der Rechtspfleger in Jugendstrafsachen. Aber auch der Rechtspfleger bei der Vollstreckungsbehörde der Staatsanwaltschaft ist nicht zuständig für Sachen, in denen der Staatsanwalt in seiner Eigenschaft als Strafverfolgungsbehörde zuständig ist. Dies sind vor allem Anträge und Stellungnahmen zu gerichtlichen Entscheidungen nach §§ 56a II, 56e–g, 57, 59a, 59b, 79b StGB und §§ 453, 453a, 453b, 453c, 454, 456c, 458, 459d, 459f, 459h, 460, 461 II, 462, 462a, 463 StPO. 133

III. Zuständigkeit des Gerichts und der Strafvollstreckungskammer

Grundsätzlich ist für alle gerichtlichen Entscheidungen, die während der Strafvollstreckung notwendig werden, das erstinstanzliche Gericht zuständig nach § 462a Abs. 2 StPO. Haben verschiedene Gerichte die verurteilte Person rechtskräftig zu Strafe verurteilt oder unter Strafvorbehalt verwarnt, so ist nur eines von ihnen für die nach den §§ 453, 454, 454a und 462 zu treffenden Entscheidungen zuständig. Würde jedes der Gerichte mit Nachtragsentscheidungen befasst, so bestünde die Gefahr einer Entscheidungszersplitterung. Die Zuständigkeit liegt bei dem Gericht, das auf die höchste Strafart, bei gleicher Strafart auf die höchste Strafe, bei gleichen Strafen mit dem zeitlich letzten Urteil erkannt hat. 134

[1] § 31 Abs. 2 S. 2 RPflG.
[2] Begründung zu Art. 9 Nr. 5 Buchstabe a JuMoG.

135 Das Gericht der ersten Instanz ist daher zuständig für nachträgliche Entscheidungen über Strafaussetzung zur Bewährung,[3] zur Bewährungsüberwachung der Auflagen und Weisungen,[4] zum Widerruf einer Strafaussetzung, § 453 StPO. Ferner für sonstige nachträgliche Entscheidungen, z.B. nach § 69a Abs. 7 StGB (Abkürzung der Sperrfrist), § 68d StGB (nachträgliche Entscheidungen bei der Führungsaufsicht), § 70a StGB (Verfall des Wertersatzes), § 45b StGB (Verlust der Amtsfähigkeit, der Wählbarkeit und des Stimmrechts) u. v. a.

136 Für die Bildung einer nachträglichen Gesamtstrafe nach §§ 460, 462a Abs. 3 StPO ist immer das Gericht der ersten Instanz zuständig und nie die Strafvollstreckungskammer, auch dann nicht, wenn sich die verurteilte Person in Strafhaft befindet. Auch für die Entscheidungen nach §§ 35, 36 BtMG (Zustimmung des Gerichts zur Zurückstellung, Bestimmung der Anrechnungsfähigkeit, Strafaussetzung zur Bewährung) ist immer das Gericht der ersten Instanz zuständig.

137 Wird das Gericht gegen Entscheidungen der Strafvollstreckungsbehörde nach §§ 458, 462 StPO angerufen, ist das Gericht der ersten Instanz zuständig.

138 Die Strafvollstreckungskammer ist zuständig in den Fällen des § 462a Abs. 1 StPO und zwar nach dieser Vorschrift in allen Fällen, wenn sich die verurteilte Person im Zeitpunkt, in dem das Gericht mit der Sache befasst wird, in Strafhaft befindet, soweit nicht nach oben Rn. 134–137 das Gericht des ersten Rechtszugs zuständig ist. Die Strafvollstreckungskammer bleibt zuständig bis zur endgültigen Erledigung der Strafvollstreckung nach § 462a Abs. 1 S. 2 StPO. Insbesondere bleibt die Strafvollstreckungskammer weiter zuständig, wenn sie einen Strafrest nach § 57 StGB zur Bewährung ausgesetzt hat, bis zum endgültigen Erlass dieses Strafrestes oder auch bis zum Widerruf.[5]

IV. Rechtsbehelfe im Strafvollstreckungsverfahren

1. Gegen Entscheidungen des Rechtspflegers

139 Ist nach § 31 Abs. 6 RpflG der Rechtsbehelf gegeben, der nach den allgemeinen verfahrensrechtlichen Vorschriften zulässig ist. Ist nach diesen verfahrensrechtlichen Vorschriften ein Rechtsbehelf nicht gegeben, entscheidet über Einwendungen gegen Entscheidungen des Rechtspflegers in der Strafvollstreckung der Richter oder Staatsanwalt, an dessen Stelle der Rechtspfleger tätig geworden ist. Künftig ist entsprechend dem Vorbild des § 11 RPflG nach dem durch Art. 9 Nr. 5 des 1. JuMoG neu gefassten § 31 Abs. 6 S. 1 RPflG der nach den allgemeinen verfahrensrechtlichen Vorschriften zulässige Rechtsbehelf gegeben. Daher kann insbesondere eine gerichtliche Entscheidung nach § 459h StPO herbeigeführt werden. Nur wenn ein Rechtsbehelf nicht gegeben ist, entscheidet der Richter oder Staatsanwalt. Das Rechtsbehelfverfahren im Bereich der Strafvollstreckung soll dadurch gestrafft werden.[6] Der Staatsanwalt kann dem Rechtspfleger Weisungen erteilen. Die Befugnis des Behördenleiters nach §§ 145, 146 GVG (Weisungsbefugnis des Leitenden Oberstaatsanwalts) bleibt unberührt. Daneben ist gegen die Entscheidungen des Rechtspflegers zulässig die Dienstaufsichtsbeschwerde an den Behördenleiter.

[3] Nicht aber für Aussetzung von Reststrafen nach Teilverbüßung nach § 57 StGB.
[4] Bei ursprünglicher Strafaussetzung zur Bewährung im Urteil.
[5] Das sind Bewährungsüberwachung, Erteilung von Auflagen und Weisungen, Widerruf und Erlass.
[6] *Klaus Rellermeyer*, Rpfleger 2004, 593.

Die neue Regelung des Rechtsbehelfsverfahrens soll, soweit die Geldstrafenvollstreckung gem. § 36b Abs. 1 S. 1 Nr. 5 RPflG auf den Urkundsbeamten der Geschäftsstelle übertragen wird, keine Abwendung finden. Deshalb hat Art. 9 Nr. 6 Buchst. b, c des 1. JuMoG die bisher in § 36b Abs. 3 Satz 2 RPflG enthaltene Verweisung auf § 31 Abs. 6 RPflG durch eine eigenständige Regelung in einem neuen § 36b Abs. 4 RPflG ersetzt, die inhaltlich dem § 31 Abs. 6a ERPflG entspricht. Über Einwendungen gegen Maßnahmen des Urkundsbeamten der Geschäftsstelle (UdG) entscheidet der Rechtspfleger statt des Staatsanwalts, weil es sich ausschließlich um Aufgaben handelt, die bisher vom Rechtspfleger wahrzunehmen waren.

2. Gegen Entscheidungen des Staatsanwalts

sind zulässig: 140
- Einwendungen nach §§ 459h, 458 Abs. 2 StPO
- Antrag auf gerichtliche Entscheidung nach § 458 Abs. 1 StPO
- Dienstaufsichtsbeschwerde an den Behördenleiter
- Beschwerde nach § 21 StVollstrO

Die Entscheidung obliegt dem Generalstaatsanwalt. Durch Einwendungen wird die Vollstreckung nicht gehemmt.

Grundlage ist zwar das strafrechtliche Erkenntnis, jedoch sind nach seiner Durchführung der Vollstreckung zahlreiche Einzelentscheidungen notwendig, die die Vollstreckungsbehörde zu treffen hat. Die Anordnungen und Entscheidungen der Vollstreckungsbehörde sind im Dienstaufsichtswege und – nach Ausschöpfung des Instanzenzuges – nach § 23 EGGVG vom OLG nachprüfbar, soweit sie nicht nach §§ 458, 459h StPO und §§ 83ff. JGG unmittelbar gerichtlicher Nachprüfung zugeführt werden können. 141

Eine Entscheidung durch das Gericht nach §§ 458, 459h StPO kommt in Betracht: 142
- bei Zweifeln über die Auslegung eines Strafurteils;
- bei Zweifeln über die Berechnung der erkannten Strafe oder freiheitsentziehenden Maßregel der Besserung und Sicherung;
- bei Einwendungen gegen die Zulässigkeit der Vollstreckung;
- bei Einwendungen gegen die Entscheidung der Vollstreckungsbehörde, mit der ein Aufschub der Vollstreckung nach §§ 455, 456 StPO, oder ein Antrag, die Untersagung der Berufsausbildung auszusetzen nach § 456c II StPO abgelehnt worden ist;
- bei Einwendungen gegen die Anordnungen der Vollstreckungsbehörde, dass im Falle des § 456a StPO die Vollstreckung nachgeholt werden soll;
- bei Einwendungen gegen die Nichtbewilligung oder den Widerruf der Bewilligung von Zahlungserleichterungen nach § 459c StPO;
- bei Einwendungen gegen die Beitreibung einer Geldstrafe nach § 459c StPO;
- bei Einwendungen gegen die Vollstreckung der Ersatzfreiheitsstrafe nach § 459e StPO;
- bei Einwendungen gegen die Vollstreckung der Nebenfolgen des Verfalls, der Einziehung und der Unbrauchbarmachung einer Sache nach § 459g StPO;
- bei Einwendungen gegen die Reihenfolge der Vollstreckung von Freiheitsstrafe und Maßregel aus derselben Sache – nicht also nach § 44a StVollstrO – entgegen § 67 Abs. 1 StGB.

Nicht anwendbar ist § 458 StPO, wenn die Vollstreckungsbehörde eine Unterbrechung der Vollstreckung aus Krankheitsgründen oder mit Rücksicht auf persön- 143 liche Belange der in § 456 bezeichneten Art abgelehnt hat. Hinsichtlich der §§ 23ff. EGGVG ist dann zu unterscheiden, ob eine Unterbrechung wegen Vollzugsuntauglichkeit oder aus anderen Gründen abgelehnt worden ist. Im ersten Falle kann die verurteilte Person nach erfolgloser förmlicher Beschwerde gem. § 21 StVollstrO das OLG nach § 23 EGGVG anrufen, im letzteren Fall, vor allem also bei Ablehnung einer Unterbrechung wegen einer nicht unter § 45 StVollstrO fallenden Krankheit handelt es sich um eine ablehnende Gnadenentscheidung, die gerichtlich nicht nachprüfbar ist.

144 Das Gericht ist ferner nicht zur Entscheidung berufen, wenn die Vollstreckungsbehörde nach gem. § 456a Abs. 1 StPO von der Vollstreckung einer Strafe oder Maßregel abgesehen hat und wenn sie einen Vollstreckungshaftbefehl nach § 457 StPO erlassen hat.

145 Die Abgrenzung zwischen einer Nachprüfbarkeit nach §§ 23ff. EGGVG und vorrangig nach §§ 458, 459h StPO, §§ 83ff. JGG kann im Einzelfall schwierig sein. Es kommt auf den materiellen Inhalt der Entscheidung der Vollstreckungsbehörde und das Anliegen des Antragstellers an und die Subsumtion des Begehrens unter §§ 458, 459f. StPO.

146 So ist das Gericht zuständig bei Entscheidungen nach den §§ 37 bis 42 und 55, z.T. auch bei §§ 49ff., 56, 59a und 61 StVollstrO, wenn nämlich geltend gemacht wird, die Vollstreckung sei unzulässig.

3. Gegen Entscheidungen des Generalstaatsanwalts

- Dienstaufsichtsbeschwerde an das Justizministerium
- Antrag auf gerichtliche Entscheidung nach §§ 23ff. EGGVG.

147 Über die Rechtmäßigkeit der Anordnungen, Verfügungen oder sonstigen Maßnahmen, die von Justizbehörden zur Regelung einzelner Angelegenheiten getroffen werden, entscheiden auf Antrag die ordentliche Gerichte. Zuständig sind die Oberlandesgerichte.

Anfechtbar nach § 23 EGGVG auf dem Gebiet der Strafvollstreckung sind:

- Entscheidungen über die Unterbrechung der Vollstreckung eines Strafrestes auf Grund einer widerrufenen Strafaussetzung zur Bewährung,
- Entscheidungen nach § 456a StPO (Absehen von der weiteren Vollstreckung nach Auslieferung oder Abschiebung ins Ausland),
- Zwangsvollstreckungsmaßnahmen nach § 457 StPO (Vorführungen, Haftbefehle; die StPO sieht hierfür Anträge auf gerichtliche Entscheidungen nicht vor, so dass nur die Beschwerde nach § 21 StVollstrO gegeben ist und danach der Rechtsweg nach § 23 EGGVG),
- Entscheidung der Vollstreckungsbehörde über die Art und Weise der Vollstreckung der Unterbringungsanordnungen,
- Ablehnung, die Strafvollstreckung nach § 454b StPO zu unterbrechen zum Halb- bzw. 2/3-Zeitpunkt zur Vollstreckung weiter notierter Strafen,
- Ablehnung der Zurückstellung der Vollstreckung nach §§ 35ff. BtMG oder auch
- Entscheidungen der Vollstreckungsbehörde über die Verrechnung von Teilbeträgen auf die Geldstrafe nach § 459b StPO.

148 Gnadenentscheidungen sind im Sinne dieser Vorschrift des § 23 EGGVG nicht anfechtbar. Maßnahmen im U-Haft-Vollzug sind nur anfechtbar im Sinne des § 23 EGGVG, wenn sie nicht in die Anordnungskompetenz des Haftrichters nach § 119 Abs. 6 S. 1 StPO fallen.

4. Gegen gerichtliche Entscheidungen

steht die sofortige Beschwerde nach § 462 Abs. 3 StPO offen. 149

5. Übersicht

Entscheidung des Rechtspflegers: 150

- **Gleiches Rechtsmittel,** wie wenn der Richter entschieden hätte – Einwendungen gegen die Entscheidungen der Vollstreckungsbehörde nach §§ 458 Abs. 2, 495h StPO
- Antrag nach §§ 458 Abs. 1, 461 Abs. 2 StPO
- Die Entscheidung trifft das Gericht der 1. Instanz, evtl. auch die Strafvollstreckungskammer nach § 462 Abs. 3 StPO.
- Gegen diese Entscheidung ist das Rechtsmittel der sofortigen Beschwerde nach § 462 Abs. 3 StPO gegeben.
- Über das Rechtsmittel entscheidet das Landgericht bzw. das Oberlandesgericht, je nach Gericht der ersten Instanz.
- **Dienstaufsichtsbeschwerde**
- Über die Dienstaufsichtsbeschwerde entscheidet der Behördenleiter.
- **Einwendungen bzw. Beschwerden nach § 21 StVollstrO**
- Über diese Einwendungen bzw. Beschwerden entscheidet der Generalstaatsanwalt.

  Gegen diese Entscheidung ist möglich:
- Dienstaufsichtsbeschwerde zum Justizministerium oder
- Antrag auf gerichtliche Entscheidung nach §§ 23ff. EGGVG. Über diesen Antrag entscheidet das OLG.

2. Abschnitt. Einleitung der Strafvollstreckung

I. Prüfung der Zuständigkeiten

151 Sachliche Zuständigkeit – siehe 1. Abschn., Rn. 124.
Örtliche Zuständigkeit – siehe 1. Abschn., Rn. 127.
Funktionelle Zuständigkeit – siehe 1. Abschn., Rn. 129ff.

II. Vollstreckungsvoraussetzungen

1. Rechtskraft nach § 449 StPO, § 13 Abs. 2 StVollstrO

152 Strafurteile sind nicht vollstreckbar, bevor sie rechtskräftig geworden sind. Die formelle Rechtskraft tritt ein, sobald die Entscheidung mit Rechtsmitteln nicht mehr anfechtbar ist, bedeutet also Unanfechtbarkeit. Davon zu unterscheiden ist die subjektiv-relative Rechtskraft. Von ihr spricht man, wenn ein Rechtsmittelberechtigter das Rechtsmittel bereits verloren hat, andere Rechtsmittelberechtigter es aber noch einlegen können. Der Eintritt der formellen Rechtskraft ist Voraussetzung für den Eintritt der materiellen Rechtskraft und damit der Vollstreckbarkeit. Weder in § 449 StPO noch an anderer Stelle bestimmt das Gesetz, dass Strafurteile vollstreckt werden müssen, wenn sie rechtskräftig geworden sind und einen der Vollstreckung zugänglichen und bedürftigen Inhalt haben. Dem Gesetzgeber erschien die Vollstreckungspflicht so selbstverständlich, dass er einen besonderen Ausspruch darüber für überflüssig hielt. Aus § 456 StPO ergibt sich aber, dass die Vollstreckung unverzüglich nach Eintritt der Rechtskraft einzuleiten ist. § 2 StVollstrO schließt sich dem an.

Die Wirkungen der materiellen Rechtskraft sind:

153 – Die im Tenor der Entscheidung ausgesprochene Feststellung wird endgültig. Auch ein sachlich falsches Urteil kann somit Grundlage für die Strafvollstreckung sein. Die unschuldig rechtskräftig verurteilte Person muss sich genauso behandeln lassen wie die schuldig rechtskräftig verurteilte Person. Sie hat keine Notwehr gegen Vollstreckungshandlungen.

154 – Anders als im Zivilprozess gibt es im Strafprozess grundsätzlich keine Bindungswirkung des rechtskräftigen Strafurteils für Vorfragen eines anderen Strafverfahrens.

Beispiel: Der rechtskräftige Freispruch des wegen Diebstahls angeklagten A hindert nicht, dass später B wegen Beihilfe zu dem Diebstahl des A verurteilt wird.

155 – Die Strafklage gegen den Täter ist verbraucht. Dieser Grundsatz „ne bis in idem“, der nach Art. 103 GG Verfassungsrang hat, gilt nicht nur gegen den insoweit zu engen Wortlaut des Art. 103 GG zur Verhinderung einer Doppelbestrafung, sondern auch bei rechtskräftigem Freispruch.[7] Dieses Verfahrenshindernis ist in allen Instanzen von Amts wegen zu beachten. Ein rechtskräftiges Sachurteil verbraucht die grundsätzlich Strafklage nur, wenn eine Identität der Tat (des Ver-

[7] *BVerfG* 3, 248.

fahrensgegenstandes) vorliegt. Der verfahrensrechtliche, prozessuale Tatbegriff umfasst den von der zugelassenen Anklage betroffenen einheitlichen geschichtlichen Vorgang, innerhalb dessen die angeklagte Person einen Straftatbestand verwirklicht haben soll. Zur Tat in diesem Sinn gehört nicht nur der in der Anklageschrift umschriebene Geschehensablauf, sondern das gesamte Verhalten der angeklagten Person, soweit es mit dem durch die Anklage bezeichneten geschichtlichen Vorgang nach der Lebensauffassung ein einheitliches Vorkommnis bildet. Wichtige Kriterien sind der zeitliche und örtliche Zusammenhang der Ereignisse. Zwischen den einzelnen Verhaltensweisen des Täters muss aber auch eine innere Verknüpfung bestehen, so dass ihre getrennte Aburteilung in verschiedenen erstinstanzlichen Verfahren als unnatürliche Aufspaltung eines einheitlichen Lebensvorganges empfunden würde. Ob bei Veränderungen des Tatbildes die Identität der Tat noch gewahrt ist, lässt sich nur entscheiden, wenn zuvor feststeht, welche Merkmale die Tat als einmaliges, unverwechselbares Geschehen kennzeichnen. Zu diesen Merkmalen gehören nach der Rechtsprechung Ort und Zeit des Vorgangs, das Täterverhalten, die ihm innewohnende Richtung und das Objekt, auf das sich der Vorgang bezieht.

– Problematisch ist, ob Strafklageverbrauch besteht, wenn die angeklagte Person wegen Anschlusstaten, insbesondere Hehlerei, § 259 StGB, oder Begünstigung, § 257 StGB rechtskräftig verurteilt worden ist und sich hinterher herausstellt, dass sie in Wirklichkeit der Vortäter, also der Dieb oder Räuber gewesen ist. Die Tatsache, dass der rechtskräftigen Verurteilung wegen Hehlerei oder Begünstigung die Annahme zugrunde liegt, die angeklagte Person habe die gehehlte Sache nicht durch eine andere Straftat an sich gebracht, steht für sich allein der Verurteilung wegen Raubes nicht entgegen. Zwar kann der Hehler nicht zugleich der Vortäter sein, jedoch hat sich die Verurteilung wegen Hehlerei ja als falsch herausgestellt. Entscheidend für den prozessualen Tatbegriff ist nicht allein, welche Delikte verwirklicht sind, sondern ob bei natürlicher Betrachtungsweise ein einheitlicher Lebensvorgang vorliegt. Wenn Vortat und Nachtat nicht gerade räumlich-zeitlich eng zusammenfallen, sind in der Regel zwei prozessuale Taten anzunehmen, so dass kein Strafklageverbrauch gegeben ist. **156**

– Bei einer fortgesetzten Handlung ergibt sich unter Zugrundelegung des prozessualen Tatbegriffs Folgendes: **157**

a) Durch die Verurteilung wegen Fortsetzungstat sind alle vor der Verkündung des rechtskräftig gewordenen Urteils liegenden Einzelakte der fortgesetzten Handlung mit abgeurteilt, und zwar gleichgültig, ob diese Einzelakte dem Gericht bekannt waren oder nicht.

b) Begeht die wegen Fortsetzungstat verurteilte Person nach Verkündung des rechtskräftig gewordenen Urteils eine weitere Tat, so ist die Strafklage deswegen nicht verbraucht. Auch nach materiellem Recht fallen die nach dem rechtskräftigen Urteil begangenen Einzelakte nicht in den Fortsetzungszusammenhang. Das rechtskräftige Urteil bildet eine Zäsur.

– **Tatfolgen, die nach der Rechtskraft eintreten** **158**

Beispiel: A ist wegen gefährlicher Körperverletzung nach § 223 a StGB rechtskräftig verurteilt worden. Einen Monat später stirbt der Verletzte an den Folgen der Verletzung. Kann A, wenn im Zeitpunkt der Körperverletzungshandlung hinsichtlich dieser schweren Folge Fahrlässigkeit vorgelegen hat, jetzt noch wegen Körperverletzung mit Todesfolge nach § 226 StGB angeklagt und verurteilt werden?

Eine neue Anklage ist nur möglich, wenn es sich um eine neue prozessuale Tat handelt. Die auf Grund einer Handlung eintretenden Folgen sind aber ebenfalls

Umstände, die mit zu dem einheitlichen geschichtlichen Vorgang gehören. Tathandlung und Taterfolg lassen sich nicht trennen. Mit der rechtskräftigen Aburteilung der Körperverletzungshandlung ist daher die Strafklage auch wegen der später eingetretenen schweren Folge verbraucht. Eine Wiederaufnahme des alten Verfahrens zu Ungunsten der angeklagten und verurteilten Person ist nicht möglich, da kein Wiederaufnahmegrund im Sinne von § 362 StPO vorliegt. Damit kann das Delikt des § 226 StGB nicht mehr verfolgt werden.

159 – **Rechtskraft und Strafklageverbrauch beim Strafbefehl**
Nach § 410 Abs. 3 StPO erlangt ein Strafbefehl, gegen den nicht rechtzeitig Einspruch erhoben worden ist, die Wirkung eines rechtskräftigen Urteils. Nach ganz herrschender Meinung ist die materielle Rechtskraft des Strafbefehls gegenüber der eines Urteils jedoch eingeschränkt. Dies wird damit begründet, dass es sich bei dem Strafbefehlsverfahren nur um ein summarisches Verfahren handele, bei dem der Strafrichter nicht die Möglichkeit hat, auf Grund einer Hauptverhandlung den Sachverhalt aufzuklären und ggf. die Strafklage umzugestalten, sondern nur nach Aktenlage entscheidet. § 373a Abs. 1 StPO schafft für den Strafbefehl den zusätzlichen Wiederaufnahmegrund, dass neue Tatsachen oder Beweismittel beigebracht sind, die eine Verurteilung wegen eines Verbrechens möglich erscheinen lassen. Neu sind, da der Strafbefehl ohne mündliche Verhandlung auf Grundlage der Akten ergeht, Tatsachen und Beweismittel, die nicht aus den Akten ersichtlich sind.

a) Eintritt der Rechtskraft

160 Der Rechtskraftvermerk wird durch den Urkundsbeamten der Geschäftsstelle des Gerichts des ersten Rechtszugs erteilt nach § 13 Abs. 3 S. 1 StVollstrO. Wird gegen ein Berufungsurteil kein Rechtsmittel eingelegt, so bescheinigt die Rechtskraft der Urkundsbeamte der Geschäftsstelle des Berufungsgerichts nach § 13 Abs. 3 S. 2 StVollstrO.

Nach § 449 StPO sind Strafurteile nicht vollstreckbar, bevor sie rechtskräftig geworden sind. Sie sind daher in der Regel aus dem Umkehrschluss vollstreckbar, sobald sie rechtskräftig geworden sind. Diese Umkehrung gilt allerdings nicht ausnahmslos. Bestehen Vollstreckungshindernisse, so darf trotz Rechtskraft nicht vollstreckt werden. Eine Ausnahme von diesem Grundsatz kommt nach h.M. in Betracht, wenn – bei rechtzeitig eingelegter Revision nach § 346 Abs. 2 S. 2 StPO – vor Eintritt der absoluten Rechtskraft vollstreckt werden soll.

161 Zu den Entscheidungen gehören außer Urteilen zunächst die Strafbefehle (§ 410 StPO) und Beschlüsse nach § 462 StPO, soweit sie den Charakter eines Urteilssurrogats haben, ferner urteilsvertretende Beschlüsse, die Nebenfolgen zum Gegenstand haben. Die Rechtskraft tritt ein bei Entscheidungen, gegen die ein Rechtsmittel nicht mehr zulässig ist, mit der Verkündung. Zu diesen Entscheidungen gehören die in der Sache selbst erkennenden Urteile der Revisionsgerichte nach § 354 I StPO, sowie die Urteile der Amts- und Landgerichte, bei denen ausnahmsweise auf Grund ausdrücklicher Beschränkung des Rechtsmittelzuges eine Anfechtung nicht vorgesehen ist, z.B. bei Berufungsurteilen in den Fällen § 441 Abs. 3 S. 2 StPO und § 55 Abs. 2 JGG. Auch die eine Revision verwerfenden Urteile der Revisionsgerichte werden mit ihrer Verkündigung rechtskräftig. Gleichzeitig tritt die Rechtskraft der angefochtenen Entscheidung ein.

162 Streitig ist, wann ein rechtzeitig mit der Revision angefochtenes Urteil rechtskräftig wird, falls die Revision nicht oder nicht rechtzeitig begründet worden ist.

Teilweise wird angenommen, dass die Rechtskraft bereits mit der Zustellung des nach § 346 I StPO ergangenen Verwerfungsbeschlusses an die StA eintritt.[8] Nach der h.M. wird das Urteil jedoch erst mit dem Erlass des Verwerfungsbeschlusses nach § 346 Abs. 2 oder mit dem ungenutzten Ablauf der dort genannten Frist rechtskräftig.

Das Ende einer Rechtsmittelfrist kann nur dann richtig bestimmt werden, wenn ihr Beginn zutreffend festgestellt worden ist. Bei verkündeten Entscheidungen bereitet diese Feststellung in der Regel keine Schwierigkeit, (§ 35 Abs. 1, § 314 Abs. 1, § 341 Abs. 1 StPO). Ist ein Straferkenntnis zuzustellen, so beginnt die Frist mit der Zustellung durch den Postbeamten. Für den Fristbeginn bei der Zustellung an die Staatsanwaltschaft nach § 41 StPO ist der Zeitpunkt maßgebend, an dem das Schriftstück bei der StA eingeht und nicht, wann es dem Staatsanwalt zur Zustellung vorgelegt wurde. Die Frist beginnt aber trotz ordnungsgemäßer Zustellung nur dann zu laufen, wenn auch die erforderliche und notwendige Rechtsmittelbelehrung erfolgt. 163

Ersatzzustellung – auch durch Niederlegung beim Postamt – genügt nach § 182 ZPO. Nur bei Abwesenheitsurteilen nach § 232 Abs. 4 StPO genügt eine Ersatzzustellung durch Niederlegung nicht.[9] Die Frage bei der Ersatzzustellung ist nicht unumstritten. Dargestellt wurde jedoch die h.M.

An den **Insassen einer Vollzugsanstalt** kann nur wirksam in der Anstalt zugestellt werden und zwar durch die Post oder einen Justizwachtmeister.

Vom Beginn der Rechtsmittelfrist an errechnet sich ihr Ende nach § 43 StPO. 164

Die Vollstreckungsbehörde braucht die Rechtskraftbescheinigung nicht auf ihre sachliche Richtigkeit nachprüfen. Hat sie jedoch aus besonderen Gründen Anlass, an der Richtigkeit zu zweifeln, so muss sie zunächst mit dem Urkundsbeamten der Geschäftsstelle (UdG) sich ins Benehmen setzen. Die Vollstreckung darf erst betrieben werden, wenn die Zweifel ausgeräumt sind. Weigert sich der UdG den Rechtskraftvermerk zu berichtigen, bleibt in der Regel nur der Weg über den Dienstvorgesetzten als dienstaufsichtsführende Instanz, da der UdG weisungsgebunden ist. Eine Ausnahme besteht, wenn durch den Eintritt der Rechtskraft Fristen in Gang gesetzt werden (z.B. Fahrverbote, Entziehung der Fahrerlaubnis, Strafzeiten). In diesen Fällen kann die Vollstreckungsbehörde die Akten dem Gericht zuleiten zur Entscheidung nach § 458 StPO (Zweifel über die Berechnung).

b) Teilrechtskraft

aa) Vertikale Teilrechtskraft. Die angeklagte Person wird wegen mehrerer Taten 165
angeklagt und verurteilt. Es wird eine Gesamtstrafe gebildet, die Einzelstrafen ergeben sich und haben sich aus den Urteilsgründen zu ergeben. Bezüglich einzelner Taten wird die Entscheidung rechtskräftig, hins. anderer Taten wird Rechtsmittel eingelegt. Das Urteil wird hinsichtlich der Taten und der Tatfolgen, bzgl. derer kein Rechtsmittel eingelegt wurde, rechtskräftig und vollstreckbar.

Da die StVollstrO eine Vollstreckung von Einzelstrafen nicht verbietet, sind die Vollstreckungsbehörden nicht gehindert, die Vollstreckung einzelner Einzelstrafen zu betreiben und zwar auch dann, wenn sich die Höhe nur aus den Urteilsgründen ergibt. Im Interesse einer wirksamen Strafrechtspflege erscheint eine Vollstreckung vor allem dann angezeigt, wenn sich die verurteilte Person in Untersuchungshaft befindet oder wenn die rechtskräftige Einzelstrafe so hoch ist, dass sie voraussicht-

[8] *OLG Hamm* NJW 1956, 274; *OLG Hamburg* NJW 1963, 265.
[9] *BVerfG* NJW 69, 1531.

lich bis zur rechtskräftigen Entscheidung über die angefochtenen Einzelstrafen noch nicht verbüßt ist. Jedoch hat die Vollstreckungsbehörde darauf zu achten, dass Einzelstrafen nur insoweit vollstreckt werden, als dadurch eine spätere Entscheidung des erkennenden Gerichts nicht berührt wird. Daher darf von mehreren rechtskräftigen Einzelstrafen stets nur eine vollstreckt werden. Denn bei Vollstreckung mehrerer Einzelstrafen ist nicht auszuschließen, dass die verurteilte Person u. U. mehr verbüßt, als die spätere Gesamtstrafe beträgt. Welche von mehreren Einzelstrafen vollstreckt werden, entscheidet die Vollstreckungsbehörde nach freiem Ermessen. In der Regel wird die höchste Einzelstrafe vollstreckt.

166 *bb) Horizontale Teilrechtskraft* heißt, dass die verurteilte Person wegen einer Tat verurteilt wird. Bei der horizontalen Rechtskraft anerkennt die verurteilte Person z.B., die Tat begangen zu haben und verzichtet insoweit auf Rechtsmittel, jedoch legt sie bzgl. des Rechtsfolgenausspruchs ein Rechtsmittel ein. Das Urteil wird hins. des Schuldausspruchs rechtskräftig, nicht jedoch hins. des Rechtsfolgenausspruchs, oder sie anerkennt die Strafe, nicht jedoch auch den Schuldspruch. Hier gilt der Grundsatz, dass eine Vollstreckung erst dann eingeleitet werden darf, wenn **alle Teile des Urteils rechtskräftig** geworden sind. Häufig tritt der Fall dann auf, wenn der Täter wegen Trunkenheit im Verkehr zu einer Geldstrafe und zur Entziehung der Fahrerlaubnis verurteilt wird. Die Tat selbst und auch die Geldstrafe wird von der verurteilten Person anerkannt, jedoch nicht die Sperrfrist, die ihr zu hoch erscheint. Hier könnte man auf die Idee kommen zu sagen, das Urteil ist hins. Schuldausspruch und Rechtsfolgenausspruch hins. der Geldstrafe rechtskräftig und daher vollstreckbar geworden, lediglich die Entziehung der Fahrerlaubnis und die Sperrfrist sei nicht rechtskräftig. Nach einer Entscheidung des BGH stehen jedoch Strafe und Maßregel in einer Wechselwirkung, so dass auch hins. der Strafe keine Rechtskraft eintritt.

c) Nachprüfung des Rechtskraftvermerks

167 Eine Nachprüfung des Rechtskraftvermerks durch die Vollstreckungsbehörde ist nur in eingeschränkter Form möglich. Im Grundsatz findet eine Überprüfung der Vollstreckbarkeitsbescheinigung durch die Vollstreckungsbehörde nicht statt. Jedoch hat die Vollstreckungsbehörde nach § 3 Abs. 1 S. 1 StVollstrO zu prüfen, ob die Voraussetzungen der Vollstreckung gegeben sind. Eine der wichtigsten Voraussetzungen ist aber die Rechtskraft. Zur Feststellung der Rechtskraft einschließlich des genauen Zeitpunktes ihres Eintrittes ist die Vollstreckungsbehörde aber auch wegen ihrer besonderen Verantwortlichkeit für die Strafzeitberechnung nach § 36 Abs. 1 StVollstrO verpflichtet. Die Vollstreckungsbehörde kann zwar den Urkundsbeamten der Geschäftsstelle, der den Rechtskraftvermerk angebracht hat, nicht anweisen, diesen zu berichtigen. Sind jedoch an den Eintritt der Rechtskraft weitere Rechtsfolgen geknüpft, wie z.B. Berechnung der Strafzeit u.a., ist eine Entscheidung nach § 458 StPO herbeizuführen.

d) Wegfall der Rechtskraft

168 Wegfall der Rechtskraft ist möglich durch die Wiederaufnahme des Verfahrens. Durch den Wiederaufnahmeantrag wird die Vollstreckung nach § 360 StPO im Grundsatz nicht gehemmt. Das Gericht kann jedoch Aufschub oder Unterbrechung der Vollstreckung anordnen. Aufschiebende Wirkung zeitigt erst der Beschluss nach § 370 Abs. 2 StPO. Mit der Rechtskraft dieses Beschlusses endet die

Vollstreckbarkeit des Urteils ohne weiteres. Die Rechtskraft ist damit aber noch nicht beseitigt, nur die Vollstreckbarkeit. Die Vollstreckung muss sofort beendet werden. Bei teilweiser Wiederaufnahme wird auch die Gesamtstrafe gegenstandslos. Eine weitere Vollstreckung der rechtskräftigen Einzelstrafen, die vom Wiederaufnahmeverfahren nicht betroffen sind, ist jedoch nach h. M. weiter möglich.

Die **Wiedereinsetzung in den vorigen Stand** bewirkt, dass das Verfahren in den Stand versetzt wird, der bestanden hätte, wenn die Frist zur Einlegung eines Rechtsmittels nicht versäumt worden wäre. Die Rechtskraft fällt damit weg. Daher liegt nach Gewährung der Wiedereinsetzung keine Vollstreckbarkeit mehr vor. Es fehlt an der Rechtskraft und damit an der Vollstreckbarkeit nach § 449 StPO. Zugleich mit dem Wiedereinsetzungsantrag muss daher auch das zulässige Rechtsmittel[10] eingelegt werden. Durch den Antrag auf Wiedereinsetzung allein wird die weitere Vollstreckung nicht gehemmt. Das Gericht kann jedoch die Unterbrechung der Strafvollstreckung oder den Aufschub anordnen. Ein Aufschub des Wirksamwerdens des Fahrverbots nach § 44 StGB ist jedoch nicht möglich.[11] Erst mit dem Beschluss, in dem Wiedereinsetzung gewährt wird, ist auch das Fahrverbot beendet. 169

Schließlich kann die Rechtskraft entfallen mit einer **erfolgreich eingelegten Revision eines Mitangeklagten** nach § 357 StPO. Angeklagten bzw. Verurteilten, die keine Revision eingelegt haben, kommt die Aufhebungsentscheidung zu gute. Ihnen stehen Angeklagte gleich, die Revision eingelegt haben. Es muss aber ein gemeinsamer Revisionsgrund vorgelegen haben. Die Entscheidung des Revisionsgerichts ergeht ohne Rücksicht auf den Willen des Nichtrevidenten und ohne dessen Anhörung. Nach § 31 Abs. 2b Nr. 2 RPflG kann jedoch der Rechtspfleger die Sache dem Staatsanwalt vorzulegen, wenn ein Urteil vollstreckt werden soll, das von einem Mitangeklagten mit der Revision angefochten ist. 170

e) Zusammenstellung des Eintritts der Rechtskraft

- Strafbefehl 171
  Fristbeginn mit der Zustellung nach §§ 35, 35 a StPO
  Frist beträgt 2 Wochen ab Zustellung nach § 410 StPO
  der Einspruch muss bei Gericht eingelegt werden;
- Verkündung des Urteils in Anwesenheit der Angeklagten und des Staatsanwalts: 172
  Fristbeginn mit Verkündung nach §§ 35, 35 a StPO
  die Frist beträgt eine Woche nach § 314 StPO
  das Rechtsmittel muss bei Gericht eingelegt werden;
- Verkündung des Urteils in Abwesenheit 173
  Fristbeginn wie beim Strafbefehl mit der Zustellung
  die Frist beträgt eine Woche nach § 314 StPO
  das Rechtsmittel muss bei Gericht eingelegt werden;
- Die Rechtskraft tritt ein, wenn alle, die gegen die Entscheidung ein Rechtsmittel einlegen können, auf Rechtsmittel verzichtet haben, bzw. die Frist zur Einlegung abgelaufen ist. 174
- Besonderheiten 175
  - Rechtsmittelverzicht sowohl der verurteilten Person als auch des Vertreters der Staatsanwaltschaft in der Hauptverhandlung bei deren Anwesenheit – **sofortige Rechtskraft.** Die Rechtskraft wird fiktiv auf 0.00 Uhr zurückverlegt.

---

[10] Einspruch gegen den Strafbefehl, Berufung oder Revision gegen das erstinstanzliche Urteil des Amtsgerichts, Revision gegen das erstinstanzliche Urteil des Landgerichts.

[11] *OLG Köln* NJW 1987, 80.

- Rechtsmittelverzicht bei Entscheidungen, die der Zustellung bedürfen: mit Eingang des Rechtsmittelverzichts bei Gericht. Die formelle Rechtskraft tritt erst ein, wenn alle Rechtsmittelberechtigte den Rechtsmittelverzicht erklärt haben. Die Rechtskraft wird fiktiv auf 0.00 Uhr zurückverlegt.
- maßgebend ist immer der letzte Verzicht;
- bei Verwerfung der Revision durch Beschluss wird das Urteil am Tage nach der Beschlussverkündung rechtskräftig und nicht etwa nach Zustellung.

176 – **Beschlüsse;** Sofortige Beschwerde ist nur in den Fällen möglich, in denen das Gesetz ausdrücklich „sofortige Beschwerde" vorschreibt bzw. zulässt, vgl. § 311 StPO.
- die Frist beträgt eine Woche
- die Frist beginnt mit der Zustellung, sofern Rechtsmittelbelehrung erteilt wurde und zwar von dem Gericht im Beschluss mit der Zustellung;

177 – die wichtigsten Fälle der sofortigen Beschwerde in der StPO:

§ 28	Ablehnung einer Gerichtsperson
§ 46	Ablehnung des Wiedereinsetzungsantrags
§ 124	Verfall der Sicherheit
§ 210	Ablehnung der Eröffnung des Hauptverfahrens (nur sofern Beschwerde durch die Staatsanwaltschaft möglich)
§ 322	Verwerfung der Berufung durch Beschluss
§ 372	im Wiederaufnahmeverfahren
§ 383	im Privatklageverfahren
§ 400	des Nebenklägers
§ 453	Widerruf der Strafaussetzung zur Bewährung oder Verurteilung zu der vorbehaltenen Strafe, Straferlass, Widerruf des Straferlasses
§ 454	Entscheidungen nach § 57 StGB
§ 462	gerichtliche Entscheidungen

178 Weitere Fälle, in denen sofortige Beschwerde gegeben ist, finden sich im JGG, BtMG, StVG, AO u.a.
- Form des Rechtskraftvermerkes:

> Rechtskräftig seit ....
> Amtsgericht Meißen, den ....
> NN, Dienstbezeichnung

- Fällt das Ende der Rechtsmittelfrist (= 24.00 Uhr) auf einen Sonn- oder gesetzlichen Feiertag, läuft die Rechtsmittelfrist bis 24.00 Uhr des darauf folgenden Werktages.[12] Die genaue Bestimmung der Rechtskraft ist für die Fristberechnung Voraussetzung. Befindet sich die verurteilte Person in dieser Sache in Untersuchungshaft, beginnt mit der Rechtskraft Strafhaft, das Fahrverbot wird mit der Rechtskraft wirksam, die Sperrfrist für die Wiedererteilung einer neuen Fahrerlaubnis beginnt mit der Rechtskraft. Dies sind nur einige Beispiele für Rechtsfolgen, die an die Rechtskraft geknüpft sind. Und gerade in diesen Fällen hat die Vollstreckungsbehörde den Rechtskraftvermerk zu prüfen und gegebenenfalls bei einem falschen Rechtskraftvermerk auf eine Berichtigung hinzuwirken.

[12] Vgl. § 43 StPO.

2. Urkundliche Grundlagen der Vollstreckung

Beglaubigte Urteilsformel mit Bescheinigung der Vollstreckbarkeit nach § 451 Abs. 1 StPO. 179

Originalurteil mit Bescheinigung der Rechtskraft einschließlich der gesamten Akten.

Beglaubigte Abschrift des gesamten Urteils mit Bescheinigung der Rechtskraft.

Rechtskräftiger Gesamtstrafenbeschluss.

Weitere urkundliche Grundlagen der Vollstreckung – § 14 StVollstrO

- eine Verurteilung zu der vorbehaltenen Strafe nach § 59b StGB mit Rechtskraftbescheinigung;
- Widerrufsbeschluss hinsichtlich der Aussetzung einer Strafe, eines Strafrestes, einer Unterbringung oder eines Straferlasses jeweils mit Rechtskraftbescheinigung;
- eine Anordnung über eine vom Urteil abweichende Reihenfolge der Vollstreckung von Freiheitsstrafen und freiheitsentziehenden Maßregeln nach § 67 Abs. 3 StGB;
- der Vollzug einer Freiheitsstrafe nach § 67 Abs. 5 S. 2 StGB wird angeordnet;
- die Überweisung in den Vollzug einer anderen freiheitsentziehenden Maßregel wird angeordnet nach § 67a Abs. 1 bis 3 StGB;
- nach § 67c Abs. 2 StGB wird die Vollstreckung einer Unterbringung angeordnet;
- nach § 67d Abs. 5 wird bestimmt, dass die Unterbringung in einer Entziehungsanstalt nicht weiter zu vollziehen ist;
- der Vollzug der nächsten freiheitsentziehenden Maßregel wird angeordnet nach § 72 Abs. 3 StGB.

3. Vollstreckungshindernisse

Etwaige Vollstreckungshindernisse sind während des gesamten Vollstreckungsverfahrens zu prüfen und zu beachten. Sie können auch während des Vollstreckungsverfahrens erst eintreten. 180

181

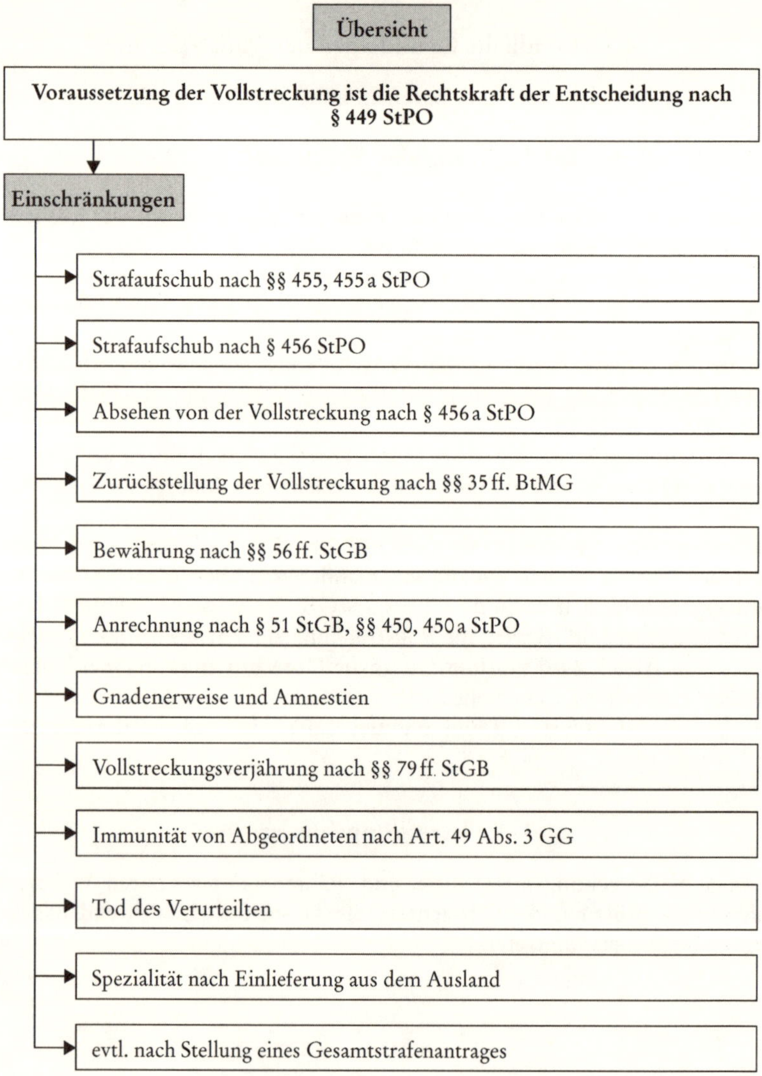

a) Strafaussetzung zur Bewährung nach §§ 56, 57 StGB

182 Solange die Vollstreckung einer Strafe zur Bewährung ausgesetzt ist, kann sie nicht vollstreckt werden. Die Strafaussetzung stellt ein absolutes Vollstreckungshindernis dar. Das Gericht kann bereits im Urteil Freiheitsstrafe von bis zu 2 Jahren zur Bewährung aussetzen. Die Dauer der Bewährungszeit ist zu bestimmen; das Gericht kann bestimmte Auflagen und Weisungen erteilen und die verurteilte Person unter Bewährungsaufsicht stellen.

b) Gnadenerweise

183 Die Gnadenordnungen werden von den Ländern erlassen. Wer für Gnadenerweise zuständig ist, ist unterschiedlich geregelt. Sofern aber die Vollstreckung einer Strafe im Gnadenwege zur Bewährung ausgesetzt ist oder im Gnadenwege ein

Strafaufschub gewährt ist, stellen diese Entscheidungen ebenfalls ein absolutes Vollstreckungshindernis dar und sind von der Vollstreckungsbehörde zu beachten.

c) Amnestien

Gleiches gilt, wie in Rn. 183 ausgeführt, auch dann, wenn auf Grund von Amnestien Strafen nicht vollstreckt werden dürfen. **184**

d) Einstellung der Vollstreckung

aa) während des gerichtlichen Verfahrens – § 458 Abs. 3 StPO. Wenn über die Auslegung eines Strafurteils oder über die Berechnung der erkannten Strafe Zweifel entstehen oder wenn Einwendungen gegen die Zulässigkeit der Strafvollstreckung erhoben werden, so ist die Entscheidung des Gerichts herbeizuführen. Die Vollstreckung wird dadurch nicht gehemmt, jedoch kann das Gericht einen Aufschub oder eine Unterbrechung der Vollstreckung anordnen. Die Entscheidung ergeht nicht von Amts wegen. Bei Zweifeln über die Auslegung eines Strafurteils oder über die Berechnung der Strafe muss die Vollstreckungsbehörde die gerichtliche Entscheidung herbeiführen, bei Einwendungen der verurteilten Person gegen die Zulässigkeit der Strafvollstreckung legt die Vollstreckungsbehörde die Sache dem Gericht vor, wenn sie den Einwendungen nicht abhilft.[13] Einwendungsberechtigt sind die verurteilte Person, ihr Verteidiger und Bevollmächtigter, auch der gesetzliche Vertreter. Die Einwendungen sind gegenüber der Vollstreckungsbehörde zu erheben, die sie an das Gericht weiterleitet, wenn sie nicht abhilft. Bestand und Rechtsmäßigkeit des Strafurteils dürfen jedoch nicht in Frage gestellt werden.[14] **185**

bb) während eines Wiederaufnahmeverfahrens – § 360 Abs. 2 StPO. Aufgeschoben oder unterbrochen wird die Vollstreckung nur, wenn der Wiederaufnahmeantrag Erfolgsaussichten hat. Die behaupteten Tatsachen und die benannten Beweise müssen einen solchen Grad innerer Wahrscheinlichkeit haben, dass die Vollstreckung bedenklich erscheint. Das Gericht muss eine solche Entscheidung treffen. Mit dieser Entscheidung entfällt die Vollstreckbarkeit. Die Vollstreckung kann auch nur hinsichtlich einer Einzelstrafe aus einer Gesamtstrafe aufgeschoben oder unterbrochen werden. Dann ist über die Vollstreckung der Einzelstrafen nach §§ 449ff. StPO zu entscheiden.

cc) Das Gericht kann anordnen, dass die Vollstreckung der Geldstrafe ganz oder teilweise unterbleibt, wenn in demselben Verfahren Freiheitsstrafe vollstreckt oder zur Bewährung ausgesetzt worden ist oder in einem anderen Verfahren Freiheitsstrafe verhängt ist und die Voraussetzungen des § 55 StGB (Bildung einer Gesamtstrafe) nicht vorliegen und die Vollstreckung der Geldstrafe die Wiedereingliederung der verurteilten Person erschweren kann – § 459d StPO. Diese Bestimmung dient der Erleichterung der Wiedereingliederung der verurteilten Person, wenn dadurch die Resozialisierungsschwierigkeiten beseitigt werden können. Das Gericht ordnet dies ohne mündliche Anhörung nach Anhörung der Staatsanwaltschaft und der verurteilten Person an. Die Entscheidung ist zeitlich unbeschränkt und unwiderruflich, was dazu führt, dass die Strafe praktisch weg fällt. Die Entscheidung ist auch noch nach Anordnung der Vollstreckung der Ersatzfreiheitsstrafe zulässig.

---

[13] *Meyer-Goßner,* Anm. 1 zu § 458 StPO.
[14] *BayVerfGH* GA 64, 50.

e) Vollstreckungsverjährung – §§ 79ff. StGB

186 Nach Eintritt der Vollstreckungsverjährung darf eine Strafe oder andere Maßregel oder Maßnahme nicht mehr vollstreckt werden. Vollstreckungsverjährung ist ein absolutes Vollstreckungshindernis. Die Verjährung beginnt mit der Rechtskraft der Entscheidung. Die Verjährungsfristen ergeben sich aus § 79 StGB. Maßgebend ist die im Strafurteil verhängte Strafe und nicht die im Strafgesetz angedrohte Strafe (andere Regelung wie bei der Verfolgungsverjährung nach § 78 StGB). Ein Ruhen der Verjährung tritt ein in den Fällen des § 79a StGB. Ferner kann das Gericht die Verjährungsfrist vor ihrem Ablauf auf Antrag der Vollstreckungsbehörde einmal um die Hälfte der gesetzlichen Frist verlängern, wenn die verurteilte Person sich in einem Gebiet aufhält, aus dem ihre Auslieferung oder Überstellung nicht erreicht werden kann.

f) Anrechnung von Untersuchungshaft – § 51 StGB

187 Grundsätzlich kann nur Untersuchungshaft angerechnet werden, die aus Anlass einer Tat, die Gegenstand des Verfahrens ist oder gewesen ist, erlitten wurde. Selbst dann, wenn die verurteilte Person in einem Verfahren Untersuchungshaft verbüßt hat und in diesem Verfahren später freigesprochen wurde, kann die dort erlittene U-Haft nicht auf eine Strafe aus einem anderen Verfahren angerechnet werden. Das OLG Nürnberg hat jedoch in seinem Beschluss vom 3. 3. 1990[15] die analoge Anwendung des § 51 StGB zugelassen, wenn das Verfahren, in welchem Untersuchungshaft vollzogen wurde, im Hinblick auf ein anderes Verfahren nach § 154 StPO vorläufig eingestellt wurde, in welchem eine Verurteilung erfolgte und beide Verfahren hätten miteinander verbunden werden können. § 51 ist wegen seines eindeutigen Wortlauts zwar nicht unmittelbar anwendbar, wenn das Verfahren, in welchem U-Haft vollzogen wurde, im Hinblick auf ein anderes Verfahren vorläufig eingestellt wurde und beide Verfahren hätten miteinander verbunden werden können. Wegen des Gebots der Gleichbehandlung wesentlich gleicher Sachverhalte ist aber die analoge Anwendung geboten. Analogie bedeutet, dass ein gesetzgeberischer Grundgedanke über den Wortlaut des Gesetzes hinaus in einem solchen Umfang zur Geltung gebracht wird und auf solche Fälle erstreckt wird, die vom Gesetzeswortlaut nicht erfasst sind, bei denen aber die Interessenlage der entspricht, die der Gesetzgeber im Auge hatte. Nach Art. 3 GG ist wesentlich Gleiches gleich zu behandeln.

Die von der verurteilten Person erlittene U-Haft ist nur auf die im Urteil verhängte, regelmäßig aber nicht auf den Teil der Freiheitsstrafe anzurechnen, der gem. § 67 II StGB vor der zugleich verhängten Unterbringung vollstreckt wird – *OLG Schleswig* NStZ 90, 407.

Beispiel: Verurteilung zu einer Freiheitsstrafe von 2 Jahren, die Unterbringung in einer Entziehungsanstalt wird angeordnet. Das Gericht bestimmt, dass 6 Monate der Freiheitsstrafe vor der Unterbringung in der Entziehungsanstalt zu vollstrecken sind. Die erlittene Untersuchungshaft wird auf die Freiheitsstrafe von 2 Jahren, nicht aber auch auf die 6 Monate Freiheitsstrafe, die vorab zu vollstrecken sind, angerechnet.

Gem. § 51 StGB wird die erlittene U-Haft oder eine andere Freiheitsentziehung auf zeitige Freiheitsstrafe angerechnet. Damit ist die im Urteil verhängte Freiheitsstrafe gemeint, dessen Vorwegvollstreckung angeordnet wurde. Wird nun bestimmt, dass nicht die ganze Strafe, sondern nur ein Teil der Strafe vorweg zu voll-

[15] NStZ 1990, 406.

strecken ist, so erfolgt die Anrechnung der U-Haft nicht auf den Teil, der vorab zu vollstrecken ist, sondern auf den Restteil der Strafe.

Bei der Verurteilung zu einer lebenslangen Freiheitsstrafe unterbleibt im Grundsatz eine Anrechnung. Die Untersuchungshaft ist aber auch hier bei der Berechnung der Aussetzungsfrist nach § 57a StGB zu berücksichtigen. Demgemäß hat der BGH[16] folgerichtig entschieden, dass auch bei der Verurteilung zu lebenslanger Freiheitsstrafe das erkennende Gericht für eine im Ausland erlittene Freiheitsentziehung einen Anrechnungsmaßstab festsetzen muss. Die Festsetzung des Anrechnungsmaßstabes für die im Ausland im Auslieferungsverfahren erlittene Freiheitsentziehung ist nicht deshalb entbehrlich, weil die angeklagte Person zu einer lebenslangen Freiheitsstrafe verurteilt wurde. Die Aussetzung der Vollstreckung des Restes einer lebenslangen Freiheitsstrafe zur Bewährung setzt u.a. voraus, dass 15 Jahre der Strafe verbüßt sind. Als verbüßt in diesem Sinne gilt jede Freiheitsentziehung, die die verurteilte Person aus Anlass der Tat erlitten hat.

g) Immunität von Abgeordneten

Soll eine Freiheitsstrafe gegen einen Angeordneten vollstreckt werden, so ist dazu **188**
eine besondere Genehmigung des Bundestags (Landtags) – BT erforderlich – vgl. Art. 46 Abs. 3 GG. Die Genehmigung zur Durchführung eines Strafverfahrens berechtigt nicht zur Vollstreckung einer Freiheitsstrafe. Ob dies auch gilt, wenn der BT nicht nur die Verfolgung, sondern zugleich auch die U-Haft zugelassen hat, ist umstritten. Für die Vollstreckungsbehörde ist die Frage nach Nr. 192ff. RiStBV geklärt, die sie ganz allgemein, also auch für diesen Fall anweist, eine Entschließung des BT herbeizuführen. Jedoch ist aus dieser Bestimmung auch zu entnehmen, dass die Verhaftung zur Strafvollstreckung einer besonderen Genehmigung bedarf. Der Umkehrschluss: eine Freiheitsstrafe an eine zulässige oder eine genehmigte U-Haft kann ohne weitere Genehmigung vollstreckt werden. Sonst müsste die verurteilte Person mit der Rechtskraft der Strafentscheidung entlassen werden, weil erst dann die Genehmigung eingeholt werden kann. Das kann nicht gewollt sein und ist auch nicht erforderlich, weil der BT jederzeit auf Grund seines Reklamationsrechts die Aussetzung der Haft verlangen kann. Für die Vollstreckungsbehörde bedeutet dies, sofort nach Rechtskraft der Entscheidung die Weitervollstreckung dem Präsidenten des Bundestages oder Landtages mitzuteilen und zugleich die Genehmigung zur Vollstreckung zu beantragen. Auch die Vollstreckung, die vor Erlangung einer Abgeordneteneigenschaft verhängt worden ist, bedarf der Genehmigung, denn mit der Vollstreckung beginnt ein neuer Verfahrensabschnitt. Die bei Übernahme des Abgeordnetenmandats angeordnete Vollstreckung ist von Amts wegen auszusetzen. Das gleiche muss auch für die bereits begonnene Vollstreckung gelten. Strittig ist die Frage, wie es sich verhält, wenn die verurteilte Person nach Ablauf der Wahlperiode sein Mandat verloren und die Strafe nach seiner Wiederwahl in den neuen BT und Annahme des neue Mandats noch nicht angetreten hat. Für die Vollstreckung der Erzwingungshaft, der Ordnungs- und Zwangshaft gilt das vorstehend gesagte entsprechend. Zur Vollstreckung einer Geldstrafe ist eine Genehmigung nicht erforderlich, ebenso wenig für die Vollstreckung eines Fahrverbots oder der Entziehung der Fahrerlaubnis. Durch diese Maßnahmen wird die Funktionsfähigkeit des Parlaments nicht unmittelbar berührt.

Diese Bestimmungen gelten auch für die Abgeordneten des Europaparlaments.

---

[16] Rpfleger 2005, 48.

h) Spezialität nach Einlieferung aus dem Ausland

189 Ist jemand auf ein von einer ausländischen Regierung bewilligtes deutsches Rechtshilfeersuchen in die Bundesrepublik gelangt und dort unter Verletzung des Grundsatzes der Spezialität wegen einer vor der Auslieferung begangenen Tat rechtskräftig zu einer Freiheitsstrafe oder einer freiheitsentziehenden Maßregel verurteilt worden, so ist das Urteil nicht nichtig. Es darf aber nicht vollstreckt werden. Die durch die Spezialität geschaffene „partielle Immunität" ist zwar, soweit sie der Verurteilung als Prozesshindernis entgegenstand mit der Rechtskraft gegenstandslos geworden. Sie bleibt jedoch als Vollstreckungshindernis bestehen. Sie geht nicht mit der Rechtskraft unter. Der Grundsatz der Spezialität untersagt nicht nur eine Strafverfolgung, sondern auch eine Strafvollstreckung gegen einen Ausgelieferten wegen Taten, die vor der Auslieferung begangen sind und die nicht Gegenstand des Auslieferungsersuchens waren. Verliert die verurteilte Person die Eigenschaft eines Ausgelieferten, etwa dann, wenn sie das Bundesgebiet verlassen hat und freiwillig zurückkehrt oder wenn die Schutzfrist abgelaufen ist, so erlischt die partielle Immunität; das Urteil kann vollstreckt werden. Hat ein Ausgelieferter nach der Auslieferung eine Straftat begangen, so steht der Grundsatz der Spezialität einer Aburteilung und Vollstreckung des rechtskräftigen Urteils nicht entgegen.

Darf wegen des Grundsatzes der Spezialität eine gegen einen Ausgelieferten vor der Auslieferung erkannte Gesamtstrafe nicht in vollem Umfange vollstreckt werden, so ist streitig, wie die Vollstreckungsbehörde zu verfahren hat. Nach h.M. hat sie beim Gericht des ersten Rechtszugs darauf hinzuwirken, die erkannte Gesamtstrafe aufzulösen und aus den vollstreckbaren Einzelstrafen eine neue Gesamtstrafe zu bilden. Nach der anderen Auffassung braucht die Gesamtstrafe nicht aufgelöst werden; es genügt, wegen Zweifel über die Berechnung der Strafe eine Entscheidung des Gerichts nach § 458 StPO herbeizuführen.

i) Haftunfähigkeit

190 Strafausstand wegen Vollzugsuntauglichkeit kann der verurteilten Person bewilligt werden, d.h. die Vollstreckung der Freiheitsstrafe, auch einer lebenslangen, **ist aufzuschieben**, wenn sie noch nicht begonnen hatte und der bereits begonnene Vollzug einer solchen Strafe **kann unterbrochen werden.** Dabei gelten für die Strafunterbrechung strengere Anforderungen als für den Strafaufschub. Strafunterbrechung ist im Gegensatz zum Strafaufschub sogar bei Vollzugsuntauglichkeit nicht zwingend vorgeschrieben. Die verurteilte Person hat kein Recht auf Unterbrechung, sondern nur auf fehlerfreie Ermessensentscheidung. Ein Fall des Aufschubs liegt vor, wenn bereits ein Teil der Strafe vollstreckt ist, der Vollzug dann unterbrochen worden war und nunmehr die Fortsetzung aufgeschoben wird. Die notwendigen Maßnahmen der Vollzugsanstalt regelt § 46 StVollstrO. Die Dauer des Strafausstandes lässt § 455 StPO, anders als § 456 Abs. 2 StPO offen. Beim Strafaufschub nach § 456 StPO ist zum einen ein Antrag der Verurteilten Person Voraussetzung und durch die sofortige Vollstreckung würden der verurteilten Person oder seiner Familie erhebliche, außerhalb des Strafzwecks liegende Nachteile erwachsen. Der Strafaufschub im Falle des § 456 StPO darf den Zeitraum von 4 Monaten nicht übersteigen, während der Aufschub nach § 455 Abs. 1 und 2 StPO vom Wiedereintritt der Vollzugstauglichkeit abhängt. Der Strafausstand sollte gleichwohl nur für eine bestimmte Zeitdauer bewilligt und ggf. verlängert werden.

Zulässig ist auch ein neuer oder mehrmaliger Strafausstand.

Strafaufschub ist beim Vorliegen der Voraussetzungen nach § 455 Abs. 1–2 StPO zwingend vorgeschrieben, bei Abs. 3 StPO in das Ermessen der Vollstreckungsbehörde gestellt.

Strafunterbrechung kann die **Vollstreckungsbehörde** nach pflichtgemäßem Ermessen bewilligen. Die gefangene Person hat auf sie keinen Rechtsanspruch. Die Vollstreckungsbehörde muss im Einzelfall unter Abwägung aller Gesichtspunkte prüfen, ob die Unterbrechung geboten erscheint, weil folgende Voraussetzungen vorliegen:

- Geisteskrankheit
- Besorgnis naher Lebensgefahr
- sonstige schwere Erkrankung

Ein kranker Gefangener kann nach § 51 StVollZG in einem Anstaltskrankenhaus **191** oder in eine für seine Pflege besser geeignete Vollzugsanstalt verlegt werden. Die Erkrankung rechtfertigt eine Strafunterbrechung nur, wenn sie dort nicht erkannt oder nicht behandelt werden kann. Nicht ausreichend ist z.B. die Erkrankung an AIDS. Zu prüfen ist immer, ob es nicht ausreicht, den Gefangenen nach § 65 Abs. 2 StVollZG ohne Strafunterbrechung in ein Krankenhaus außerhalb des Vollzugs zu verbringen.

Die Erkrankung muss voraussichtlich fortbestehen. dass die verurteilte Person **192** überhaupt oder auf absehbare Zeit nicht wieder vollzugstauglich wird, wird nicht vorausgesetzt. Erheblich kann auch eine Zeit sein, deren Ende vorauszusehen ist, sie muss nur so lange sein, dass es – auch unter Berücksichtigung der Reststrafdauer – angezeigt erscheint, die erkrankte verurteilte Person aus dem Strafvollzug zu entlassen.

Ausgeschlossen ist die Strafunterbrechung, wenn überwiegende Gründe, insbes. **193** der öffentlichen Sicherheit entgegenstehen – § 45 StVollstrO. Das ist der Fall, wenn die verurteilte Person trotz oder gerade wegen seiner Erkrankung so gefährlich ist, dass es im Interesse der Allgemeinheit geboten erscheint, den Strafvollzug fortzusetzen und sie in einem Anstaltskrankenhaus zu behandeln oder unter Aufrechterhaltung des Strafvollzugs in ein anderes Krankenhaus zu verlegen.

Während der Strafaufschub formlos durch Hinausschieben des Strafantritts er- **194** folgen kann, bedarf die Strafunterbrechung einer förmlichen Anordnung, die der Vollzugsbehörde und der verurteilten Person bekannt gegeben wird. Diese Entscheidung trifft die Vollstreckungsbehörde, nach § 31 RPflG der Rechtspfleger. Weitere Gründe für einen Strafaufschub oder eine Strafunterbrechung sind in § 455 a StPO enthalten.

§ 456 StPO regelt einen Aufschub für Härtefälle. Der Aufschub setzt voraus, **195** dass der verurteilten Person oder ihrer Familie andernfalls erhebliche, außerhalb des Strafzwecks liegende Nachteile erwachsen. Es müssen also Nachteile eintreten, die über das gewöhnliche Strafübel hinausgehen und die bei später einsetzender Strafvollstreckung vermeidbar wären. Dieser Aufschub darf aber nicht mehr als 4 Monate bewilligt werden. Besteht der Nachteil über diese 4 Monate hinaus, wäre ein solcher Antrag auf Aufschub abzulehnen. Gegebenenfalls wäre ein solcher Antrag als Gnadengesuch zu behandeln. Die Möglichkeit des Strafaufschubes nach § 456 StPO gilt jedoch nicht für das Fahrverbot nach § 44 StGB, da das Fahrverbot mit der Rechtskraft des Straferkenntnisses wirksam geworden ist, d.h. die verurteilte Person darf mit der Rechtskraft der Strafentscheidung von ihrer Fahrerlaubnis keinen Gebrauch mehr machen.

j) Tod der verurteilten Person

196 Erben haften nicht für die Strafe der verurteilten Person, auch nicht für eine Geldstrafe. Strafe ist eine höchstpersönliche Angelegenheit. Dies gilt jedoch nicht für die Kosten des Verfahrens. Diese stellen eine Nachlassverbindlichkeit dar, für die die Erben haften.

k) Nach Stellung eines Gesamtstrafenantrags

197 kann ein Vollstreckungshindernis bestehen, wenn die beantragte Gesamtstrafe bereits vollstreckt ist, nicht aber die Einzelstrafen.

Ausgehend von dem Fall, dass die Vollstreckungsbehörde zwei Strafen zu vollstrecken hat, die gesamtstrafenfähig sind, leitet sie die Vollstreckung dieser Strafen ein und stellt über den Staatsanwalt dann einen Gesamtstrafenantrag.

Beispiel: 2 Einzelstrafen von je 3 Monaten – der Gesamtstrafenantrag lautet auf Bildung einer Gesamtfreiheitsstrafe von 4 Monaten. Bevor das Gericht über diesen Gesamtstrafenantrag entschieden hat, wären die gesamten 6 Monate Freiheitsstrafe vollstreckt. Nach vollständiger Verbüßung wird nun der Gesamtstrafenbeschluss des Gerichts über 4 Monate rechtskräftig. Die Vollstreckungsbehörde hätte 2 Monate zuviel vollstreckt. Hier ist, sobald die verurteilte Person insgesamt 4 Monate verbüßt hat, eine Entlassanordnung an die Vollzugsanstalt zu richten. (§§ 57 ff. StGB wurde hier außer Betracht gelassen). In diesen Fällen hat die Vollstreckungsbehörde eine besondere Überwachungspflicht. Ihr ist der Gesamtstrafenantrag bekannt. Bildet das Gericht nun eine Gesamtfreiheitsstrafe von 4 Monaten und 2 Wochen, wäre die Reststrafe nachzuvollstrecken, wird eine Gesamtfreiheitsstrafe von weniger als 4 Monaten gebildet, hätte die verurteilte Person gegebenenfalls einen Anspruch gegen die Staatskasse nach dem Strafrechtsentschädigungsgesetz.

l) Absehen von der Vollstreckung nach § 456a StPO

198 Gemäß § 456a StPO kann von der Strafvollstreckung einer Freiheitsstrafe, einer Ersatzfreiheitsstrafe oder einer Maßregel der Besserung und Sicherung abgesehen werden, wenn die verurteilte Person wegen einer anderen Tat einer ausländischen Regierung ausgeliefert, an einen internationalen Strafgerichtshof überstellt oder wenn er aus dem Geltungsbereich der StPO ausgewiesen wird. Kehrt sie zurück, dann kann die Vollstreckung nachgeholt werden.

Die Bestimmung des § 456a StPO ist, konsequent und in enger Zusammenarbeit mit den Ausländerbehörden angewendet, nicht nur ein probates Mittel, den Strafvollzug zu entlasten und damit dem deutschen Steuerzahler beträchtliche Beträge zu ersparen, sondern auch ein vorzügliches Instrument der Kriminalitätsbekämpfung. Voraussetzung hierfür ist die gemeinsame Überzeugung, dass einmal in einer Zeit, in der ein hoher und wachsender Ausländeranteil auf zunehmenden Widerstand in der deutschen Bevölkerung stößt, zunächst die möglichst umfassende Rückführung krimineller Ausländer und die Resozialisierung straffällig gewordener Ausländer grundsätzlich Sache des jeweiligen Heimatstaates ist.

Es empfiehlt sich, strafgerichtliche Entscheidungen, die nach Nr. 42 MiStra der Ausländerbehörde mitzuteilen sind, mit folgendem Zusatz zu versehen, sofern überhaupt von der Maßnahme nach § 456a StPO Gebrauch gemacht werden soll:

„Ich halte die Ausweisung und Abschiebung der verurteilten Person für geboten. Falls hiervon abgesehen wird, bitte ich, mir die Gründe hierfür mitzuteilen. Eine Anordnung nach § 456a StPO ist zum frühest vertretbaren Zeitpunkt vorgesehen."

199 § 456a StPO greift nur dann, wenn die Strafe oder Maßregel nicht im Ausland vollstreckt werden kann. Argumente, die gegen eine übereilige Maßnahme nach § 456a StPO sprechen ist zum einen die notwendige generalpräventive Funktion der Strafvollstreckung, insbesondere gegenüber der organisierten internationalen

Kriminalität, die Tat- und Schuldschwere, Gründe des Opferschutzes, die Wiederholungsgefahr und zum anderen auch das Unverständnis in der Öffentlichkeit gegenüber dem konkreten Vollstreckungsverzicht.[17]

Gleichwohl sollen Maßregeln der Besserung und Sicherung möglichst nicht in der Bundesrepublik vollstreckt werden. Es ist und muss Aufgabe des Heimatlandes des Täters sein, ihn durch entsprechende Maßnahmen zu heilen und resozialisieren.

Ein Absehen von der Vollstreckung ist auch bereits vor den in § 57 StGB genannten Fristen zulässig und angebracht.[18]

Es ist durch Absprache mit den Strafvollzugsbehörden sicherzustellen, dass die 200
Abschiebung unmittelbar im Anschluss an die Strafverbüßung erfolgt. Zwischenstaatliches Recht, das einer Ausweisung entgegensteht ist zu beachten.

Mit dem Absehen von der weiteren Vollstreckung soll die Vollstreckungsbehörde 201
zugleich und zwar in dem Beschluss nach § 456a StPO anordnen, dass die Vollstreckung der restlichen Strafe oder Maßregel der Besserung und Sicherung nachgeholt wird, wenn die verurteilte Person das Gebiet der Bundesrepublik wieder betritt. Der Rechtspfleger erlässt dann einen Vollstreckungshaftbefehl und ordnet neben der Ausschreibung zur Festnahme die Niederlegung einer Steckbriefnachricht im Bundeszentralregister an. Wird in dem Beschluss nach § 456a StPO nicht gleichzeitig die Vollstreckung der Reststrafe bzw. Maßregel für den Fall der Rückkehr angeordnet, sondern die verurteilte Person nur darüber belehrt, dass im Falle der Rückkehr die Vollstreckung angeordnet werden kann, dann wird nur die Niederlegung eines Suchvermerks verfügt.

Die Entscheidung trifft der Rechtspfleger. Über die Folgen, die die verurteilte 202
Person bei ihrer Rückkehr zu gewärtigen hat, ist sie vor der Entlassung zu belehren und zwar in einer ihr verständlichen Sprache. Ist die Belehrung unterblieben, so ist die Nachholung der Vollstreckung grundsätzlich unzulässig.

Rechtsbehelfe nach § 21 StVollstrO, Antrag nach § 23 EGGVG.

m) Zurückstellung nach § 35 BtMG

aa) Einleitung. Bei der Schaffung des 7. Abschn. des Betäubungsmittelgesetzes 203
(BtMG) im Jahre 1981 waren Humanisierung, Resozialisierung und Entkriminalisierung die wesentlichen Grundgedanken der Reform. Ihr lag die Erkenntnis zugrunde, dass Drogensucht in erster Linie nicht als ein kriminelles, sondern als gesellschaftliches und pathologisches Problem zu begreifen ist und dass deshalb der drogenabhängige Straftäter einer wirksamen Therapie zugeführt werden sollte (*Körner,* BtMG, 6. Aufl. 2007, II Anm. 1 zu § 35).

Allerdings blieb die Grundthese, zur Erreichung der Therapiemotivation bedürfe es des Initialzwanges von Strafandrohung und Inhaftierung, von Anfang an umstritten.

Bis zum Inkrafttreten des 7. Abschn. des BtMG am 1. 1. 1982 war eine Überführung von drogenabhängigen Straftätern aus Haft- und Maßregelvollzug in eine freie Therapieeinrichtung nur mit der Aussetzung zur Bewährung und entsprechenden Weisungen möglich.

Mit den §§ 35, 36 BtMG kann nunmehr auch bei rechtskräftiger Verurteilung ohne Bewährung oder nach Widerruf flexibel auf die Therapiebedürftigkeit reagiert werden (*Adams/Eberth,* NStZ 83, 193). Unter bestimmten Voraussetzungen hat die

---

[17] Umfangreiche Ausführungen zur Abschiebung einer verurteilten Person zur Vollstreckung in seinem Heimatland, siehe *Isak/Wagner,* Strafvollstreckung, 7. Aufl. 2004, 2. Buch.

[18] Nähere Ausführungen zur Überstellung verurteilter Personen in Teil 2 dieses Buches.

Therapie in freien Rehabilitationseinrichtungen Vorrang vor der Vollstreckung der Strafe. Die staatliche Sanktionsmöglichkeit wird gezielt als Hilfsmittel zur Herbeiführung einer Therapiebereitschaft eingesetzt. Auch dort, wo wegen schlechter Prognose eine Strafaussetzung nicht möglich war und ist, lässt das Gesetz eine Zurückstellung der Vollstreckung zu. Daraus hat die Rechtsprechung gefolgert, dass für die §§ 35ff. BtMG nur dann Raum ist, wenn eine Strafaussetzung zur Bewährung ausscheidet. *Adams/Eberth* stellen fest, dass nach Inkrafttreten des 7. Abschn. des BtMG die bisher erprobte Bewährungspraxis auch häufig aufgegeben wurde. Die Tatsache, dass eine vorzeitige Entlassung zur Bewährung erst nach Verbüßung von zwei Dritteln möglich sei, habe früher viele Strafrichter veranlasst, wenn irgend vertretbar, die Strafe insgesamt zur Bewährung auszusetzen, um eine sofortige Therapie einleiten zu können. Dies führte oft zu einer sehr weiten Auslegung der besonderen Umstände in § 56 Abs. 2 StGB bis zur Grenze der Dehnbarkeit.

204 Die Einschränkung der Bewährungspraxis und der Umstieg auf die §§ 35ff. BtMG führten nach *Körner* (BtMG, 6. Aufl. 2007, Anm. 3 zu § 35 BtMG) aber letztlich doch dazu, dass insgesamt mehr Drogenabhängige in Therapieeinrichtungen aufgenommen wurden, insbesondere, nachdem anfängliche Grabenkriege zwischen Justiz und Drogenarbeit mehr und mehr einer vernünftigen Zusammenarbeit gewichen sind.

205 *bb) Voraussetzungen der Zurückstellung.* **Rechtskräftige Verurteilungen** zu
- einer Freiheitsstrafe oder Jugendstrafe von nicht mehr als 2 Jahren
- einer Gesamtfreiheitsstrafe von nicht mehr als 2 Jahren
- einer Freiheitsstrafe oder Gesamtfreiheitsstrafe von mehr als 2 Jahren, wenn der daraus zu vollstreckende Rest 2 Jahre nicht übersteigt
- einer Freiheitsstrafe von nicht mehr als 2 Jahren und Unterbringung in einer Entziehungsanstalt nach § 64 StGB.

206 Probleme tauchen in der Praxis auf, wenn ein Täter zu mehreren nicht gesamtstrafenfähigen Einzelfreiheitsstrafen von zusammen mehr als 2 Jahren verurteilt ist oder wenn die noch zu vollstreckenden Strafreste insgesamt 2 Jahre übersteigen. Nach kontroverser Auffassung der OLG Hamm und Karlsruhe hat der *BGH* (BGHSt 33, 94) in seinem Beschluss vom 11. 12. 1984[19] entschieden, dass sich die 2-Jahres-Grenze auf die einzelne Freiheitsstrafe oder Gesamtfreiheitsstrafe bezieht und dass auch zurückgestellt werden kann, wenn die Summe der nicht gesamtstrafenfähigen Freiheitsstrafen 2 Jahre übersteigt (vgl. auch *OLG Karlsruhe* NStZ 82, 484). Diese Auffassung des BGH folgt aus der Überlegung, dass auch bei der Frage der Strafaussetzung zur Bewährung bei mehreren nicht gesamtstrafenfähigen Strafen nicht zusammengerechnet werde.

207 Eine Zurückstellung ist aber dann nicht möglich, wenn § 35 Abs. 6 Nr. 2 BtMG vorliegt, also wenn die Therapie durch die Vollstreckung einer anderen Strafe verhindert würde (*OLG Hamm* NStZ 83, 287, *OLG Karlsruhe* NStZ 82, 484). Auch die Frage, wie „der zu vollstreckende Rest" der Freiheitsstrafe im Sinne von § 35 Abs. 2 Ziffer 2 BtMG zu berechnen ist, bereitet der Rechtsprechung Kopfzerbrechen. Auf Vorlage des Kammergerichts entschied jedoch der *BGH* (NJW 87, 1833), dass „der zu vollstreckende Rest" der noch nicht verbüßte Teil der Strafe ist. Eine Berücksichtigung einer möglichen vorzeitigen bedingten Entlassung finde nicht statt.

Ist im Anschluss an die zurückstellungsfähige Strafe oder Strafen eine Ersatzfreiheitsstrafe zu vollstrecken, die nicht zurückstellungsfähig ist, hat die Vollstreckungs-

[19] RPfleger 1985, 162.

behörde entgegen der Bestimmung des § 43 Abs. 2 Nr. 2 StVollstrO die Reihenfolge aus wichtigem Grunde nach § 43 Abs. 4 StVollstrO zu ändern oder eine Entscheidung des Gerichts nach §§ 459f. StPO herbeizuführen.[20]

Die verurteilte Person muss ferner wegen einer Tat, die sie **wegen einer Betäubungsmittelabhängigkeit** begangen hat, bestraft sein: 208

- die Straftat braucht kein Verstoß gegen das Betäubungsmittelgesetz sein, es genügt die direkte oder indirekte Beschaffungskriminalität (Apothekeneinbruch, Rezeptfälschung, Erpressung, Raub, Betrug u.a.). Ausreichend sind ferner drogenbedingte Delikte (Straßenverkehrsdelikte, Waffendelikte, Körperverletzung und Tötungsdelikte).
- **Betäubungsmittelabhängig** muss die verurteilte Person zur Tatzeit gewesen sein und zwar körperlich und seelisch:
- **seelische** Abhängigkeit ist der durch Drogen verursachte Zustand seelischer Zufriedenheit, verbunden mit einer Tendenz zum periodischen oder Dauergebrauch, um Glücksgefühl zu erzeugen oder Unbehagen zu vermeiden,
- **körperliche** Abhängigkeit liegt vor, wenn beim Absetzen der Droge Entzugserscheinungen auftreten.

Diese Kriterien sind vom Missbrauch abzugrenzen, wobei die Übergänge fließend sind. Festzuhalten ist deshalb, dass bei weichen Drogen, insbesondere bei Cannabis, nur in Ausnahmefällen bei Dauermissbrauch von Betäubungsmittelabhängigkeit gesprochen werden kann. Auf Medikamenten- oder Alkoholmissbrauch ist § 35 BtMG nicht anwendbar, es sei denn in Verbindung mit Betäubungsmitteln. 209

Die Abhängigkeit muss zur Zeit der Tat vorgelegen haben und bei Verurteilung fortbestehen. Zwischen Straftat und Betäubungsmittelabhängigkeit muss unmittelbarer Kausalzusammenhang vorliegen.

- Der Nachweis der kausalen Abhängigkeit sollte sich aus dem Urteil ergeben. Entsprechende Feststellungen sind in der Regel ausreichend. Solche Feststellungen fehlen aber leider oft, weil in vielen Fällen die Betäubungsmittelabhängigkeit in der Hauptverhandlung heruntergespielt oder der Zusammenhang zwischen Abhängigkeit und Beschaffungskriminalität verschwiegen oder nicht aufgeklärt wird. Oft wird auch die Abhängigkeit des § 21 StGB wegen bewusst übertrieben. Hinzu kommt, dass viele abgekürzte Urteile sich über Tat und Täter fast völlig ausschweigen.

Die Vollstreckungsbehörde hat daher **eigene Feststellungen** zu treffen. Sie ist selbst an ein Urteil, das BtM-Abhängigkeit verneint, nicht gebunden, wenn beachtliche Anhaltspunkte für eine Abhängigkeit vorliegen (*OLG Hamm* NStZ 83, 525). Das Gesetz verlangt nämlich, dass die Abhängigkeit, ergibt sie sich nicht aus dem Urteil, sonst feststeht. Nach Körner sollten die Anforderungen nicht überspannt werden. Oft werden sich Indizien in den Akten finden, z.B. Beobachtungen von Polizeibeamten. Wichtig sind auch Feststellungen bei Einlieferung in die Haft (Entzugserscheinungen) und die Beobachtungen des Anstaltsarztes, wobei hier die Frage der ärztlichen Schweigepflicht zu beachten ist. Es wird aber letztlich Sache des die Zurückstellung beantragende verurteilte Person sein, solche Informationslücken zu beseitigen.

Kritisch wird man sich allgemein gehaltenen Gefälligkeitsattesten gegenüber verhalten, insbesondere wenn der Verdacht durchschimmert, die verurteilte Person habe sich erst nach längerer Haft nur deshalb zu einem Antrag auf Zurückstel- 210

[20] *OLG Karlsruhe* Rpfleger 2006, 503.

lung durchgerungen, um die angeblich weniger belastende Therapie gegen die Härte des Vollzugs einzutauschen. Schwierige oder langwierige Beweiserhebungen sind mit den Vorstellungen des Gesetzgebers zu § 35 BtMG grundsätzlich nicht vereinbar. Der Idealtyp raschen Prozederes ist die Entscheidung noch im Gerichtssaal nach Rechtsmittelverzicht und die Aufnahme der Zustimmung des Gerichts in die Akten. Nicht ganz zu Unrecht beklagt *Kreuzer* (NJW 89, 1510) eine Gefährdung der Therapie durch Verrechtlichung, Bürokratisierung und klimatische Verfremdung.

211 **Keine Zurückstellung** ist möglich, wenn nur auf Unterbringung in einer Entziehungsanstalt, als nicht auch gleichzeitig auf Freiheitsstrafe erkannt wurde. Anders ist es aber bei Kombination der Maßregel nach § 64 StGB (Unterbringung in einer Entziehungsanstalt) und Freiheitsstrafe oder Gesamtfreiheitsstrafe von weniger als 2 Jahren. Hier ist zu beachten, dass nach § 67 Abs. 1 StGB die Maßregel grundsätzlich vor der Freiheitsstrafe zu vollstrecken und anschließend die Strafe zurückzustellen ist. Übersteigt der Strafrest die 2 Jahre nicht, so können Maßregel und Strafe nebeneinander zurückgestellt werden. Der BGH ist in mehreren Entscheidungen dem Versuch entgegengetreten, abweichend vom Regelvollzug des § 67 StGB die Strafe vorweg zu vollstrecken, um schneller die zeitlichen Voraussetzungen einer Zurückstellung der Strafvollstreckung nach § 35 BtMG zu erreichen. Maßgebend für den Vorwegvollzug der Strafe sei, dass dadurch der Zweck der Unterbringung leichter erreicht werde. Im übrigen sei es nach § 35 BtMG zulässig, die Vollstreckung zurückzustellen, ohne dass die vom Gesetz festgesetzte regelmäßige Reihenfolge der Vollstreckung umgekehrt werde (*BGH* NStZ 84, 573; 85, 571).

212 Fraglich ist die Zurückstellung, wenn die Einzelstrafen, die auf eine Gesamtstrafe von weniger als 2 Jahren zurückgeführt sind, oder deren Strafrest 2 Jahre nicht übersteigt, **nur teilweise auf BtM-Abhängigkeit** beruhen. Allgemein wird dies für zulässig gehalten, wenn das Schwergewicht der abgeurteilten Taten auf einer BtM-Abhängigkeit beruht, wobei es nicht auf die Zahl, sondern auf die Bedeutung der BtM-Delikte ankomme. § 35 Abs. 3 BtMG spricht von „dem ihrer Bedeutung nach überwiegenden Teil der abgeurteilten Straftaten".

213 **Weitere Voraussetzung** für die Zurückstellung ist, dass die verurteilte Person

- sich in einer ihrer Rehabilitation dienenden Behandlung befindet oder
- zusagt, sich einer solchen zu unterziehen und deren Beginn gewährleistet ist.

214 Der Behandlungsbegriff der Rehabilitation ist sehr weit zu verstehen. Er umfasst ärztliche und nicht ärztliche Behandlung. Der Rehabilitation dient die Behandlung (*BSG* NJW 81, 2535), wenn sie darauf gerichtet ist, die Abhängigkeit zu beheben oder einer erneuten Abhängigkeit entgegenzuwirken, die verurteilte Person zu befähigen, ein drogenfreies Leben zu führen und sie dauerhaft in die Gesellschaft, im Berufs- und Arbeitsleben wieder einzugliedern. Die Behandlung kann stationär oder ambulant sein. Staatliche Anerkennung ist nicht Voraussetzung. Allerdings muss die Behandlung fachwissenschaftlich anerkannt sein. *Körner* warnt deshalb vor sogenannten Selbsthilfegruppen, die aus ehrenamtlichen „Usern" als Therapeuten bestehen. Immerhin scheint der Gesetzgeber auch solche Einrichtungen als tauglich anzusehen, wenn sie das Selbstwertgefühl stärken und soziales Verhalten trainieren.

Rehabilitationseinrichtungen sind den staatlich anerkannten Einrichtungen gleichgestellt. Was anerkannt ist, ergibt sich aus den Mitteilungen der Bundesländer. Aus dem Wort „Aufenthalt" ergibt sich, dass hier nur stationäre Behandlung möglich ist.

Fraglich ist, welche Anforderungen an die „Zusage" zu stellen sind. Das *OLG Hamm* (NStZ 82, 485) vertritt wohl zutreffend die Auffassung, dass an die Therapiewilligkeit und -fähigkeit keine übersteigerten Anforderungen zu stellen sind und gestellt werden sollten. Denn letztlich handele die verurteilte Person unter dem Druck, Strafe zu verbüßen oder sich einer Therapie zu unterziehen. Der Gesetzgeber sei sich deshalb durchaus der Gefahr bewusst, dass ein so motivierter Therapieversuch, wie die Praxis zeigt, scheitern kann. Auch das OLG Karlsruhe hat früh eine ähnliche Linie verfolgt und betont, dass Zweifel an der Ernsthaftigkeit der Therapiebereitschaft nicht damit begründet werden können, die verurteilte Person habe bisher keine „freiwilligen Therapieversuche" unternommen (Justiz 83, 128). Der Möglichkeit des Scheiterns trage das Gesetz auch dadurch Rechnung, dass eine erneute Zurückstellung nach Abbruch einer Therapie zulässig sei (§ 35 Abs. 5 S. 3 BtMG).

Voraussetzung für die Ernsthaftigkeit einer Zusage sind aber: **215**
- Therapiebereitschaft
- körperliche Entgiftung
- ärztliches Zeugnis für den Kostenträger
- Zusage eines Therapieplatzes
- Zusage des Kostenträgers
- Beginn der Behandlung und des Therapieprogramms müssen gewährleistet sein
- bei Minderjährigen ist die Einwilligung des/der Erziehungsberechtigten Voraussetzung und
- die Verpflichtung an die verurteilte Person, die Aufnahme und Fortführung der Therapie sind nachzuweisen.

Liegen die materiellen Voraussetzungen vor, so bedarf es formell eines **Antrags** **216**
der verurteilten Person und der Zustimmung des Gerichtes erster Instanz. In den meisten Fällen werden Anträge auf Zurückstellung oft erst Monate nach Rechtskraft und Beginn der Vollstreckung gestellt. Meist waren die Kostenzusagen und die Aufnahmezusage einer Therapieeinrichtung beigefügt. Zeitaufwendig sind in einigen Fällen der Vollstreckung mehrerer Strafen, von anderen Staatsanwaltschaften die Zusage einer Zurückstellung zu erlangen. Die **Zustimmung** des Gerichts kann in der Regel binnen Tagesfrist eingeholt werden. Schwierigkeiten ergeben sich, die Stellungnahme der Vollzugsanstalt einzuholen, wenn sich die verurteilte Person erst nach Monaten der Haft zu einem Antrag entschlossen hatte und Zweifel an der Ernsthaftigkeit bestanden.

Die Zustimmung des Gerichtes erster Instanz ist eine justizinterne Prozesserklärung (*OLG Stuttgart* NStZ 89, 492). Diese Stellungnahme ist auch einzuholen, wenn die Vollstreckungsbehörde den Antrag ablehnen will (*OLG Karlsruhe* NStZ 86, 288).

Eine Zustimmung, die auch in den schriftlichen Urteilsgründen erfolgen kann, ist jedenfalls dann nicht widerruflich, wenn die für die Zustimmung relevanten Umstände unverändert geblieben sind (*OLG Frankfurt* NStZ 87, 42).

Gegen die Verweigerung der Zustimmung durch das Gericht des ersten Rechtszugs steht der Vollstreckungsbehörde die Beschwerde nach dem Zweiten Abschnitt des Dritten Buches der StPO zu.[21] Die verurteilte Person kann die Verweigerung der Zustimmung nur zusammen mit der Ablehnung der Zurückstellung durch die Vollstreckungsbehörde nach den §§ 23 bis 30 GVG anfechten. Das OLG entschei-

[21] BtMG § 35 Abs. 2 Satz 1.

det in diesem Falle auch über die Verweigerung der Zustimmung; es kann die Zustimmung selbst erteilen.

217 Mit der Zustimmung trifft das Gericht zugleich die Entscheidung über die **Anrechnungsfähigkeit** der Zeit des Aufenthalts in einer Therapieeinrichtung (§ 36 Abs. 1 S. 2 BtMG). Zur Frage der Anrechnungsfähigkeit und der Anerkennung von Therapiezeiten wird später eingegangen werden.

218 **Zurückstellungsentscheidung.** Ein Anspruch der verurteilten Person auf Zurückstellung besteht nicht. Sie hat aber, wie in Rn. 216 ausgeführt die dort genannte Anfechtungsmöglichkeit. Liegen jedoch die Voraussetzungen vor, so schmilzt der Ermessensspielraum dieser Kann-Bestimmung des § 35 Abs. 1 BtMG völlig zusammen. So dürfen Erwägungen, die an das Ausmaß der Tatschuld anknüpfen, nicht in die Entscheidung einfließen (*OLG Karlsruhe* Justiz 83, 128).

Im Hinblick auf § 35 Abs. 3 BtMG ist mit der Zurückstellung die Auflage an die verurteilte Person zu verbinden, in regelmäßigen Zeitabständen Nachweise über Aufnahme und Fortführung der Behandlung zu erbringen. An die Missachtung dieser Pflichten knüpft § 35 Abs. 5 BtMG den zwingenden Widerruf.

Problematisch ist, ob Therapeuten und die Einrichtungen der gesetzlich normierten Mitteilungspflicht über den Abbruch nachkommen müssen oder ob dem Schweigepflichten entgegenstehen. Unstreitig ist, dass behandelnde Ärzte und ihre Hilfspersonen ein Schweigerecht aus § 53 Abs. 1 Nr. 3, § 53 a StPO haben. Unbefugtes Offenbaren kann den Tatbestand des § 203 StGB erfüllen. Andererseits betrifft aber die Meldepflicht über Nichtantritt oder Abbruch der Therapie nur die Einrichtung als Institution und nicht die einzelnen dort angestellten Therapeuten. Nach Auffassung des *BayOblG* (JZ 89, 131) können sich allerdings die behandelnden Personen oder Verantwortlichen der Therapieeinrichtung wegen Vollstreckungsvereitelung nach § 258 Abs. 2 StGB strafbar machen, wenn sie die sich aus § 35 Abs. 4 ergebenden Rechtspflicht, den Abbruch der Behandlung der Vollstreckungsbehörde mitzuteilen, verletzen. Als Weg, während der Therapie weitere Informationen zu erhalten, verlangen viele Vollstreckungsbehörden vom Verurteilten vor der Zurückstellung, dass er Ärzte und Therapeuten von einer möglichen Schweigepflicht entbindet und zu Auskünften über Verlauf und Ergebnis der Therapie ermächtigt. Die Bereitschaft zur Entbindung wird als Indiz für die Ernsthaftigkeit der Therapieabsicht gewertet. Das *OLG Hamm* (NStZ 86, 1509) sieht in der abverlangten Entbindung von der Schweigepflicht eine Verletzung des Schutzzwecks des Gesetzes, wenn sich daraus nachteilige Auswirkungen auf die allgemeine Behandlungsbereitschaft ergeben würden. Meine Meinung sollte man diese Frage nicht zu hoch hängen. Das Gesetz knüpft an Erfolg oder gar Wohlwollen keine Konsequenzen. Deshalb wird in der Regel die Kenntnis von Nichtantritt oder Abbruch ausreichen.

219 **Abzulehnen** ist die Zurückstellung, wenn

- das Gericht nicht zustimmt und auch auf die Beschwerde der Vollstreckungsbehörde keine Zustimmung zu erreichen ist,
- keine Abhängigkeit vorliegt,
- eine weitere Freiheitsstrafe oder Maßregel zu vollstrecken ist, die nicht zurückstellungsfähig ist.

Dies folgt aus der zwingenden Widerrufspflicht in § 35 Abs. 6 Nr. 2 BtMG. Allerdings ist hier zunächst zu prüfen, ob diese Strafe ausgesetzt oder auch zurückgestellt werden kann.

Nicht zwingend ist die Ablehnung, sondern nur möglich, wenn die Therapiezusage nicht ernsthaft erscheint, so z.B. bei wiederholten Abbrüchen. Kein ausreichender Grund, die Zurückstellung abzulehnen ist es, wenn die Therapieprognose ungünstig ist oder gar mit der Begründung, erst der Druck des Strafvollzugs habe die verurteilte Person zum ernsthaften Nachdenken über eine Therapie gebracht.

Zuständigkeiten. (a) Im Verhältnis zwischen Gericht des ersten Rechtszugs und der Strafvollstreckungskammer. 220

Im Anschluss an BGHSt 32, 58 (NJW 84, 746) ist das OLG Düsseldorf vom Willen des Gesetzgebers ausgegangen, dem Gericht des ersten Rechtszugs bei der Strafvollstreckung gegen Betäubungsmittelabhängige den Vorrang einzuräumen. Das Gericht hält es deshalb nicht für gerechtfertigt, sonder in aller Regel für sachlich geboten, dass das Gericht des ersten Rechtszugs auch über den Widerruf der nach § 36 Abs. 1 S. 3, Abs. 2 BtMG bewilligten Strafaussetzung entscheidet. Demgegenüber hat das *OLG Hamm* (MDR 88, 515) entschieden, dass unter den Voraussetzungen des § 462a Abs. 4 StPO, also bei Entscheidungen verschiedener Gerichte, die Entscheidungskonzentration nach dieser Vorschrift auch dann erfolgt, wenn es um die Zuständigkeit für die Bewährungsüberwachung und den Widerruf der Strafaussetzung im Rahmen des § 36 BtMG geht. Gleichwohl erscheinen die beiden Entscheidungen, wenn sie auf die konkreten Fälle bezieht, nicht notwendig unvereinbar. Es erscheint vertretbar, für den Widerruf der Strafaussetzung im Rahmen des § 36 BtMG grundsätzlich das Gericht des ersten Rechtszugs als zuständig anzusehen, im Fall des Zusammentreffens mehrerer Verurteilungen aber dem Konzentrationsprinzip des § 462a Abs. 4 StPO Vorrang einzuräumen.

(b) **Vollstreckung in Jugendsachen**. In einem Zuständigkeitsstreit hat der *BGH* (Beschluss vom 25. 10. 1989 – 2 ARs 492/89) entschieden, dass die Entscheidung über die Zurückstellung der Strafvollstreckung von der Vollstreckungsbehörde, also von dem gem. §§ 82 Abs. 1, 84 Abs. 1 JGG zuständigen Jugendrichter, zu treffen sei. Dessen Zuständigkeit werde aber durch die Übertragung der infolge der Strafaussetzung zur Bewährung erforderlichen Entscheidungen noch durch den Umstand berührt, dass die verurteilte Person inzwischen volljährig sei. Mit der Abgabe der Vollstreckung nach § 85 Abs. 3 JGG hat sich der BGH in einer Entscheidung vom 17. 11. 1989 erneut befassen müssen. Er hat darauf hingewiesen, dass die Vollzugsnähe allein angesichts des Vorrangs des Gerichts des ersten Rechtszugs bei der Strafvollstreckung gegen betäubungsmittelabhängige Straftäter nach §§ 35ff. BtMG kein wichtiger Grund im Sinne des § 85 Abs. 3 JGG ist. 221

cc) Der Widerruf

(1) Er ist zwingend vorgeschrieben nach § 35 Abs. 5 und 6 BtMG, wenn 222
- die Behandlung nicht begonnen wird
- wenn die Behandlung nicht fortgeführt wird
- der nach § 35 Abs. 4 BtMG geforderte Nachweis nicht erbracht wird
- eine weitere Freiheitsstrafe oder Maßregel zu vollstrecken ist, die nicht zurückstellungsfähig ist
- bei nachträglicher Bildung einer Gesamtstrafe nicht auch deren Vollstreckung zurückgestellt wird oder zurückgestellt werden kann.

Die Rechtsprechung lässt es aber zu, vom Widerruf dann abzusehen, wenn ausschließlich der formelle Widerrufsgrund der Verletzung der Nachweispflicht bei ordnungsgemäßem Beginn und Fortführung vorliegt (*OLG Karlsruhe* NStZ 85, 80).

Da häufigster Widerrufsgrund der Therapieabbruch ist, stellt sich die Frage, welche Kriterien den Widerruf gebieten. Nicht selten sind es nämlich „achtenswerte Motive“ die zum Abbruch führen, so z.B. Zusammentreffen mit Leuten aus dem 223 früheren Betäubungsmittelumfeld oder therapeutisches Fehlverhalten. Man wird dann nicht von Abbruch sprechen, sondern eher von Unterbrechung, wenn sich der Wechsel von einer anerkannten Einrichtung zur anderen nahtlos vollzieht. Tritt ein Abstand in der Behandlung ein, so ist der Widerruf wohl unvermeidlich, allerdings mit der Möglichkeit erneuter Zurückstellung.

Adams/Eberth (NStZ 83, 193) würden nur dann von Behandlungsabbruch sprechen, wenn die verurteilte Person „gegen den Willen der Therapieeinrichtung unter Verstoß gegen die Hausordnung sich aus der Einrichtung entfernt und durch sein weiteres Verhalten endgültig zu erkennen gibt, dass er die Behandlung nicht fortsetzen will, oder die Einrichtung es dem Patienten wegen seines Verhaltens nicht erlaubt, die Behandlung fortzusetzen. Das Problem ist, dass der Grund des Abbruchs oft nicht eindeutig ist, so dass der Widerruf zunächst zwingend wird. Es gibt deshalb Stimmen, die es für sinnvoll halten, § 36 Abs. 6 BtMG dahingehend zu ändern, dass zur Prüfung des Widerrufs ein Sicherungshaftbefehl – wie bei § 453 c StPO – eingeführt wird. Dies würde auch im Zusammenhang mit § 35 Abs. 4 S. 2 BtMG Sinn machen, dass nämlich dann vom Widerruf abgesehen werden kann, wenn die verurteilte Person nachträglich nachweist, dass sie sich in Behandlung befindet. Das *OLG Köln* (Strafverteidiger 87, 210) hat einen Widerruf aufgehoben in einem Fall, in dem die verurteilte Person ihre Therapie eigenmächtig abgebrochen hatte. Das OLG Köln hat darin keinen Widerrufsgrund gesehen, da die verurteilte Person seitdem drogenfrei lebe, die Therapie also ihren Zweck erfüllt habe, regelmäßig an Gesprächen bei der Drogenberatungsstelle teilnehme und sich auch sonst positiv verhalte.

224 (2) Zuständig für die Zurückstellung und den Widerruf ist als Vollstreckungsbehörde der Rechtspfleger bzw. der Jugendrichter als Vollstreckungsleiter. Der Erlass des Vollstreckungshaftbefehls nach § 35 Abs. 7 BtMG ist ebenfalls Aufgabe der Vollstreckungsbehörde. Gegen den Widerruf kann die Entscheidung des Gerichts im ersten Rechtszug bzw. in Jugendsachen die Jugendkammer (§ 38 BtMG) angerufen werden. Dagegen gibt es die sofortige Beschwerde (§ 35 Abs. 7 BtMG, § 462 Abs. 3 StPO).

dd) Die Anrechnung

225 (1) Ist die Vollstreckung zurückgestellt worden und hat sich die verurteilte Person in einer staatlich anerkannten Einrichtung behandeln lassen, so wird die von der verurteilten Person nachgewiesene Zeit ihres Aufenthalts in dieser Einrichtung auf die Strafe obligatorisch angerechnet – § 36 Abs. 1 BtMG bis $^2/_3$ der Strafe erledigt sind. Die Anrechnungsgrenze liegt bei zwei Dritteln der Strafe. Der Rest wird zur Bewährung ausgesetzt.

226 (2) Die Anrechnungsfähigkeit der Therapie wird vom Gericht erster Instanz vor Beginn mit der Zustimmung bejaht. Es soll damit ein gewillter Motivationsdruck ausgeübt werden. Gegen die Entscheidung über die Anrechnungsfähigkeit findet die sofortige Beschwerde statt – § 36 Abs. 5 BtMG.

227 (3) Die Entscheidung über die Anrechnung selbst ist ebenfalls Sache des Gerichts erster Instanz (auch in Jugendsachen).

228 (4) Bei der Anrechnung nach § 36 Abs. 1 BtMG ist nicht Voraussetzung, dass die verurteilte Person bei der Behandlung aktiv mitgewirkt oder dass die Behandlung Erfolg gehabt hat. Wesentlich ist, dass sie an einer stationären Behandlung in einer staatlich anerkannten Einrichtung teilgenommen hat und in der Gestaltung der Lebensführung erheblich beschränkt war (z. B. Ausgangsverbot, Briefzensur, Telefonverbot, Urinkontrolle, Arbeitspflicht u. a.). Anrechenbar ist aber nur die Zeit, in der die Beschränkungen wirksam waren.

(5) Der Nachweis ist Sache der verurteilten Person, Zweifel gehen zu ihren Lasten.[22] 229

(6) Bei der Zurückstellung mehrerer Einzelstrafen wird die Zeit zunächst auf die 230 zuerst zurückgestellte Strafe angerechnet und dann auf die weiteren. Pech hat, wessen Strafvollstreckung erst kurz vor dem Zwei-Drittel-Termin zurückgestellt wird oder gar erst im letzten Drittel. Nach überwiegender Meinung scheidet eine Anrechnung hier aus. Infolge der Zwei-Drittel-Regelung hat das *OLG Düsseldorf* (MDR 87, 608) mit Recht die Anrechnung in einem Fall abgelehnt, in dem bereits zwei Drittel der Strafe verbüßt waren. Die Regelung sei keiner erweiterten Auslegung zugänglich. Das *OLG Stuttgart* (NStZ 87, 246) hat sich mit einem Fall zu befassen, in der sich die verurteilte Person in einer Therapieeinrichtung bis zur regulären Beendigung der Therapie befunden hatte. Über ihren Zurückstellungsantrag ist nicht entschieden, die Vollstreckung aber während der Therapie nicht betrieben worden. Das OLG Stuttgart hat hier die Auffassung vertreten, das Verhalten der Vollstreckungsbehörde komme der Zurückstellung gleich. Es hat deshalb die Therapiezeit wie schon die Vorinstanz auf die Strafe angerechnet, entgegen deren Entscheidung aber auch die Vollstreckung des Strafrestes zur Bewährung ausgesetzt.

(7) Hatte sich die verurteilte Person nach Zurückstellung der Vollstreckung einer 231 anderen als der in § 35 Abs. 1 BtMG bezeichneten Behandlung unterzogen, insbesondere einer ambulanten Therapie oder offener Vollzug, so ist nur Strafaussetzung zur Bewährung möglich, „sobald dies unter Berücksichtigung des Sicherheitsinteresses der Allgemeinheit verantwortet werden kann", § 36 Abs. 2 BtMG. Es gibt hier keinen festen Zeitpunkt für die Aussetzung, sie ist also auch vor dem Zwei-Drittel-Termin möglich, ja schon vor der Halbstrafe. Eine Mindestbehandlungsdauer ist ebenfalls nicht vorgeschrieben. Entscheidend ist die Prognose.

Die Gerichte hatten sich wiederholt mit Fällen zu befassen, in denen zwar eine Therapie, aber keine Zurückstellung der Vollstreckung vorgelegen hatte. Die veröffentlichten Entscheidungen sind dabei durchweg davon ausgegangen, dass auch in solchen Fällen die Anrechnung nach § 36 Abs. 3 BtMG erfolgen kann. Der Wortlaut des Abs. 3 setzt eine Zurückstellung nicht voraus. Es darf aber nicht übersehen werden, dass die §§ 35ff. BtMG insgesamt eine Regelung der Zurückstellung der Strafvollstreckung darstellen, was dafür spricht, diese Zurückstellung als Voraussetzung aller Regelungen des § 36 BtMG anzusehen. Auf Fälle, in denen vor der Hauptverhandlung eine Therapie stattfindet, ist § 37 BtMG anwendbar, nicht § 36 BtMG. Andernfalls bestünde überhaupt keine zeitliche Grenze mehr für die Anrechenbarkeit einer Therapie, selbst wenn sie Jahre zurückliegen sollte. Das *OLG Stuttgart* (Justiz 89, 20) hat § 36 Abs. 3 BtMG angewendet, ohne sich mit der Frage der Zulässigkeit seiner Anwendung ohne Zurückstellung auseinanderzusetzen.

(8) Zwischen der zwingenden Anrechnung des § 36 Abs. 1 und der Bewährungs- 232 möglichkeit nach § 36 Abs. 2 BtMG steht die fakultative Anrechnung der Therapiezeit nach § 36 Abs. 3 BtMG.

Sie setzt voraus, dass sich die verurteilte Person nach der Tat einer Behandlung ihrer Abhängigkeit unterzogen hat und dass unter Berücksichtigung der Anforderungen, welche die Behandlung an die verurteilte Person gestellt hat, es angezeigt ist, die Zeit der Behandlung ganz oder teilweise auf die Strafe anzurechnen. Die Behandlung braucht demnach weder stationär noch erfolgreich sein, noch in einer anerkannten Therapieeinrichtung stattgefunden haben.

---

[22] BtMG § 36 Abs. 1 Satz 1.

Als Anwendungsfälle kommen in Betracht:
- Behandlungen zwischen Tat und Hauptverhandlung,
- Behandlung während der Hauptverhandlung,
- Behandlung zwischen Verurteilung und Rechtskraft,
- Behandlung zwischen Rechtskraft und Zurückstellungsentscheidung,
- Behandlung, aber auch Therapie in einer staatlich anerkannten, die freie Lebensgestaltung der Lebensführung erheblich einschränkenden Einrichtung, wenn keine Entscheidung über die Zurückstellung erfolgt war und die Behandlung nicht erfolglos abgebrochen wurde.

233 Das OLG Stuttgart wendet hier ferner § 36 Abs. 1 S. 3 BtMG analog auf den nach Anrechnung der Therapiezeit verbleibenden Rest an (Aussetzung zur Bewährung).

234 Die Behandlung in ambulanter Therapie, insbesondere im Rahmen eines sozialen Trainings bei einer Langzeittherapie kann nach Auffassung des *OLG Hamm* (NStZ 87, 246) nach § 36 Abs. 3 BtMG angerechnet werden, wenn bei Strafen über 2 Jahren der noch zu vollstreckende Rest 2 Jahre nicht übersteigt.

235 **Keine Anrechnung** nach § 36 Abs. 3 BtMG ist möglich, wenn die BtM-Abhängigkeit nach der Tat erworben wurde und die Therapie im Rahmen einer Strafaussetzung zur Bewährung erfolgt ist. *Tröndle* (MDR 1982, 2) will eine Anrechnung im Rahmen des § 36 Abs. 3 BtMG bis zur Erledigung der vollen Strafe zulassen. *Körner* (B + MG, 6. Aufl. 2007) wendet sich dagegen mit dem Hinweis, dass nach dem Gesetzeswortlaut die Behandlung ganz oder teilweise angerechnet werden könne und dies nicht bedeute, dass dies auf die ganze Strafe erfolgen könne. § 36 Abs. 3 BtMG sei lediglich eine Auffangvorschrift, die Unbilligkeiten des obligatorischen Anrechnungsmodus verhindern solle, keinesfalls aber eine Erweiterung. Die fakultative Anrechnung dürfe nicht mehr Anrechnung gewähren als die obligatorische. Diese Argumentation leuchtet meines Erachtens ein. Sie findet auch eine Stütze in der bereits erwähnten Entscheidung des OLG Hamm bezüglich der 2-Jahres-Grenze.

Als Kann-Vorschrift gewährt § 36 Abs. 3 BtMG dem Gericht einen Ermessensspielraum. Trotz Erfolglosigkeit wird echtes Bemühen honoriert werden, während „Therapie nur wegen des guten Eindrucks in der Hauptverhandlung" zu keiner Anrechnung führen kann.

236 (9) § 35 BtMG lässt auch die Zurückstellung der Vollstreckung einer Maßregel nach § 64 StGB zu und zwar neben einer Freiheitsstrafe. § 36 BtMG spricht bei der Anrechnung und Aussetzung allerdings nicht mehr von der Maßregel. Eine Lösung bietet der Weg über die analoge Anwendung des § 67d StGB, wonach auch eine befristete Maßregel zur Bewährung ausgesetzt werden kann, wenn eine entsprechende Prognose möglich ist oder die analoge Anwendung des § 67c Abs. 1 StGB, der es zulässt, die Unterbringung zur Bewährung auszusetzen, wenn der Zweck der Maßregel erfüllt ist. Diesen Weg beschritt auch das *LG München* (NStZ 88, 559), das die offensichtliche Gesetzeslücke mit der analogen Anwendung des § 67d Abs. 2 StGB ausfüllte. Abgelehnt wurde in dieser Entscheidung aber auch eine Anrechnung auf das letzte Drittel, da dies nach § 36 Abs. 3 BtMG nicht möglich ist.

III. Nebengeschäfte der Strafvollstreckung

1. Registrierung im VRs-Register

237 Im VRs-Register wird die Strafvollstreckung verwaltet. Die Registrierung erfolgt nach den Bestimmungen der Aktenordnungen der Bundesländer und Fertigung der

Einleitungsverfügung für die Strafvollstreckung. Gegebenenfalls wird dem bisherige Js-Aktenzeichen die Bezeichnung „VRs“ vorangestellt.

2. Aktenführung, Anlegung eines Vollstreckungsheftes nach §§ 15, 16 StVollstrO

Die zur Einleitung der Strafvollstreckung erforderlichen Akten soll die Vollstre- 238
ckungsbehörde erst aus der Hand geben, wenn sie die erforderlichen Vollstreckungsanordnungen in die Wege geleitet hat. (Grundsatz der nachdrücklichen Vollstreckung nach § 2 StVollstrO).

Ist damit zu rechnen, dass die Akten während der Vollstreckung anderweitig benötigt werden, oder handelt es ich um Strafsachen größeren Umfangs, so ist ein Vollstreckungsheft anzulegen. Bei Strafsachen mit mehreren Verurteilten ist für jede verurteilte Person ein besonderes Vollstreckungsheft anzulegen. Zum Inhalt des Vollstreckungsheftes siehe § 16 StVollstrO.

3. Mitteilungen an das Bundeszentralregister (Zentralregister und das Erziehungsregister) nach §§ 4, 60 BZRG

Beim Bundeszentralregister werden neben dem Gewerbezentralregister (s. 239
Rn. 255ff.) zwei Register geführt: das Zentralregister, in das Verurteilungen nach § 4 BZRG eingetragen werden, und das Erziehungsregister, in das Verurteilungen gegen Jugendliche und Heranwachsende eingetragen werden, sofern die Verurteilung nach dem JGG erfolgte und auf keine Jugendstrafe erkannt wurde oder kein Schuldspruch nach § 27 JGG erfolgte.

In das Zentralregister sind einzutragen nach §§ 4 bis 8 BZRG rechtskräftige Ent- 240
scheidungen, durch die ein deutsches Gericht wegen einer rechtswidrigen Tat auf Strafe erkannt hat. Der Begriff der strafrechtlichen Verurteilung deckt sich nicht mit dem Begriff der Verurteilung, wie ihn das BZRG verwendet. So liegt z.B. im Sinne des allgemeinen Strafrechts eine Verurteilung vor, wenn von der Verhängung einer Strafe nach § 60 StGB abgesehen wird oder wenn eine Straffreierklärung z.B. nach § 199 StGB[23] erfolgt. Weitere derartige Fälle sind in den §§ 83a,[24] 87 Abs. 3,[25] 98 Abs. 2,[26] 113 Abs. 4,[27] 129 Abs. 6,[28] 139 Abs. 1,[29] 157 Abs. 2,[30] 158 Abs. 1,[31] 174 Abs. 4,[32] 182 Abs. 4[33] StGB sowie in § 29 Abs. 5 BtMG[34] aufgeführt. Diese Feststellungen der Tat mit dem Ausspruch, dass von der Festsetzung einer Strafe oder anderen Rechtsfolge abgesehen wird, sind daher auch nicht im Zentralregister einzutragen. Dagegen ist der Schuldspruch nach § 59 StGB verbunden mit dem Strafvorbehalt in das Bundeszentralregister einzutragen.

Andererseits versteht das BZRG unter dem Begriff „strafgerichtliche Verurteilung“ auch die Anordnung von Maßregeln der Besserung und Sicherung.

[23] Bei wechselseitigen Beleidigungen.
[24] Verurteilung bei tätiger Reue.
[25] Agententätigkeit zu Sabotagenzwecken.
[26] Landesverräterische Agententätigkeit.
[27] Widerstand gegen Vollstreckungsbeamte.
[28] Bildung krimineller Vereinigung.
[29] Straflosigkeit bei Nichtanzeige geplanter Straftaten.
[30] Aussagenotstand.
[31] Berichtigung einer falschen Aussage.
[32] Sexueller Missbrauch von Schutzbefohlenen.
[33] Sexueller Missbrauch von Jugendlichen.
[34] Verstoß gegen das Betäubungsmittelgesetz.

241 Eintragungsfähig sind nur rechtskräftige gerichtliche Entscheidungen, die durch Urteil oder Strafbefehl erfolgen. Auch im Privatklageverfahren ergangene Verurteilungen werden wie strafgerichtliche Verurteilungen hinsichtlich ihrer Eintragungspflicht behandelt. Verurteilungen durch Verwaltungsbehörden können somit nicht registerpflichtig sein, da hiermit allenfalls Ordnungswidrigkeiten geahndet werden können, die nicht unter den Begriff strafrechtliche Verurteilung fallen. Des Weiteren sind Ordnungsstrafen, Disziplinarstrafen und standesgerichtliche Entscheidungen (z.B. Ausschluss aus der Rechtsanwaltschaft, sofern es sich hier nicht um eine Maßregel handelt – Berufsverbot –) nicht eintragungsfähig.

242 Als eintragungsfähige Strafen im Sinne des § 4 Abs. 1 BZRG bleiben somit nur:

- die Freiheitsstrafe, der Strafarrest nach § 9 WStG, die Jugendstrafe, der Schuldspruch nach § 27 JGG und die Geldstrafe, sowie der Strafvorbehalt nach §§ 59f. StGB;
- Nebenstrafen und Nebenfolgen;
- trotz Absehen von Strafe nach § 60 StGB ist ein in diesem Zusammenhang verhängtes Fahrverbot gem. § 44 StGB mitteilungspflichtig, da es sich hierbei um eine mitteilungspflichtige Nebenstrafe handelt;
- Verlust der Amtsfähigkeit, der Wählbarkeit und des Stimmrechts und zwar in den Fällen, in denen dieser Verlust im Urteil ausgesprochen wurde als auch in den Fällen, in denen der Verlust kraft Gesetzes eintritt;
- die Bekanntgabe der Verurteilung, z.B. nach § 200 StGB;
- das Verbot der Jagdausübung nach § 41a Bundesjagdgesetz;
- Nebenfolgen nach § 25 JArbSchG;
- Abführung des Mehrerlöses nach § 8 WiStG;
- Verfall, Einziehung und Unbrauchbarmachung nach §§ 73ff. StGB. Hier ist zu beachten, dass diese Maßnahmen grundsätzlich mitteilungspflichtig sind, gleichgültig, ob sie neben Strafen, neben Freispruch, Einstellung des Verfahrens, Absehen von Strafe, Straffreierklärung oder im Sicherungsverfahren nach § 413 StPO angeordnet wurden;
- zum Zentralregister sind ferner mitzuteilen die Anordnung von Erziehungsmaßregeln und Zuchtmitteln sowie von Nebenstrafen und Nebenfolgen, auf die bei Anwendung von Jugendstrafrecht erkannt worden ist, wenn sie zusammen mit einem Schuldspruch nach § 27 JGG, einer Verurteilung zu einer Jugendstrafe oder Anordnung einer Maßregel der Besserung und Sicherung verhängt worden sind;
- Maßregeln der Besserung und Sicherung nach § 61 StGB. Hierzu gehören auch weitere in Bundes- oder Landesgesetzen enthaltene Maßregeln, wie die Entziehung des Jagdscheins nach § 41 Bundesjagdgesetz und das Verbot der Tierhaltung nach § 20 Tierschutzgesetz;
- die nachträgliche Bildung einer Gesamtstrafe oder einer einheitlichen Jugendstrafe ist nach § 6 BZRG dem Register mitzuteilen. Dabei ist darauf zu achten, dass die Einzelstrafen auf den verschiedenen Strafurteilen, aus denen die Gesamtstrafe gebildet wird, dem Register bereits mitgeteilt sind, bevor die Gesamtstrafe mitgeteilt wird;
- mitteilungspflichtig sind auch Maßregeln der Besserung und Sicherung selbst dann, wenn eine Strafe nicht verhängt wurde, etwa weil der Beschuldigte schuldunfähig ist oder seine Schuldunfähigkeit nicht ausgeschlossen werden kann;
- In § 7 BZRG wird darauf hingewiesen, dass die Aussetzung der Vollstreckung einer Freiheitsstrafe oder einer Maßregel, die bereits mit dem Urteil erfolgt mitteilungspflichtig ist. Die Mitteilung erfolgt dadurch, dass in Spalte 30 der Mittei-

lung die Dauer der Bewährungszeit eingetragen wird. Ausnahmsweise, nämlich bei der nachträglichen Bildung einer Gesamtstrafe, kann auch in dieser Spalte das Enddatum des Ablaufs der Bewährungszeit eingetragen werden. Erfolgt eine Aussetzung zur Bewährung erst nachträglich durch Beschluss, so ist hierüber eine nachträgliche Mitteilung zu fertigen.

– Bei der Entziehung der Fahrerlaubnis und der Verhängung einer Sperrfrist für die Neuerteilung einer Fahrerlaubnis ergibt sich die Eintragungspflicht bereits aus § 4 BZRG. § 8 BRZG stellt dazu ergänzend klar, dass nicht die Dauer der Sperrfrist, sondern deren Ende einzutragen ist. Dies kann im Einzelfall zu Problemen führen, da beim Bundeszentralregister eine Plausibilitätskontrolle durchgeführt wird. Die Mindestsperre bei der Entziehung der Fahrerlaubnis beträgt auch in den Fällen, in denen dem Verurteilten die Fahrerlaubnis vorläufig entzogen war, 3 Monate.

Beispiel: Das AG Dresden hat am 14. 5. 2008 Strafbefehl gegen die verurteilte Person erlassen und ihr die Fahrerlaubnis entzogen; es wurde Sperrfrist für die Wiedererteilung einer neuen Fahrerlaubnis auf 6 Monate festgesetzt. Ihr war in dieser Sache die Fahrerlaubnis nach § 111 a StPO vorläufig entzogen. Gegen diesen Strafbefehl legt die verurteilte Person Einspruch ein. Durch Urteil des AG Dresden vom 10. 9. 2008 wird sie zu einer Geldstrafe verurteilt. Das Gericht erkennt im Urteil ferner, dass die Entziehung der Fahrerlaubnis und die Sperrfrist aus dem Strafbefehl aufrecht erhalten bleiben. **243**

Dem BZR wird als Datum der ersten Entscheidung der 10. 9. 2008 mitgeteilt. Das Ende der Sperrfrist errechnet sich auf 13. 11. 2008. Zwischen diesen beiden Daten liegt nicht die Spanne von mindestens 3 Monaten. Eine solche Mitteilung, die zwar richtig ist, nimmt das Register nicht an. Die Mitteilung hat daher formfrei zu erfolgen.

Danach kann es rechnerisch auch einmal möglich sein, dass die Sperrfrist bereits abgelaufen ist, bevor das Urteil ergeht und rechtskräftig wird. Ergeht das Urteil im vorliegenden Beispiel erst am 25. 11. 2008 und wird auch an diesem Tage rechtskräftig, wäre rechnerisch die Sperrfrist bereits vor dem Urteil abgelaufen. Da aber eine Sperrfrist nicht zu laufen beginnen kann, bevor sie rechtskräftig wird, beginnt in diesen Fällen die Sperrfrist von 6 Monaten am 25. 11. 2008. In diese Zeit wird die Zeit eingerechnet, die seit der letzten tatrichterlichen Entscheidung vergangen ist, dies wäre in obigem Beispiel die Zeit vom 14. 5. 2008 bis 25. 11. 2008. Folge wäre, dass die Sperrfrist deshalb bereits am 13. 11. 2008 enden würde. Dies ist aber aus den oben genannten Grundsätzen nicht möglich, so dass die Sperrfrist frühestens mit der Rechtskraft enden kann, das ist der 25. 11. 2008. **244**

– Mitteilungspflicht bei Schuldunfähigkeit: Unter den Begriff „gerichtliche Entscheidungen" fallen auch der Freispruch wegen Schuldunfähigkeit, die Ablehnung der Eröffnung des Hauptverfahrens durch das Gericht nach § 204 StPO sowie die Einstellung des Verfahrens wegen dauernder Verhandlungsunfähigkeit nach § 206a StPO. Nach § 11 BZRG sind diese Entscheidungen dem Register mitzuteilen. Erfolgt wegen einzelner Delikte eine Verurteilung, daneben aber wegen anderer Delikte ein Teilfreispruch wegen Schuldunfähigkeit nach § 20 StGB, so sind zwei verschiedene Mitteilungen zu fertigen. Da § 11 BZRG auch Verfügungen der Strafverfolgungsbehörde als mitteilungspflichtig erklärt, ist vorgesehen, dass Einstellungsverfügungen des Staatsanwalts durch Gutachten oder weitere Verfahrensvorgänge belegt werden. Des Weiteren ist vorgesehen, dass der Beschuldigte über die Eintragung derartiger Vermerke nach § 11 BZRG unterrichtet wird und dass das Gutachten, auf Grund dessen die Schuldunfähigkeit beruht, zu benennen ist. **245**

– Wird auf Freiheitsstrafe von nicht mehr als 2 Jahren erkannt und hat das Gericht im Urteil festgestellt, dass die verurteilte Person die Tat auf Grund einer Betäu- **246** bungsmittelabhängigkeit begangen hat, so ist diese Feststellung in das Register einzutragen. Die Feststellung der Betäubungsmittelabhängigkeit trifft das Gericht in der Regel dadurch, dass es bei den angewendeten Vorschriften auf § 17 Abs. 2 BZRG verweist. Es genügt auch, wenn sich diese Feststellung aus den Urteilsgründen ergibt. Diese Strafen werden dann nicht in ein Führungszeugnis aufgenommen.

Ein tatsächlicher Freispruch, sei es nun wegen erwiesener Unschuld oder mangels Beweises (eine Unterscheidung wird nicht mehr gemacht), wird **nie** in das Register eingetragen.

247 In das **Erziehungsregister** sind die in § 60 BZRG aufgeführten Verurteilungen, Maßnahmen, Maßregeln, Zuchtmittel, die Anordnungen des Vormundschaftsrichters, der Freispruch wegen mangelnder Reife u.a. einzutragen. Die mitzuteilende Behörde (in der Regel die Staatsanwaltschaft, die auch die Mitteilungen in Jugendsachen fertigt) hat nicht zu unterscheiden, ob die Verurteilung in das Zentralregister oder in das Erziehungsregister kommt. Die Zuteilung zum entsprechenden Register wird vom Zentralregister vorgenommen entsprechend der mitgeteilten Rechtsfolgen der Tat.

248 Ferner sind zu dem Zentralregister und dem Erziehungsregister auch **nachträgliche Mitteilungen** zu fertigen, in den in §§ 12 bis 19 BZRG genannten Fällen. Dies sind überwiegend nachträgliche Entscheidungen über Strafaussetzung zur Bewährung, Gnadenentscheidungen, kraft Gesetzes eintretende Maßregeln nach Vollverbüßung einer Strafe (§ 68f StGB), Änderungen von Fristen oder die Erledigung der Vollstreckung einer Freiheitsstrafe oder freiheitsentziehenden Maßregel der Besserung und Sicherung.

249 **Übersicht über die Eintragungen in das Zentralregister und Erziehungsregister**

Zentralregister	Erziehungsregister
Verurteilungen zu – Strafen – Maßregeln der Besserung und Sicherung – Verwarnung mit Strafvorbehalt – Jugendstrafe – Schuldspruch nach § 27 JGG – Gesamtstrafen – Schuldunfähigkeit – Nebenstrafen, Nebenfolgen	Verhängung von – Maßnahmen nach § 3 S. 2 JGG – Erziehungsmaßregeln und Zuchtmittel einschl. Nebenstrafen und Nebenfolgen – Erziehungsmaßregeln des Vormundschaftsrichters – Freispruch wegen mangelnder Reife – Absehen von der Verfolgung nach § 45 JGG – Einstellung des Verfahrens nach § 47 JGG – vorläufige oder endgültige Entscheidungen des Vormundschaftsrichters nach §§ 1666, 1666a BGB und des Familiengerichts nach § 1671 Abs. 5 BGB

4. Mitteilungen an das Verkehrszentralregister beim Kraftfahrtbundesamt in Flensburg nach § 28 StVG, §§ 59, 75 FeV

250 Nach § 28 StVG, § 59 FeV sind dem Verkehrszentralregister mitzuteilen:

(1) Rechtskräftige Entscheidungen der Strafgerichte, soweit das Gericht wegen einer im Zusammenhang mit dem Straßenverkehr begangenen rechtswidrigen

Tat auf Strafe, Verwarnung mit Strafvorbehalt erkannt oder die Entscheidung einen Schuldspruch enthält (Absehen von Strafe nach § 60 StGB fällt darunter und ist in das Verkehrszentralregister einzutragen, nicht aber in das BZR).

(2) Rechtskräftige Entscheidungen der Strafgerichte, die die Entziehung der Fahrerlaubnis, eine isolierte Sperre oder ein Fahrverbot anordnen, sowie Entscheidungen der Strafgerichte, die die vorläufige Entziehung der Fahrerlaubnis anordnen.

(3) Rechtskräftige Entscheidungen wegen einer Ordnungswidrigkeit nach §§ 24, 24a oder 24c StVG, wenn gegen den Betroffenen ein Fahrverbot nach § 25 StVG angeordnet oder eine Geldbuße von mindestens vierzig € festgesetzt ist, soweit § 28a StVG nichts anderes bestimmt.

(4) Unanfechtbare oder sofort vollziehbare Verbote, Beschränkungen, ein fahrerlaubnisfreies Fahrzeug zu führen.

(5) Unanfechtbare Versagungen einer Fahrerlaubnis.

(6) Unanfechtbare oder sofort vollziehbare Entziehungen, Widerrufe oder Rücknahmen einer Fahrerlaubnis durch Verwaltungsbehörden.

(7) Verzichte auf die Fahrerlaubnis.

(8) Unanfechtbare Ablehnungen eines Antrags auf Verlängerung der Geltungsdauer einer Fahrerlaubnis.

(9) Die Beschlagnahme, Sicherstellung oder Verwahrung von Führerscheinen nach § 94 StPO.

(10) Unanfechtbare Entscheidungen ausländischer Gerichte und Verwaltungsbehörden, in denen Inhabern einer deutschen Fahrerlaubnis das Recht aberkannt wird, von der Fahrerlaubnis in dem betreffenden Land Gebrauch zu machen.

(11) Maßnahmen der Fahrerlaubnisbehörde nach § 2a Abs. 2 Satz 1 Nr. 1 und 2 und § 4 Abs. 3 Satz 1 Nr. 1 und 2 StVG.

(12) Die Teilnahme an einem Aufbauseminar und die Art des Aufbauseminars sowie die Teilnahme an einer verkehrspsychologischen Beratung, soweit dies für die Anwendung der Regelungen der Fahrerlaubnis auf Probe (§ 2a StVG) erforderlich ist.

(13) Entscheidungen oder Änderungen, die sich auf eine der in den Nummern 1 bis 12 genannten Eintragungen beziehen.

Das Zusammenhangserfordernis in § 28 Abs. 3 Nr. 1 StVG („im Zusammenhang mit dem Straßenverkehr begangenen rechtswidrigen Tat") erfasst unproblematisch alle *im* Straßenverkehr begangenen Straftaten (wie z.B. Trunkenheit im Verkehr nach § 316 StGB oder Gefährdung des Straßenverkehrs nach § 315c StGB). Ferner kommen in Betracht:

- Missbrauch von Ausweispapieren nach § 218 StGB, wenn durch die Aushändigung des Führerscheins an einen anderen, der selbst keine Fahrerlaubnis besitzt, wissentlich die Sicherheit im Straßenverkehr gefährdet wird;
- Strafvereitelung nach § 258 StGB, wenn der Betroffene als Beifahrer im Straßenverkehr teilgenommen hat;
- unbefugter Gebrauch eines Kraftfahrzeugs nach § 248b I StGB, auch der Versuch oder gemeinschaftlich begangen;
- Begünstigung zur Unfallflucht nach § 257 StGB, wenn z.B. der Beifahrer zur Unfallflucht Hilfestellung leistet;
- Fälschung technischer Aufzeichnungen nach § 268 StGB, wenn z.B. der Fahrtenschreiber an einem LKW blockiert wurde;
- Widerstand nach § 113 StGB, wenn der Täter als Kfz-Führer oder -Halter beteiligt ist;

- Urkundenfälschung nach § 267 StGB, wenn Fälschung des internen Zulassungsscheins vorgenommen wurde;
- Vortäuschen einer Straftat nach § 145d StGB, wenn die verurteilte Person als Beifahrer im Auto des Fahrers bei der Polizei angegeben hat, selber den Unfall verschuldet zu haben;
- gefährliche Körperverletzung nach § 223a StGB, wenn die verurteilte Person als Führer eines Kfz einen Verkehrsteilnehmer körperlich misshandelt hat;
- fahrlässige Tötung nach § 222 StGB, wenn z.B. der Schrankenwärter frühzeitig eine Eisenbahnschranke geöffnet hat;
- Kraftfahrzeugdiebstahl nach §§ 242, 243 StGB, sofern das gestohlene Kfz im Straßenverkehr genutzt wurde;
- Verstrickung und Siegelbruch nach § 136 StGB, wenn ein Fahrzeug trotz Beschlagnahme gefahren worden ist. Es reicht dabei aus, wenn sich der Zusammenhang der Straftat mit der Teilnahme am Straßenverkehr nur aus den Gründen der Entscheidung ergibt.

252 **Kein Zusammenhang mit der Teilnahme am Straßenverkehr:**

- Hausfriedensbruch nach § 123 StGB;
- Parken auf einem Privatparkplatz oder auf dem Gelände einer Bundeswehrkaserne, wenn diese als solche gekennzeichnet ist;
- Diebstahl geringwertiger Sachen nach §§ 242, 248a StGB, z.B. Benzindiebstahl;
- fahrlässige Körperverletzung nach § 230 StGB wegen nicht richtiger Absperrung an Baustellen;
- Steuerhinterziehung nach § 1 KraftStG, da die Erhebung von Steuern nur eine fiskalische Angelegenheit darstellt;
- Beförderungserschleichung nach § 265a StGB, wenn ein Fahrgast die Absicht hat, Entgelt für die Leistungen nicht zu erbringen;
- Betrug (auch fortgesetzt oder gemeinschaftlich begangen) nach § 263 StGB, wenn sich der Betrug gegen die eigene Kfz-Versicherung richtet;
- Beleidigung nach § 185 StGB, z.B. Vogelzeigen o.ä.

253 Die Gerichte, Staatsanwaltschaften und die anderen Behörden teilen dem Kraftfahrt-Bundesamt **unverzüglich** die oben aufgeführten und zu speichernden oder zu einer Änderung oder Löschung einer Eintragung führenden Daten mit.

254 Enthält eine strafgerichtliche Entscheidung auch eine Verurteilung wegen anderer als vorstehend bezeichneter Straftaten, die in das VZR einzutragen sind und ist die zu erfassende Straftat durch eine Gesamtstrafe nach § 53 StGB geahndet worden, so ist die für diese Straftat eingesetzte Einzelstrafe einzutragen. Ist einheitlich auf Jugendstrafe erkannt worden, so wird nur die Verurteilung wegen einer in das VZR einzutragenden Straftat, nicht aber die Höhe der Jugendstrafe eingetragen.

5. Mitteilungen an das Gewerbezentralregister beim BZR in Bußgeldsachen nach §§ 149, 153a GewO und der Gewerbezusammenhang

a) Das Gewerbezentralregister

255 Das Gewerbezentralregister wird als besondere Einrichtung beim Bundeszentralregister geführt. Welche Entscheidungen und Verzichtserklärungen in das Gewerbezentralregister einzutragen sind, wird in § 149 Abs. 2 und für einige Sonderfälle im § 151 Gewerbeordnung abschließend geregelt. Da nach dieser Vorschrift in das Gewerbezentralregister auch Bußgeldentscheidungen einzutragen sind, für deren Mitteilung, sofern der Bußgeldbescheid rechtskräftig wird, die Bußgeldbehörden

zuständig sind, haben wir uns hier nur mit gerichtlichen Bußgeldentscheidungen zu befassen.

Bei Verurteilungen zu einer Strafe erfolgt keine gesonderte Mitteilung an das Gewerbezentralregister. In diesen Fällen ist nur in der Mitteilung zum BZR in Feld 31 der Buchstabe „X" einzutragen. Dies bewirkt nicht, dass die Mitteilung auch im Gewerbezentralregister niedergelegt wird, sondern lediglich, dass nach § 32 Abs. 4 BZRG die Verurteilung in ein behördliches Führungszeugnis aufzunehmen ist.

b) Voraussetzungen der Mitteilung

Für die Mitteilung an des Gewerbezentralregister und die Mitteilung des Gewerbezusammenhangs gilt gleichermaßen: 256

Es muss sich um Verurteilung handeln, die

1. bei der im Zusammenhang mit der Ausübung eines Gewerbes oder dem Betrieb einer sonstigen wirtschaftlichen Unternehmung oder
2. bei der Tätigkeit in einem Gewerbe oder einer sonstigen wirtschaftlichen Unternehmung
   a) von einem Vertreter oder Beauftragten im Sinne des § 14 StGB oder
   b) von einer Person, die in einer Rechtsvorschrift ausdrücklich als Verantwortlicher bezeichnet ist,

begangen worden ist.

Ist zweifelhaft, ob ein Gewerbezusammenhang besteht oder nicht, wird empfohlen, eine entsprechende Mitteilung an das Zentralregister nicht zu machen. Diese Mitteilungspflicht muss allerdings vom Rechtspfleger der Vollstreckungsbehörde vorher eingehend geprüft werden. 257

c) Begriff „Gewerbe"

Die Gewerbeordnung liefert keine Legaldefinition des Begriffs „Gewerbe", sondern setzt ihn als unbestimmten Rechtsbegriff voraus. Nach heute allgemein anerkannter Auffassung ist Gewerbe im Sinne der Gewerbeordnung jede nicht sozial unwertige, generell nicht verbotene, auf Gewinnerzielung gerichtete und auf Dauer angelegte selbständige Tätigkeit, ausgenommen die Urproduktion, freie Berufe und bloße Verwaltung des eigenen Vermögens. Öffentliche Unternehmen, die im Rahmen der Leistungsverwaltung öffentliche Aufgaben erfüllen, werden nach allgemeiner Ansicht nicht als Gewerbe angesehen, unabhängig von der Rechtsform der öffentlichen Einrichtung und des Benutzungsverhältnisses. So sind keine Gewerbebetriebe z.B. das ZDF, die gemeindliche Abwasserbeseitigung, ein öffentlicher Wasserverband. 258

Zum Begriff des Gewerbes gehört die Selbständigkeit der Tätigkeit. Nicht selbständig ist der „Stellvertreter" im Sinne von § 45 GewO.

d) Gewerbezusammenhang

Die Bußgeldentscheidung oder die strafgerichtliche Entscheidung muss ergangen sein wegen einer Tat, die bei oder in Zusammenhang mit der Ausübung eines Gewerbes begangen wurde. Bei Ausübung des Gewerbes bedeutet, dass die Tat entweder eine Gewerbe voraussetzt (z.B. Umsatzsteuerhinterziehung) oder aber die Zuwiderhandlung durch die Ausübung des Gewerbes verursacht wurde. Diese Vorschriften gelten zwar für jedermann. Im Zusammenhang mit der Ausübung des 259

Gewerbes werden diese Zuwiderhandlungen jedoch begangen, wenn die Gewerbeausübung dazu dient, die Tat zu fördern oder zu nutzen.

6. Mitteilungen nach der MiStra

260 (= Anordnung über Mitteilungen in Strafsachen) **nach der Anordnung des Bundesministers der Justiz.**

7. Zählkarten für die Strafvollstreckungsstatistik

261 (Nicht zu verwechseln mit den Js-Zählkarten nach den Anordnungen der Landesregierungen). Ein Statistikgesetz ist zwischenzeitlich verabschiedet.

8. Kosten des Strafverfahrens

262 Auf die Kosten des Verfahrens, einschließlich der Gebühren des Pflichtverteidigers, wird im 4. Kapitel eingegangen.

3. Abschnitt. Die Vollstreckung von Freiheitsstrafen

I. Vorbemerkung

Alle Anordnungen (§ 3 Abs. 1 S. 2 StVollstrO) müssen angemessen sein (Verhältnismäßigkeit) und sich an den Vorschriften (siehe Einführung in das Strafvollstreckungsrecht Rn. 116ff.) orientieren. 263

Die nach § 3 Abs. 1 S. 1 StVollstrO der Vollstreckungsbehörde obliegende Prüfung erstreckt sich z.B. darauf, ob die ihr vorliegende Entscheidung eine Entscheidung i.S. des § 1 StVollstrO ist, ob sie rechtskräftig und mit der Rechtskraftbescheinigung versehen ist und ob ein Vollstreckungshindernis besteht (z.B. Strafaussetzung zur Bewährung, Gnadenerweis, Verjährung, Amnestie nach Verkündung).

Sie umfasst auch die Zuständigkeitsprüfung. Ferner hat die Vollstreckungsbehörde auch alle Entscheidungen und Vorgänge zu beachten, die eine bereits begonnene Vollstreckung nachträglich unzulässig machen, z.B. Einbeziehung in eine Gesamtstrafe, Freispruch im Wiederaufnahmeverfahren, Aussetzung des Strafrestes zur Bewährung, z.B. nach § 57 StGB. 264

§ 3 Abs. 1 StVollstrO umschreibt den Aufgabenkreis der Vollstreckungsbehörde nicht vollständig. Diese ist auch verpflichtet, alle für die Vollstreckung bedeutsamen gesetzlichen Vorschriften sowie die Bestimmungen der StVollstrO, die sich weder auf die Voraussetzungen der Vollstreckung noch auf die zur Durchführung der Entscheidung erforderlichen Tätigkeiten beziehen, zu beachten, z.B. 265

- § 46 Abs. 5 S. 1 StVollstrO – bei Unterbrechung § 36 Abs. 2 StVollstrO – nach Verbüßung von 2/3 der Strafe;
- § 54a Abs. 2 StVollstrO – bei der Führungsaufsicht;
- § 459a StPO – Zahlungserleichterungen.

Darüber hinaus ist sie ganz allgemein gehalten, alles zu tun, was einer den Grundsätzen der StVollstrO entsprechenden Strafvollstreckung dienlich ist. Sie hat daher z.B. zu prüfen, ob die nachträgliche Bildung einer Gesamt- oder Einheitsstrafe in Betracht kommt, sowie die Staatsanwaltschaft als Strafverfolgungsbehörde oder die Gnadenbehörde zu verständigen, wenn sie Kenntnis von Umständen erlangt, die den Widerruf einer Strafaussetzung begründen könnten. 266

Folgende Einschränkungen der Vollstreckbarkeit sind zu prüfen, z.B.: 267

- Strafaufschub nach §§ 455, 455a StPO[35]
- Strafaufschub nach § 456 StPO
- Absehen von der Vollstreckung nach § 456a StPO
- Zurückstellung nach §§ 35ff. BtMG.

II. Zuständige Justizvollzugsanstalt – § 22 StVollstrO

Nach § 152 StVollZG[36] regelt die Landesjustizverwaltung die örtliche und sachliche Zuständigkeit der Justizvollzugsanstalten in einem Vollstreckungsplan. Für 268

[35] Aus § 455a StPO kann ein Strafgefangener keinen Anspruch auf Strafunterbrechung herleiten, *OLG Karlsruhe* Rpfleger 2005, 162.

[36] Nach der Föderalismusreform ist die Zuständigkeit für das Strafvollzugsgesetz auf die Länder übergegangen. Die Regelung des § 152 StVollZG a.F. wurde soweit ersichtlich von den Ländern in die neuen Strafvollzugsgesetze übernommen.

jedes Bundesland sind von den Landesjustizverwaltungen solche Vollstreckungspläne erstellt und herausgegeben worden. Dort ist auch festgelegt, ob die verurteilte Person im offenen, geschlossenen oder gelockerten Vollzug nach §§ 10, 11 StVollZG[37] untergebracht werden soll. Welche Anstalten und Abteilungen Einrichtungen des offenen Vollzugs sind u.a. Diese Regelung war aus verfassungsrechtlichen Gründen geboten, weil mit der Zuständigkeit der Vollzugsanstalt zugleich die der Strafvollstreckungskammer festgelegt wird.

1. Sachliche Zuständigkeit – § 23 StVollstrO

269 § 23 StVollstrO regelt die Frage, welche Vollzugsanstalt für welche Höhe und Art der Vollstreckung einer Strafe zuständig ist.

Wird die Zuständigkeit von der Vollzugsdauer zuständig gemacht, kommt es auf die Zeit an, die die verurteilte Person vom Tage der bevorstehenden Aufnahme in der zuständigen Vollzugsanstalt im Strafvollzug zuzubringen hat. Auszugehen ist von der reinen Vollzugsdauer also unter Berücksichtigung etwa erlittener Untersuchungshaft oder anderer anrechenbarer Zeiten. Ist eine nachträgliche Gesamtstrafe gebildet worden, nachdem die Vollstreckung einer in sie einbezogenen Strafe bereits begonnen hat oder beendet ist, so ist der Strafrest maßgebend, der bei Beginn des Vollzugs der Gesamtstrafe verbleibt, von einer Verlegung ist jedoch abzusehen, wenn der verbleibende Strafrest die sachliche Zuständigkeit der Vollzugsanstalt nicht übersteigt.

Soweit sich die sachliche Zuständigkeit einer Vollzugsanstalt nach dem Alter des Verurteilten richtet, ist der Tag der bevorstehenden Aufnahme in der zuständige Vollzugsanstalt maßgebend. Soweit Entscheidungen, die im ersten Rechtszug in Ausübung von Gerichtsbarkeit des Bundes ergangen sind, zur Vollstreckung anstehen, bestimmt der Vollstreckungsplan lediglich die sachliche Zuständigkeit nach § 22 Abs. 2 StVollstrO. Die örtliche Zuständigkeit legt der Generalbundesanwalt nach § 24 Abs. 5 StVollstrO fest.

270 Ordnet die Vollstreckungsbehörde an, die Vollstreckung der im Vollzug befindlichen Strafe zu unterbrechen, um zu einer richtigen Reihenfolge der Vollstreckung zu kommen, so hat das auf die sachliche Zuständigkeit der Vollzugsanstalt keinen Einfluss, sofern die Zuständigkeit für alle Strafen richtig ermittelt war.

2. Örtliche Zuständigkeit – § 24 StVollstrO

271 Die örtliche Zuständigkeit der Vollzugsanstalt wird nach folgenden Gesichtspunkten bestimmt:

272 Die verurteilte Person befindet sich auf freiem Fuß; die Zuständigkeit richtet sich nach dem Gerichtsbezirk, in dem die verurteilte Person wohnt, sich aufhält oder bei behördlicher Verwahrung sich zuletzt aufgehalten hat. Diese Merkmale sind gleichrangig. Wohnort ist der Ort, an dem die verurteilte Person den Schwerpunkt ihrer Lebensbeziehungen hat und an dem sie freiwillig unter Umständen verweilt, die darauf schließen lassen, dass das Verweilen von einer gewissen Dauer und Regelmäßigkeit ist. Aufenthaltsort ist der Ort, an dem die nicht in behördlicher Verwahrung befindliche verurteilte Person – auch nur für kurze Zeit – tatsächlich anwesen ist.[38] Dies muss nicht immer der Festnahmeort sein. Die verurteilte Person muss sich an diesem Ort auch tatsächlich aufhalten wollen.

---

[37] Siehe Rn. 58.

[38] Nähere Ausführungen hierzu siehe *Wagner*, Rpfleger 2005, 182.

Die verurteilte Person ist örtlich verwahrt: 273
- Strafe bis 6 Monate: Maßgebend ist allein der Verwahrort;
- Strafe mehr als 6 Monate: Maßgebend ist der Verwahrort, Verlegungsantrag ist jedoch möglich.

Die verurteilte Person wird aus dem Ausland eingeliefert: 274
- Grundsätzlich wie Rn. 272 und 273, bei Strafen bis zu 6 Monaten die nächstgelegene sachlich zuständige Vollzugsanstalt;
- bei Fehlen von Wohnort, Aufenthaltsort, Standort ist das Gericht des 1. Rechtszugs maßgebend.

Zu beachten ist die Erleichterung der Wiedereingliederung nach § 24 Abs. 2 275 StVollstrO; Dies gilt aber nur, wenn in einer für den Aufenthaltsort örtlichen zuständigen Justizvollzugsanstalt vollstreckt wird mit dem Ziel der Verlegung in eine Anstalt, die örtlich für den Wohnort zuständig ist. Wird in einer Anstalt vollstreckt, die sich örtlich nach dem Wohnort richtet, ist ein Verlegungsantrag für die örtlich zuständige Justizvollzugsanstalt nach dem Aufenthaltsort nicht möglich.

Ob ein Vollzug in der Nähe der Heimat die Wiedereingliederung wesentlich erleichtern wird, ist unter Berücksichtigung der Umstände des einzelnen Falles sorgfältig zu prüfen. Von erheblicher Bedeutung sind dabei vor allem die Dauer des Vollzugs, die Persönlichkeit des Verurteilten, seine Pläne für die Zeit nach der Entlassung und die Aussichten für ihre künftige Verwirklichung, das Ausmaß innerer Bindungen an Angehörige, die in der Heimat wohnen, und die Möglichkeiten, die solche Angehörige zur Förderung der Wiedereingliederung haben. dass Angehörige die verurteilte Person gelegentlich besuchen können, reicht nicht aus. Ist die verurteilte Person in eine Justizvollzugsanstalt eingewiesen, die für den Aufenthaltsort örtlich zuständig ist, ist diese Person bei der Aufnahmeverhandlung in der JVA darüber zu belehren, dass sie binnen 2 Wochen einen Antrag zur Verlegung in die für den Wohnort örtlich zuständige JVA stellen kann. Unterbleibt diese Belehrung nach Nr. 16 VGO läuft auch die 2-Wochen-Frist des § 24 Abs. 2 StVollstrO nicht.

Es ist im Grundsatz Sache der Vollstreckungsbehörde, von Amts wegen zu prüfen, ob die Voraussetzungen des § 24 Abs. 2 StVollstrO vorliegen. Sie darf nicht etwa abwarten, ob die verurteilte Person einen entsprechenden Antrag stellt, denn es ist ihre Aufgabe, die Wiedereingliederung des Verurteilten zu fördern, soweit das durch eine Anwendung des § 24 Abs. 2 StVollstrO möglich ist. § 24 Abs. 2 StVollstrO enthält eine Zuständigkeitsregel, sofern die Zuständigkeit bereits vor Beginn der Vollstreckung nach ihm bestimmt wird. In anderen Fällen gilt § 26 StVollstrO.[39] Die Entscheidung darüber, ob bei Einleitung der Vollstreckung die Voraussetzungen des § 26 Abs. 2 gegeben sind, trifft allein die Vollstreckungsbehörde. Sie kann bei Einleitung der Vollstreckung auf Grund des § 26 Abs. 2 auch eine Vollzugszuständigkeit in einem anderen Land begründen.

Vollstreckung nach Unterbrechung des Vollzugs siehe § 24 Abs. 4 StVollstrO; 276

Grundsatz: Fortsetzung in derselben Vollzugsanstalt, jedoch sind Ausnahmen möglich. Bei dieser Regelung ist selbstverständlich vorausgesetzt, dass die bisherige Anstalt für den bisherigen Vollzug sachlich und örtlich zuständig war. Eine der wichtigsten Ausnahme von dem Grundsatz, dass die Reststrafe einer unterbrochenen Strafe grundsätzlich in der Vollzugsanstalt fortgesetzt wird, in der er sich vor der Unterbrechung befunden hat, gilt dann, wenn die verurteilte Person geflohen oder entwichen war oder im Fall des Widerrufs einer nach § 57 StGB ausgesetzten Reststrafe. Die verurteilte Person ist in der Regel für den offenen Vollzug nicht

[39] Siehe Rn. 277.

mehr geeignet. Dies gilt allerdings nicht, wenn die Strafe oder der Strafrest im Gnadenwege zur Bewährung ausgesetzt war oder eine Unterbrechung nach §§ 455 Abs. 4, 455 a StPO erfolgte.

3. Abweichen vom Vollstreckungsplan – § 26 StVollstrO

277 – Der Vollstreckungsplan ist für die Strafvollstreckungsbehörde bindend. Die Vollstreckung in einer unzuständigen Vollzugsanstalt ist daher grundsätzlich ausgeschlossen. Dies kann bei Einleitung des Vollzugs geschehen, wenn die verurteilte Person schon mit der Ladung in die unzuständige Anstalt eingewiesen wird, oder aber erst im Laufe des Vollzugs eintreten durch Verlegung in eine nicht zuständige Vollzugsanstalt.

278 – Ein Abweichen vom Vollstreckungsplan ist nur mit Zustimmung der „Höheren Vollzugsbehörde“, in der Regel dem Justizministerium möglich und nur aus wichtigen Gründen. Das Verfahren nach § 26 StVollstrO wird in der Regel durch einen Antrag der verurteilten Person in Gang gesetzt. Beantragt die verurteilte Person, bereits von Anfang an in eine unzuständige Vollzugsanstalt eingewiesen zu werden, trifft die Entscheidung die Vollstreckungsbehörde (Rechtspfleger). Will sie dem Antrag stattgeben, hat sie zuvor durch einen Bericht unter Vorlage der Akten die Zustimmung der höheren Vollzugsbehörde einzuholen. Nach der OrgStA kann dieser Bericht jedoch nicht vom Rechtspfleger unterzeichnet werden. Dies ist Aufgabe des Behördenleiters. Wird der Antrag auf Abweichen erst nach Strafantritt gestellt, ist die Vollstreckungsbehörde an dem weiteren Verfahren nicht beteiligt.

III. Ladung zum Strafantritt – die verurteilte Person ist auf freiem Fuß – § 27 StVollstrO

1. Form der Ladung

279 Grundsätzlich Schriftform. Ausnahme möglich – § 27 Abs. 3 S. 3 StVollstrO. Eine Grundregel, in welcher Form die verurteilte Person zum Strafantritt zu laden ist, stellt Abs. 3 nicht auf. Er lässt damit die Ladung mit einfachem Brief zu wie auch die Zustellung der Ladung. Nur der an der Amtsstelle anwesenden verurteilten Person kann die Ladung zum sofortigen Strafantritt auch mündlich übermittelt werden. Dennoch ist eine mündliche Ladung mit Friststellung nicht unwirksam. Da eine mündliche Ladung als Grundlage für den Erlass eines Vorführungs- und Haftbefehls dienen kann, wird sie zweckmäßig in den Akten vermerkt. Nach Möglichkeit sollte die Vollstreckungsbehörde sich die mündliche Ladung auch sofort von der verurteilten Person schriftlich bestätigen lassen, etwa durch ein entsprechendes Protokoll.

2. Inhalt der Ladung

280 Besondere Vorschriften über den Inhalt der Ladung sind in der StVollstrO nicht vorgeschrieben. Es existiert ein amtlicher Vordruck. Dieser wird mit dem Aufnahmeersuchen durchgeschrieben.

Zwingend sind vorgeschrieben:

- Strafantrittstermin
- zuständige Vollzugsanstalt

Die verurteilte Person ist in der Ladung darauf hinzuweisen, dass sie mit Zwangsmaßnahmen zu rechnen habe, wenn sie sich nicht fristgerecht oder rechtzeitig zum Strafantritt stellt.

3. Zugang der Ladung

- Grundsätzlich einfacher Brief. Diese Form der Ladung bietet sich besonders bei einem Personenkreis an, von dem anzunehmen ist, dass er der Ladung ohne weitere Zwangsmaßnahmen Folge leisten werde. **281**
- Förmliche Zustellung ist möglich. Für das Zustellungsverfahren gelten die Bestimmungen der §§ 180ff. ZPO, so dass die Zustellung auch bewirkt ist durch die Niederlegung beim Postamt oder bei der Zustellung an eine zum Empfang berechtigte Person. Soll die verurteilte Person zum sofortigen Strafantritt geladen werden, ist immer Zustellung erforderlich oder aber auch mündliche Eröffnung der Ladung mit Anfertigen eines entsprechenden Protokolls.
- Mündliche Eröffnung an der Amtsstelle, wenn die verurteilte Person erscheint und dieser die Ladung mündlich eröffnet werden kann. Es sollte dann ein entsprechendes Protokoll angefertigt werden, damit der Zugang der Ladung nachgewiesen ist und bei Nichtbefolgen auch entsprechende Zwangsmaßnahmen eingeleitet werden können.

Der Nachweis des Zugangs der Ladung ist notwendig, wenn bei Nichtstellung Zwangsmaßnahmen eingeleitet werden müssen.

4. Ladungsfrist – Strafantrittstermin

- § 27 Abs. 2 S. 1 StVollstrO – 1 Woche (meist zu kurz!). Diese Frist gilt auch für Ersatzfreiheitsstrafen. Der Rechtspfleger kann diese Gestellungsfrist abkürzen oder verlängern. Die Verlängerung darf jedoch nicht die Ausmaße eines Strafaufschubs annehmen. Diese Bestimmung wurde von den meisten Justizministerien weitgehend außer Kraft gesetzt. Genannt seien hier nur die Verordnungen über die Abwendung der Vollstreckung der Ersatzfreiheitsstrafe durch Ableisten gemeinnütziger Arbeit oder das Kurzstrafenprogramm, das vorsieht, dass Verurteilte, die eine Freiheitsstrafe bis zu einem Jahr zu verbüßen haben und eine feste Arbeitsstelle haben u.U. unter Beibehaltung des Arbeitsplatzes die Strafe in der Form verbüßen, dass sie sich nur während der arbeitsfreien Zeit im Strafvollzug aufhalten. **282**
- § 27 Abs. 2 S. 2 StVollstrO: – **sofort** – unter bestimmten Voraussetzungen, nämlich wenn die sofortige Vollstreckung geboten ist.

5. Überwachung des Strafantritts

Die Überwachung des Strafantritts erfolgt durch die Vollstreckungsbehörde nach § 35 StVollstrO. Die Vollzugsanstalt ist zur Mitteilung verpflichtet wenn sich die verurteilte Person nicht selbst zum Strafantritt stellt, das entbindet aber die Vollstreckungsbehörde nicht, den Antrittstermin zu überwachen – vgl. § 3 StVollstrO. **283**

6. Das Aufnahmeersuchen, §§ 29, 30 StVollstrO

a) Allgemeines

284 Das Aufnahmeersuchen ist die Einweisung der verurteilten Person in die zuständige Vollzugsanstalt und zugleich die Mitteilung an diese über den bevorstehenden Strafvollzug.

Für jede verurteilte Person ist ein gesondertes Aufnahmeersuchen zu fertigen, auch wenn die Verurteilung mehrerer Personen in einem Urteil erfolgt ist. Außerdem ist für jede Strafe ein gesondertes Aufnahmeersuchen zu fertigen, auch wenn ein Verurteilter mehrere Strafen zu verbüßen hat; Ausnahme: 2 Freiheitsstrafen in einem Straferkenntnis.

b) Zeitpunkt

285 Das Aufnahmeersuchen soll der Vollzugsanstalt vorliegen, bevor die verurteilte Person ihre Strafe antritt (falls sie auf freiem Fuß ist).

c) Inhalt des Aufnahmeersuchens – § 30 StVollstrO

286 Das Aufnahmeersuchen muss – außer den Angaben zur verurteilten Person – enthalten:
- die genaue Bezeichnung der zu vollstreckenden Entscheidung (Angabe des Gerichts, des Tages der Entscheidung und des Aktenzeichens);
- die Bezeichnung der Tat;
- Art und Dauer der zu vollstreckenden Strafe;
- den Zeitpunkt, von dem an die Strafzeit zu berechnen ist;
- die Zeitdauer der anzurechnenden Untersuchungshaft oder sonstigen Freiheitsentziehung;
- die etwa schon verbüßte Strafzeit;
- den Zeitpunkt, bis zu dem sich die verurteilte Person zum Strafantritt zu stellen hat, oder die Angabe, dass sie aus behördlicher Verwahrung der Strafhaft zugeführt wird;
- Angaben über die Staatsangehörigkeit der verurteilten Person;
- die Begründung für die Zuständigkeit der Vollzugsanstalt, wenn die Einweisung vom Vollstreckungsplan abweicht;
- bei Soldatinnen und Soldaten den nächsten Disziplinarvorgesetzten und seine Anschrift;
- einen Hinweis, falls eine Entscheidung über Halbstrafenentlassung von Amts wegen zu treffen ist, also die Frage, ob die verurteilte Person nach Einschätzung der Vollstreckungsbehörde Erstverbüßer im Sinne des § 57 Abs. 2 StGB ist.

287 Außerdem nimmt die Vollstreckungsbehörde andere für den Vollzug besonders wichtige Angaben aus den Sachakten in das Aufnahmeersuchen auf. Dies gilt insbesondere, wenn ihr Umstände bekannt sind, die auf seelische oder geistige Abartigkeit, Selbstmordgefahr, gleichgeschlechtliche Neigungen, Fluchtgefahr oder die Gefahr gewalttätigen Verhaltens gegen Beamte hindeuten.

288 Es ist eine abschließende Auflistung in der StVollstrO. Verwendet wird ein amtlicher Vordruck, der die Vorschriften der StVollStrO berücksichtigt.

d) Anlagen zum Aufnahmeersuchen – § 31 StVollstrO

289 – Strafentscheidung mit Rechtskraftvermerk;

- Auszug aus dem Bundeszentralregister, der möglichst nicht älter als 6 Monate ist;
- evtl. Gutachten über den körperlichen oder geistigen Zustand der verurteilten Person, wenn sich ein solches in den Akten befindet.

7. Zwangsmaßnahmen

a) Mögliche Maßnahmen (§ 457 StPO, §§ 33, 34 StVollstrO)

- Vorführungsbefehl 290
- Vollstreckungshaftbefehl
- Steckbrief

Die Vollstreckungsbehörde (Rechtspfleger) ist befugt, unter den Voraussetzungen des § 457 Abs. 1 StPO einen Vorführungs- oder Haftbefehl zu erlassen. Die Vorschriften der §§ 122ff. StPO sind auf den Haftbefehl der Vollstreckungsbehörde nicht anwendbar. Ein Vorführungsbefehl ergeht, wenn die verurteilte Person an dem Ort oder der Umgebung wohnt, an der sich die Vollzugsanstalt befindet und anzunehmen ist, dass sie von den mit der Vorführung beauftragten Beamten in der Wohnung anzutreffen ist. Sind Ermittlungen oder Fahndungen zu erwarten, ist ein Haftbefehl zu erlassen. Im Inhalt stimmen beide überein.

b) Voraussetzungen – Verhältnismäßigkeit beachten

- förmliche Zustellung der Ladung, d.h. der Zugang der Ladung muss nachgewiesen sein, entweder dadurch, dass die Ladung förmlich durch die Post zugestellt wurde oder dass bei mündlicher Ladung ein entsprechendes Protokoll gefertigt wurde; 291
- eine ausreichende Entschuldigung der verurteilten Person ging bei der Vollstreckungsbehörde nicht ein. Vorausgesetzt wird, dass sich die verurteilte Person schriftlich oder auch persönlich mit der Vollstreckungsbehörde in Verbindung setzt;
- nicht gestellt zum Strafantritt trotz förmlicher Ladung. Die Vollzugsbehörde wird nach § 35 Abs. 1 Buchst. a StVollstO der Vollstreckungsbehörde die Nichtstellung anzeigen. Dies befreit jedoch die Vollstreckungsbehörde nicht von ihrer Überwachungspflicht.

Alle 3 Voraussetzungen müssen kumulativ vorliegen.

- Bestehender Fluchtverdacht, wenn der Verdacht begründet ist, die verurteilte Person werde sich der Vollstreckung zu entziehen suchen. Die Zustellung der Ladung wird in diesem Falle nicht vorausgesetzt. Das heißt, bei Fluchtverdacht kann ein Vorführungs- oder Haftbefehl auch ergehen, wenn die Ladung zum Strafantritt durch einfachen Brief erfolgte, aber auch ohne Ladung. Dieser Fluchtverdacht muss jedoch begründet sein, es müssen bestimmte Tatsachen vorliegen, die auf eine Flucht hindeuten. 292
- Nicht bereit zum Strafantritt bei mündlicher Ladung, wenn die verurteilte Person bei der Eröffnung der Ladung zum Strafantritt erklärt, sie werde die Strafe nicht oder nicht zu dem genannten Termin antreten. In diesen Fällen ist die Vollstreckungsbehörde auch berechtigt, die verurteilte Person in den Diensträumen der Staatsanwaltschaft festnehmen zu lassen, etwa durch den Justizwachtmeister.
- Entweichen aus dem Strafvollzug; mit der Regelung in § 457 Abs. 1 S. 2 StPO wird klargestellt, dass die Vollstreckungsbehörde einen Vorführungs- oder Haftbefehl erlassen kann, wenn ein Strafgefangener entweicht oder sich sonst dem

Vollzug entzieht. Die Vollzugsbehörde hat ein eigenes Festnahmerecht nach § 87 StVollZG. Ihr Wiederergreifungsrecht ist allerdings zeitlich begrenzt.

c) Inhalt des Vorführungs- oder Vollstreckungshaftbefehls – § 33 Abs. 3 StVollstrO

293 – die genaue Bezeichnung der verurteilten Person;
– Angabe der zu vollstreckenden Entscheidung;
– Art und Dauer der zu vollstreckenden Strafe;
– Grund der Vorführung oder Verhaftung;
– das Ersuchen um Vorführung oder Verhaftung;
– die Angabe der Vollzugsanstalt, in die die verurteilte Person eingeliefert werden soll;
– bei Ersatzfreiheitsstrafen die Angabe des Geldbetrages, bei dessen nachgewiesener Zahlung die Vorführung oder Verhaftung unterbleibt.

294 In der Praxis wird der Vorführungsbefehl als Durchschrift der Ladung bzw. des Aufnahmeersuchens gefertigt. Auch hierfür ist ein amtlicher Vordruck vorgesehen, der den Anforderungen von § 33 Abs. 4 StVollstrO genügt.

d) Vollziehung

295 – Vorführungsbefehl und Haftbefehl werden durch die Polizeidienststellen der Länder vollzogen. Die verurteilte Person wird der nächsten Vollzugsanstalt zugeführt; es erfolgt keine Vorführung an die Vollstreckungsbehörde;
– Bekanntgabe an die verurteilte Person bei der Festnahme nach § 33 Abs. 6 StVollstrO;
– Vorführungsbefehl und Vollstreckungshaftbefehl berechtigen zur Durchsuchung, evtl. nach gewaltsamer Öffnung der **eigenen** Wohnung der verurteilten Person, **nicht** aber zur Durchsuchung der Wohnung eines Dritten.

e) Steckbrief

296 – Voraussetzung: die verurteilte Person ist flüchtig oder hält sich verborgen, ist also mehr als fluchtverdächtig, § 34 StVollstrO;
– Inhalt wie Vorführungs- oder Vollstreckungshaftbefehl, jedoch zusätzlich:
  – besondere Merkmale
  – Ersuchen um Mitteilung von der Verhaftung und Einlieferung.
– Vollziehung: Ausschreibung im INPOL-System der Polizei.
Ausschreibung läuft 3 Jahre (seit 1. 7. 1996, früher 1 Jahr), dann Verlängerung.

f) Sonstige Fahndungsmaßnahmen

297 – Ausschreibung im INPOL-System der Polizei zur Aufenthaltsermittlung
– Suchvermerk oder Steckbriefnachricht an das Bundeszentralregister
– Suchvermerk beim Ausländerzentralregister in Köln
– Suchvermerk beim örtlichen und bisher zuständigen Ausländeramt.

g) Übersicht

298

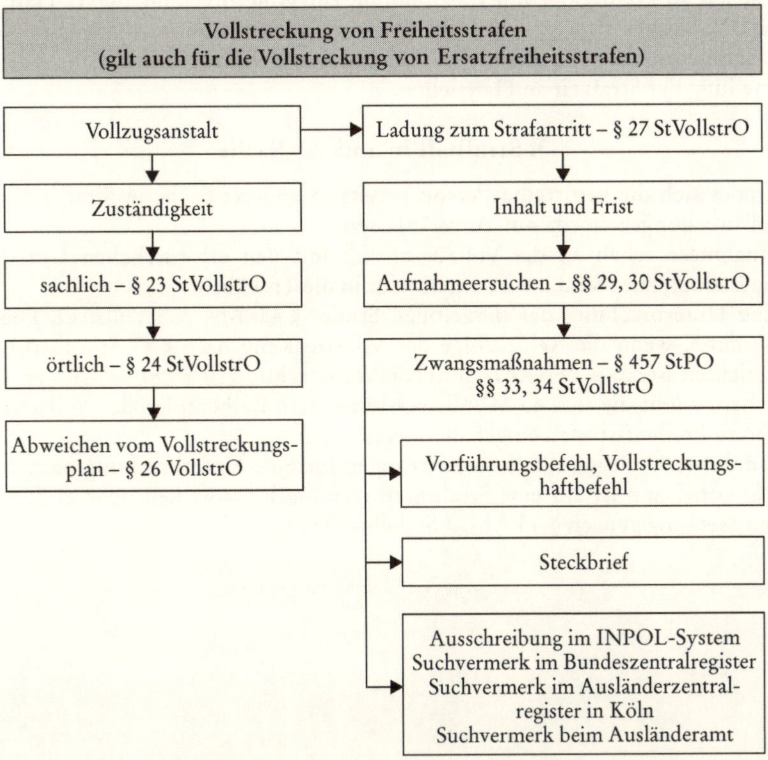

IV. Die verurteilte Person befindet sich in Haft

1. Untersuchungshaft in derselben Sache

Die verurteilte Person wird ab Rechtskraft wie ein Strafgefangener behandelt, Nr. 91 UVollzO. Eine Ladung zum Strafantritt unterbleibt. Sie könnte in die zuständige Vollzugsanstalt verlegt werden. Das Aufnahmeersuchen ist so rasch als möglich an die Vollzugsanstalt zu übersenden. Grund ist die Kenntnis der Vollstreckungsbehörde aufgrund von § 13 Abs. 2 S. 3 StVollstrO, d.h. der Urkundsbeamte des Gerichts soll die urkundliche Grundlage der Vollstreckung **binnen 3 Tagen nach Eintritt der Rechtskraft** der Vollstreckungsbehörde übersenden. Auf Grund dieser Mitteilung hat sich die Vollstreckungsbehörde darum zu bemühen, dass sie umgehend die Vollstreckungsunterlagen erhält, damit die Vollstreckung eingeleitet werden kann. 299

2. Untersuchungshaft in anderer Sache

Die Untersuchungshaft kann mit Zustimmung des Richters, der die U-Haft angeordnet hat oder der jetzt zur Überwachung der U-Haft zuständig ist, unterbrochen werden zur Vollstreckung einer Freiheitsstrafe oder auch Ersatzfreiheitsstrafe. Auch hier erfolgt keine gesonderte Ladung zum Strafantritt. 300

Voraussetzungen sind

- Ersuchen an Haftrichter um Zustimmung zur Unterbrechung der U-Haft, nach § 92 UVollzO;
- Aufnahmeersuchen mit dieser Zustimmung an die Vollzugsanstalt;
- Mitteilung der Strafzeit an Haftrichter.

3. Strafhaft in anderer Sache

301 Befindet sich die verurteilte Person bereits in anderer Sache in Strafhaft, so hat die Vollstreckungsbehörde nur zu veranlassen:

- Aufnahmeersuchen an die Vollzugsanstalt mit den erforderlichen Unterlagen. Eine Ladung zum Strafantritt unterbleibt in diesen Fällen.
- Keine Unterbrechung der derzeitigen Strafe, § 43 Abs. 3 StVollstrO. Dies gilt auch dann, wenn die Reihenfolge der Vollstreckung nach § 43 StVollstrO nicht eingehalten ist. Eine bereits begonnene Vollstreckung ist nicht deshalb zu unterbrechen, damit die in § 43 StVollstrO festgelegte Reihenfolge der Vollstreckung mehrere Freiheitsstrafen eingehalten werden kann.
  Ausnahme: Es liegen die Voraussetzungen für eine Unterbrechung nach § 454 b StPO vor. Dann ist auf eine Strafunterbrechung hinzuwirken oder es liegen die Voraussetzungen nach § 43 Abs. 3 StVollstrO vor.

4. Abschnitt. Die Strafzeitberechnung

I. Allgemeine Regeln – § 37 StVollstrO

1. Gesonderte Berechnung

Jede Strafe ist gesondert zu berechnen, dies gilt auch, wenn in einer Strafentscheidung 2 Freiheitsstrafen verhängt wurden, die zwar in **ein** Aufnahmeersuchen aufzunehmen sind, aber getrennt berechnet werden – § 37 Abs. 1 StVollstrO. 302

2. Strafen bis zu 7 Tagen

Allgemeiner Strafvollzug: Berechnung nach Stunden. Die für die Berechnung maßgebenden Umstände, die im Laufe einer Stunde eintreten, gelten als zu Beginn der Stunde eingetreten. Der Tag wird immer mit 24 Stunden gerechnet, auch die Tage, an denen eine Zeitumstellung – Sommer-/Winterzeit – erfolgt. 303

Beispiel: Die verurteilte Person tritt die Freiheitsstrafe von einer Woche an am 24. 7. 2008, 8.50 Uhr. Strafbeginn ist daher: 24. 7. 2008 – 8.00 Uhr, Strafende: 31. 7. 2008, 8.00 Uhr (Entlassung am 31. 7. 2008, kurz nach 7.00 Uhr, § 37 Abs. 2 Satz 3 StVollstrO).

Vollzug bei der Bundeswehr: Berechnung nach Tagen, § 37 Abs. 3 StVollstrO mit Hinweis auf § 5 Abs. 1 BwVollzO.

3. Strafen von mehr als 7 Tagen

Berechnung erfolgt nur nach vollen Tagen, wobei die Wochen mit 7 Tagen, Monate und Jahre nach der Kalenderzeit zu berechnen sind. 304

4. Beginn und Ende der Strafe – § 37 Abs. 2 StVollstrO

Strafen bis zu 7 Tagen – Berechnung nach Stunden – jede angefangene Stunde wird voll gerechnet. 305

Beispiel: Die verurteilte Person hat zu verbüßen eine Ersatzfreiheitsstrafe von 6 Tagen. Sie tritt diese Strafe an am 5. 7. 2008 gegen 13.00 Uhr bzw. am 27. 2. 2008 oder am 27. 2. 2007 jeweils gegen 8.30 Uhr an. Die Strafzeitberechnung sieht wie folgt aus:

TB 5. 7. 08 – 13.10 Uhr	←—— 6 Tage ——→	11. 7. 08 – 13.10 Uhr TB
Entspricht		11. 7. 08 – 13.00 Uhr TE
TB 27. 2. 08 – 8.30 Uhr	←—— 6 Tage ——→	4. 3. 08 – 08.30 Uhr TB
Entspricht		4. 3. 08 – 08.00 Uhr TE
TB 27. 2. 07 – 8.30 Uhr	←—— 6 Tage ——→	5. 3. 07 – 08.30 Uhr TB
Entspricht		5. 3. 07 – 08.00 Uhr TE

Da jede Strafe für sich getrennt zu berechnen ist, trifft dies auch zu, wenn die verurteilte Person mehrere Strafen zu verbüßen hat und eine Strafe oder Reststrafe nur 7 Tage oder weniger beträgt. 306

Beispiel: Zur Vollstreckung stehen an eine Ersatzfreiheitsstrafe von 7 Tagen und eine Ersatzfreiheitsstrafe von 30 Tagen. Auf Grund von Vollstreckungshaftbefehlen wird die verurteilte Person am 25. 7. 2008 gegen 18.10 Uhr von der Polizei in Dresden festgenommen und in die Vollzugsanstalt eingeliefert. Da nach § 43 Abs. 2 Buchstabe b StVollstrO die kürzere Strafe vor der längeren zu vollstrecken ist, ergibt sich folgende Strafzeitberechnung: 307

Strafbeginn	25. 7. 2008 – 18.00 Uhr
plus	7 Tage
Strafende	1. 8. 2008 – 18.00 Uhr
Strafbeginn	1. 8. 2008 – 00.00 Uhr
plus 30 Tage	31. 8. 2008 – 00.00 Uhr
Entspricht	**30. 8. 2008 – 24.00 Uhr (TE)**[40] [41]

308 Strafen von mehr als 7 Tagen:

Jeder angefangene Tag wird voll gerechnet, Monate und Jahre werden nach der Kalenderzeit berechnet, Wochen werden immer zu 7 Tagen berechnet.

Ausnahme: Untersuchungshaft in bestimmten Fällen, z.B. wenn Untersuchungshaft vollzogen wurde, die nach § 51 StGB anzurechnen ist in der Zeit vom 4. 8. 2008 – 8.30 Uhr bis 4. 8. 2008 – 21.00 Uhr und in gleicher Sache vom 3. 9. 2008 – 16.00 Uhr bis 5. 9. 2008 – 8.00 Uhr. In diesem Fall sind voll verbüßt:

4. 9. 2008 ganz			1 Tag
3. 9. 2008	8 Stunden		
5. 9. 2008	8 Stunden		
4. 8. 2008	13 Stunden	29 Stunden	2 Tage
Insgesamt			3 Tage,

309 die nach § 51 StGB auf eine Freiheitsstrafe anzurechnen sind, die wegen derselben Tat verhängt wurde. Wird dagegen U-Haft vollstreckt, die insgesamt 7 Tage übersteigt, erfolgt die Berechnung immer nach vollen Tagen. Dem Grundsatz nach wird die erlittene U-Haft, die in Tagen zu berechnen ist, vom errechneten Strafende wieder abgezogen. Jedoch ist § 37 Abs. 1 Satz 2 StVollstrO zu beachten, wonach diese Art der Berechnung nicht zu einer Verlängerung der nach § 39 StGB ausgesprochenen Strafe führt.

Beispiel:

Untersuchungshaft vom 3. 8. 2008 – 21.00 Uhr bis 4. 8. 2008 – 12.00 Uhr
Untersuchungshaft vom 9. 9. 2008 – 16.00 Uhr bis 18. 9. 2008 – 7.00 Uhr
ergibt:

3. 8. 2008 – 21.00 Uhr bis 4. 8. 2008 – 12.00 Uhr	1 Tag
9. 9. 2008 – 16.00 Uhr bis 18. 9. 2008 – 7.00 Uhr	10 Tage
Insgesamt	11 Tage

Beispiel:

Untersuchungshaft vom 3. 5. 2008 – 23.00 Uhr bis 11. 5. 2008 – 7.00 Uhr
Untersuchungshaft vom 9. 6. 2008 – 22.00 Uhr bis 18. 6. 2008 – 7.00 Uhr
ergibt:

3. 5. 2008 – 23.00 Uhr bis 11. 5. 2008 – 7.00 Uhr	9 Tage
9. 6. 2008 – 16.00 Uhr bis 18. 6. 2008 – 7.00 Uhr	10 Tage
Insgesamt	19 Tage

Für die Strafzeitberechnung bedeutet dies, dass Strafen von mehr als 7 Tagen immer nach vollen Tagen zu berechnen sind.

Beispiele:

Ersatzfreiheitsstrafe von 15 Tagen

TB 22. 2. 2008 – 16.00 Uhr →	15 Tage →	8. 3. 2008 – 00.00 Uhr
TE		7. 3. 2008 – 24.00 Uhr
TB 22. 2. 2007[41a] – 16.00 Uhr →	15 Tage →	9. 3. 2007 – 00.00 Uhr
TE		8. 3. 2007 – 24.00 Uhr

[40] Die Entlassung der verurteilten Person erfolgt am 30. 8. 2008 im Laufe des Vormittags – vgl. § 16 StVollzG.
[41] Vgl. auch hierzu Rn. 308.
[41a] Anders als 2008 war 2007 kein Schaltjahr.

TB 22. 1. 2008 – 18.00 Uhr ⟶	15 Tage ⟶	6. 2. 2008 – 00.00 Uhr
TE		5. 2. 2008 – 24.00 Uhr
TB 22. 4. 2008 – 21.30 Uhr ⟶	15 Tage ⟶	7. 5. 2008 – 00.00 Uhr
TE		6. 5. 2008 – 24.00 Uhr

Da hier die Strafzeiten jeweils um 24.00 Uhr enden, könnte die verurteilte Person 310 jeweils nur um 24.00 Uhr aus der Strafhaft entlassen werden. Da nach § 37 Abs. 2 Satz 2 StVollstrO jedoch Umstände, die im Laufe des Tages eintreten, als zu Beginn des Tages als eingetreten gelten, bzw. nach Satz 3 als zum Ende des Tages als eingetreten gelten, wenn dies für die verurteilte Person günstiger ist, kann die verurteilte Person jeweils im Laufe des Tages aus der Strafhaft entlassen werden. Sowohl der Tag, an dem die verurteilte Person seine Strafe antritt, also auch der Tag, an dem er entlassen wird, zählen jeweils voll als Hafttage.[42]

Dies hat auch zur Folge, dass an diesen Tagen keine weitere Strafe, auch keine Nebenstrafe vollstreckt werden kann.

5. Vor- und Rückwärtsrechnung – § 37 Abs. 5 StVollstrO

Vorwärtsrechnung: **J M W T** (Jahre, Monate, Wochen, Tage) 311
bedeutet, dass die größere Zeiteinheit immer vor der kleineren Zeiteinheit zu nehmen ist.

Rückwärtsrechnung: **T W M J** (Tage, Wochen, Monate, Jahre)
bedeutet, dass die kleinere Zeiteinheit immer vor der größeren Zeiteinheit zu nehmen ist.

Beispiele: (Vorwärtsrechnen) 312
Gesamtfreiheitsstrafe von 2 Jahren, 6 Monaten und 2 Wochen

Strafbeginn (Tagbeginn = TB = 00.00 Uhr)	26. 2. 2008 TB
plus 2 Jahre	2 Jahre
	26. 2. 2010 TB
plus 6 Monate	6 Monate
	26. 8. 2010 TB
plus 2 Wochen (= 14 Tage)	14 Tage
	9. 9. 2010 TB
Strafende (Tagende = TE = 24.00 Uhr)	**8. 9. 2010 TE**

Bei umgekehrter, also **falscher Berechnung,** ergäbe sich ein anderes Strafende:

Strafbeginn	26. 2. 2008 TB
plus 2 Wochen (= 14 Tage)	14 Tage
	11. 3. 2008 TB
plus 6 Monate	6 Monate
	11. 9. 2008 TB
plus 2 Jahre	2 Jahre
	11. 9. 2010 TB
Strafende	**10. 9. 2010 TE**

Anzuwenden ist die Strafzeitberechnung mit Strafende 8. 9. 2010 TE

Beispiel: 313

Gegen die verurteilte Person ist eine Gesamtfreiheitsstrafe von 3 Jahren, 2 Monaten und 2 Wochen zu vollstrecken. Strafbeginn ist der 17. 12. 2004:

[42] Siehe § 16 StVollzG. Da die Zuständigkeit für den Strafvollzug auf die Länder übergegangen ist, haben die Länder bisher teilweise eigene Strafvollzugsgesetze geschaffen. Soweit einzelne Länder diese Gesetze bereits erlassen haben, ist eine entsprechende Bestimmung aufgenommen worden.

Strafbeginn:	17. 12. 2004 TB
plus 3 Jahre	3 Jahre
	17. 12. 2007 TB
plus 2 Monate	2 Monate
	17. 2. 2008 TB
plus 2 Wochen	14 Tage
Strafende	2. 3. 2008 TB
Entspricht	**1. 3. 2008 TE**

314 Würde fälschlicherweise umgekehrt gerechnet, ergäbe sich folgendes Strafende:

Strafbeginn	17. 12. 2004 TB
plus 14 Tage	14 Tage
	31. 12. 2004 TB
plus 2 Monate	2 Monate
	28. 2. 2005 TB
plus 3 Jahre	3 Jahre
Strafende	28. 2. 2008 TB
Entspricht	**27. 2. 2008 TE**

Anzuwenden ist die Strafzeitberechnung mit Strafende 1. 3. 2008 TE

315 Beim Rückwärtsrechnen besagt die Vorschrift des § 37 Abs. 5 StVollstrO, dass die kleinere Zeiteinheit vor der größeren zu nehmen ist. Zu berechnen ist von der Freiheitsstrafe von 3 Jahren, 2 Monaten und 2 Wochen ein Drittel nach § 57 StGB nach der Berechnungsart abstrakt rückwärts. Dies sind 1 Jahr, 3 Wochen und 4 Tage, das sind 1 Jahr und 25 Tage;

Strafende	1. 3. 2008 TE[43]
minus 25 Tage	25 Tage
	5. 2. 2008 TE
minus 1 Jahr	1 Jahr
Strafende bzw. ²/₃-Termin	**5. 2. 2007 TE**

316 **Beispiel:**

Gegen die verurteilte Person wird eine Freiheitsstrafe von 1 Jahr verhängt. Die Vollstreckung dieser Strafe wurde zur Bewährung ausgesetzt. Der verurteilten Person wurde die Auflage erteilt, an das DRK eine Geldbuße von € 3.000,– zu bezahlen. Nach Bezahlung dieser Geldbuße wird die verurteilte Person innerhalb der Bewährungszeit erneut straffällig. Das Gericht widerruft deshalb die Strafaussetzung zur Bewährung mit der Maßgabe, dass durch die Bezahlung der Geldbuße von € 3.000,– an das DRK 3 Monate und 2 Wochen als verbüßt gelten. Die verurteilte Person tritt ihre Strafe an am

Strafbeginn	6. 3. 2007 TB
plus	1 Jahr
Strafende (fiktiv)	6. 3. 2008 TB
Entspricht	**5. 3. 2008 TE**
Anzurechnen sind:	
minus 2 Wochen	14 Tage
	20. 2. 2008 TE
minus 3 Monate	3 Monate
Strafende	**20. 11. 2007 TE**

[43] Schaltjahre sind immer zu berücksichtigen.

6. Überblick zur Strafzeitberechnung 317

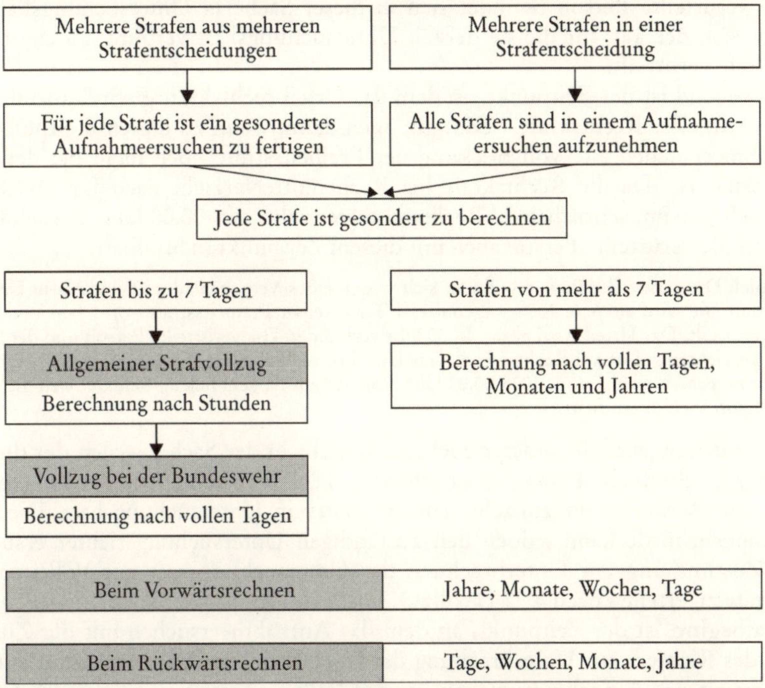

II. Strafbeginn – § 38 StVollstrO

Die verurteilte Person tritt ihre Strafe freiwillig an, d.h. sie stellt sich selbst zum 318
Strafantritt:

Maßgebend ist der Zeitpunkt, in dem sie in einer Anstalt in amtliche Verwahrung genommen wird. Dieser Termin ist zu unterscheiden von dem Zeitpunkt, an dem sich die Person stellt bzw. dort eintrifft.

Die verurteilte Person wird auf Grund eines Vorführungsbefehls, eines Vollstreckungshaftbefehls, eines Steckbriefes oder eines Sicherungshaftbefehls durch die Polizei festgenommen und dann in die Vollzugsanstalt eingeliefert:

Maßgebend ist der Zeitpunkt der Festnahme durch die Polizei. Das ist der Zeitpunkt, an welchem der Vollziehungsbeamte der verurteilten Person die Festnahme erklärt.

Beispiel: Ein Polizeibeamter stellt in einer Bar gegen 23.30 Uhr eine Person fest, gegen die ein Vorführungsbefehl zur Vollstreckung einer Freiheitsstrafe von 1 Jahr besteht. Er setzt sich zunächst zu der verurteilten Person an die Bar und unterhält sich mit ihr. Gegen 0.30 Uhr erklärt er die Festnahme. Strafbeginn ist daher erst dieser Tag.

Bestehen Zweifel an der Berechnung, etwa weil es nicht zur Einlieferung in die Vollzugsanstalt kommt, ist notfalls eine gerichtliche Entscheidung nach § 458 Abs. 1 StPO herbeizuführen.

Die verurteilte Person wird auf Grund eines Steckbriefes oder Sicherungshaftbefehls im Ausland festgenommen und dann an die Bundesrepublik Deutschland ausgeliefert:

Maßgebend ist der Zeitpunkt, an dem die verurteilte Person durch deutsche Beamte übernommen wird.

Die verurteilte Person befindet sich in dieser Sache in Untersuchungshaft. Sie wird wegen der Tat, für die sie derzeit Untersuchungshaft verbüßt, zu einer Freiheitsstrafe verurteilt:

Maßgebend ist der Zeitpunkt, an dem das Urteil rechtskräftig wird, also der Tag des Eintritts der Rechtskraft.[44] Dies gilt auch dann, wenn zu diesem Zeitpunkt das Aufnahmeersuchen zur Vollstreckung der Freiheitsstrafe noch nicht bei der Vollzugsanstalt ist. Da die Rechtskraft bei Rechtsmittelverzicht nach Urteilsverkündung oder beim schriftlichen Rechtsmittelverzicht auf 00.00 Uhr zurückdatiert wird, ist die verurteilte Person auch mit diesem Zeitpunkt in Strafhaft.

Beispiel: Die verurteilte Person befindet sich wegen eines Vergehens des Diebstahls in Untersuchungshaft. Sie wird am 6. 6. 2008 wegen dieser Tat zu einer Freiheitsstrafe von 1 Jahr und 6 Monaten verurteilt. Das Urteil wird gegen 18.00 Uhr verkündet. Die verurteilte Person und der Staatsanwalt verzichten sofort auf Rechtsmittel. Das Urteil ist rechtskräftig seit 6. 6. 2008 00.00 Uhr. Die Strafzeit berechnet sich ab 6. 6. 2008 00.00 Uhr. Von diesem Augenblick an befindet sich die verurteilte Person auch in Strafhaft.

319 Untersuchungshaft in anderer Sache, also nicht in der Sache, wegen der die sich in U-Haft befindliche Person verurteilt wird. Hier tritt keine Automation ein. Die verurteilte Person bleibt zunächst einmal weiter in Untersuchungshaft. Die Vollstreckungsbehörde kann jedoch den zuständigen Untersuchungsrichter ersuchen, seine Zustimmung zur Unterbrechung der Untersuchungshaft zur Vollstreckung der Strafe zu erteilen nach § 92 UVollzO.

Strafbeginn ist der Zeitpunkt, an dem das Aufnahmeersuchen mit der Zustimmung des Richters zur Unterbrechung der U-Haft bei der Vollzugsanstalt eingeht. Geht zuerst das Aufnahmeersuchen bei der Vollzugsanstalt ein und wird die Zustimmungserklärung des Richters nachgereicht, dann ist Zeitpunkt des Strafbeginns der Zeitpunkt, an dem auch die Zustimmungserklärung des Richters eingeht.

Bei Strafen bis zu 7 Tagen kommt es auf die Uhrzeit an. Nicht zulässig ist die Umstellung auf Tagbeginn (TB = 00.00 Uhr).

320 **Beispiel:** Die verurteilte Person befindet sich für das Amtsgericht Meißen in Untersuchungshaft wegen eines Vergehens des Betrugs seit 3. 2. 2008. Zur Vollstreckung einer Ersatzfreiheitsstrafe von 7 Tagen ersucht die Staatsanwaltschaft Zwickau den Untersuchungsrichter beim AG Meißen um Zustimmung zur Unterbrechung der U-Haft zur Vollstreckung der Ersatzfreiheitsstrafe und gibt gleichzeitig das Aufnahmeersuchen an die Vollzugsanstalt, wo es am 22. 3. 2008 – 12.00 Uhr eingeht. Die Zustimmungserklärung des Richters zur Unterbrechung der U-Haft geht am 28. 2. 2008 – 13.55 Uhr bei der Vollzugsanstalt ein. Die Strafzeit errechnet sich wie folgt:

Strafbeginn	28. 2. 2008 – 13.00 Uhr
plus	7 Tage
Strafende	6. 3. 2008 – 13.00 Uhr

Anschließend wird wieder Untersuchungshaft vollzogen. Wenn jetzt gegen die verurteilte Person durch Urteil vom 10. 4. 2008, rechtskräftig seit 18. 4. 2008 wegen Betrug eine Freiheitsstrafe von 1 Jahr verhängt wird, wird mit Beginn des 18. 4. 2008 die Freiheitsstrafe von 1 Jahr vollstreckt. Untersuchungshaft wurde allerdings verbüßt

vom 3. 2. 2008 bis 28. 2. 2008	26 Tage	
vom 6. 3. 2008 bis 17. 4. 2008	43 Tage	**= 69 Tage.**[45]

[44] Der Rechtspfleger ist im Grundsatz zwar zur Überprüfung der Richtigkeit des Rechtskraftvermerks nicht verpflichtet. Da er aber für die Strafzeitberechnung verantwortlich ist und in diesem Fall an das Datum der Rechtskraft unmittelbare Folgen geknüpft sind, hat er die Richtigkeit zu prüfen.

[45] Zu beachten ist, dass am 28. 2. und am 6. 3. sowohl Ersatzfreiheitsstrafe als auch U-Haft vollzogen wurde.

Die Vollstreckungsbehörde hat die Zeiten, in denen in Unterbrechung der Untersuchungshaft Strafhaft vollstreckt wird, dem Untersuchungsrichter mitzuteilen. 321

Strafhaft in anderer Sache 322

Strafbeginn in der neuen Sache unmittelbar im Anschluss an die Strafe, die zur Zeit vollstreckt wird. Wird zuerst eine Strafe bis zu 7 Tagen vollstreckt, dann beginnt die neue Strafe mit Beendigung der ersten Strafe, mit dieser Uhrzeit, sonst Beginn um 00.00 Uhr. Rechnerisch wird jedoch für die zweite Strafe, die im Laufe des Tages beginnt auf 0.00 Uhr zurückgesetzt, wenn diese Strafe mehr als 7 Tage beträgt. Wird die zuerst vollstreckte Strafe unterbrochen, so beginnt die neue Strafe mit der Unterbrechung der ersten Strafe, also mit dem Zeitpunkt, der in dem Unterbrechungsbeschluss bzw. der Unterbrechungsverfügung angegeben ist, bei Strafen von mehr als 7 Tagen ist Ende der ersten Strafe jeweils 24.00 Uhr und Beginn der zweiten Strafe jeweils 0.00 Uhr.

Strafbeginn bei nachträglicher Gesamtstrafenbildung nach § 41 StVollstrO. 323

Wird nachträglich eine Gesamtstrafe gebildet und wird in diese neue Gesamtstrafe eine Strafe einbezogen, die die verurteilte Person bereits verbüßt hat oder für die sie sich in Haft befindet, wird es so angesehen, als ob die verurteilte Person von Anfang an sich bereits für die erst später gebildete Gesamtstrafe in Haft befunden hätte.[46]

III. Anrechnung von Zeiten – § 51 StGB, § 39 StVollstrO

1. Zeiten vor der Rechtskraft

Untersuchungshaft aus Anlass der Tat, die Gegenstand des Verfahrens ist oder gewesen ist, ist zwingend auf die verhängte Strafe anzurechnen, es sei denn, das Gericht ordnet in seinem Urteil an, dass die Untersuchungshaft **nicht** anzurechnen ist. Eine Verbindung zwischen Untersuchungshaft aus Anlass der Tat und Rechtsfolge zu irgend einem Zeitpunkt genügt. Die erlittene Untersuchungshaft ist **in Tagen berechnet** vom errechneten (fiktiven) Strafende abzuziehen. Es ist jedoch darauf zu achten, dass durch diese Anrechnungsart keine Verlängerung der nach § 39 StGB verhängten Strafe eintritt. Die Anrechnung erfolgt nach § 51 Abs. I S. 1 StGB kraft Gesetzes, ohne dass es eines besonderen Ausspruchs im Urteil bedarf. Die Vollstreckungsbehörde hat also von Amts wegen die erlittene Untersuchungshaft zu ermitteln. Das Gericht kann jedoch anordnen, dass die gesetzlich vorgesehene Anrechnung ganz oder zum Teil unterbleibt, wenn sie im Hinblick auf das Verhalten de verurteilten Person nach der Tat nicht gerechtfertigt ist nach § 51 Abs. I S. 2 StGB. Für diesen Fall ergänzt § 450 StPO die Anrechnungsbestimmung. Wird das Urteil, in dem das Gericht angeordnet hat, dass die erlittene Untersuchungshaft nicht anzurechnen ist, zwar nicht rechtskräftig, für die verurteilte Person selbst ist jedoch die Möglichkeit der Einlegung eines Rechtsmittels entfallen, etwa weil er auf Rechtsmittel bereits verzichtet hat oder weil für sie die Rechtsmittelfrist bereits abgelaufen ist, dann wird diese Zeit bis zur Eintritt der Rechtskraft trotzdem auf die Strafe angerechnet. 324

Beispiele: 325

1. Der Täter wird am 31. 12. 2007 gegen 22.00 Uhr von der Polizei festgenommen und am 1. 1. 2008 dem Haftrichter beim Amtsgericht Leipzig vorgeführt, der einen Haftbefehl erlässt nach § 112 StPO. Noch am gleichen Tage wird er in die U-Haft-Vollzugsanstalt verbracht.

---

[46] Weitere Ausführung hierzu siehe Rn. 335.

Durch Urteil des Amtsgerichts Leipzig vom 28. 3. 2008, rechtskräftig seit 5. 4. 2008, wird der Angeklagte wegen dieser Tat zu der Freiheitsstrafe von 9 Monaten verurteilt. Damit ergibt sich folgende Strafzeitberechnung:

Strafbeginn	5. 4. 2008 TB
plus	9 Monate
Strafende (fiktiv)	5. 1. 2009 TB
abzüglich U-Haft vom 31. 12. 95–4. 4. 96	96 Tage
Strafende	1. 10. 2008 TB
Entspricht	**30. 9. 2008 TE**

326 Es ist eine Vergleichsberechnung anzustellen nach § 37 Abs. 1 Satz 2 StVollstrO. Nach dieser Vergleichsberechnung ist

Strafbeginn	31. 12. 2007 TB
Strafe	9 Monate
Strafende	30. 9. 2008 TB
Entspricht	**29. 9. 2008 TE**

Die verurteilte Person ist daher am 29. 9. 2008 zu entlassen. Dieser Tag ist Strafende.

2. Gleicher Sachverhalt wie bei Beispiel 1, jedoch war die Untersuchungshaft unterbrochen in der Zeit vom 7. 2. 2008 TB bis 7. 3. 2008 TE zur Vollstreckung einer Ersatzfreiheitsstrafe von 30 Tagen.

Strafbeginn		5. 4. 2008 TB
plus		9 Monate
Strafende (fiktiv)		5. 1. 2009 TB
abzüglich U-Haft vom	31. 12. 07–6. 2. 08 = 38 Tage	
	8. 3. 08–4. 4. 08 = 28 Tage	= 66 Tage
Strafende		31. 10. 2008 TB
Entspricht		**30. 10. 2008 TE**

327 Auch hier ist eine Vergleichsberechnung anzustellen nach § 37 Abs. 1 Satz 2 StVollstrO. Nach dieser Vergleichsberechnung ist

Strafbeginn	31. 12. 2007 TB
Strafe	9 Monate
Strafende wäre	30. 9. 2008 TB
Entlassen in dieser Sache am	7. 2. 2008 TB
Strafrest in Tagen	236 Tage
Wiederbeginn	8. 3. 2008 TB
Strafrest	236 Tage
Strafende	30. 10. 2008 TB
Entspricht	**29. 10. 2008 TE**

Strafende in dieser Sache ist daher der 29. 10. 2008.

3. Gleicher Sachverhalt wie in Beispiel 1, jedoch hat das Gericht in seinem Urteil ausgesprochen, dass die erlittene Untersuchungshaft nicht anzurechnen ist nach § 51 Abs. 1 S. 2 StGB. Die verurteilte Person verzichtet in der Hauptverhandlung vor dem AG Leipzig am 28. 3. 2008 auf Rechtsmittel, jedoch nicht die Staatsanwaltschaft. Da diese jedoch ein Rechtsmittel nicht einlegt, wird das Urteil ebenfalls rechtskräftig am 5. 4. 2008. Damit ergibt sich folgende Strafzeitberechnung:

Strafbeginn	5. 4. 2008 TB
plus	9 Monate
Strafende (fiktiv)	5. 1. 2009 TB
anzurechnen sind nach § 450 StPO die Untersuchungshaft	
vom 28. 3. 08 –4. 4. 08	8 Tage
Strafende	28. 12. 2008 TB
Ergibt	**27. 12. 2008 TE**

Nach der Vergleichsberechnung wäre auch hier Strafbeginn der 28. 3. 2008 TB, Strafende daher der 28. 12. 2008 TB entspricht 27. 12. 2008 TE.

328 **Vorläufige Festnahme durch eine Amtsperson.** Auch diese Festnahme muss aus Anlass der Tat erfolgt sein. Vergleiche hierzu die Beispiele zu Rn. 325. Da der Täter

am 31. 12. 2007 durch die Polizei vorläufig festgenommen worden war, aber erst am 1. 1. 2008 Haftbefehl erging und der Täter auch erst am 1. 1. 2008 in die U-Haft-Anstalt eingeliefert wurde, wird die Zeit der vorläufigen Festnahme mit angerechnet, wie Untersuchungshaft. Gleiches würde auch dann gelten, wenn der Richter keinen Haftbefehl erlassen hätte oder einen Haftbefehl erlassen, den Vollzug aber ausgesetzt hätte, so dass der Täter am 1. 1. 2008 wieder auf freien Fuß gesetzt worden wäre. Angerechnet werden würde auch die Zeit, wenn der Täter auf Grund des Haftbefehls vom 1. 1. 2008 nicht sofort in die U-Haft verbracht worden wäre, sondern etwa zur polizeilichen Vernehmung weiter in Polizeigewahrsam bis 3. 1. 2008 und erst dann in die Vollzugsanstalt eingeliefert worden wäre.

Auslieferungshaft oder vorläufige Auslieferungshaft aus Anlass der Tat zur 329
Strafverfolgung. Dies sind die Fälle, in denen der Täter, auf Grund eines internationalen Steckbriefs im Ausland festgenommen worden ist und dann deutschen Behörden überstellt wurde. Die Untersuchungshaft wird erst berechnet mit dem Zeitpunkt, an dem der Festgenommene deutschen Behörden übergeben worden ist. Für die im Ausland erlittene Haft wird möglicherweise ein anderer Anrechnungsmodus angewendet, den das Gericht zu bestimmen hat.

Unterbringung nach § 81 StPO. Zur Vorbereitung eines Gutachtens über den 330
psychischen Zustand der beschuldigten Person kann das Gericht nach Anhörung eines Sachverständigen und des Verteidigers anordnen, dass die beschuldigte Person in ein öffentliches psychiatrisches Krankenhaus gebracht und dort beobachtet wird. Diese Zeit, die die Dauer von insgesamt sechs Wochen nicht überschreiten darf, ist wie **Untersuchungshaft** auf die Strafe anzurechnen.

Vorläufige Unterbringung nach § 126a StPO. Sind dringende Gründe für die 331
Annahme vorhanden, dass jemand eine rechtswidrige Tat im Zustand der Schuldunfähigkeit oder verminderten Schuldfähigkeit begangen hat und dass seine Unterbringung in einem psychiatrischem Krankenhaus oder einer Entziehungsanstalt angeordnet werden wird, so kann das Gericht durch Unterbringungsbefehl die einstweilige Unterbringung in einer dieser Anstalten anordnen, wenn die öffentliche Sicherheit es erfordert. Die Zeit der vorläufigen Unterbringung ist wie **Untersuchungshaft** auf eine verhängte **Freiheitsstrafe** anzurechnen. Zu beachten ist, dass diese Zeit, wie auch die anrechenbare Zeit nach Rn. 330, nicht angerechnet wird auf eine etwa verhängte freiheitsentziehende Maßregel der Besserung und Sicherung.

Disziplinararrest nach der Wehrdisziplinarordnung wegen der Tat oder einer 332
anderen Pflichtverletzung, die im Zusammenhang mit der Tat begangen wurde ist eine andere anzurechnende Freiheitsentziehung (vgl. *BVerfG* 21, 388). Nicht anzurechnen wären aber Ausgangssperren. Die Anrechnung erfolgt wie Untersuchungshaft auf die Strafe.

Haft nach § 230 Abs. 2 StPO wegen unentschuldigten Ausbleibens in der 333
Hauptverhandlung. **Nicht angerechnet** wird jedoch die Vorführung zur Hauptverhandlung, da diese nur eine Freiheitsbeschränkung und keinen Freiheitsentzug darstellt.

Festhalten oder vorläufige Festnahme zur Entnahme einer Blutprobe nach § 81a 334
StPO wird nach herrschender Meinung nicht auf die Strafe angerechnet. Nicht angerechnet wird auch das Verbringen einer beschuldigten Person zum Polizeirevier zur Aufnahme eines Protokolls oder Ähnliches.

- Die Haft muss tatsächlich vollzogen worden sein. Es genügt nicht, dass lediglich Überhaft notiert war. Angerechnet werden kann nur eine tatsächlich verbüßte Freiheitsentziehung.
- Die Freiheitsentziehung muss auch aus Anlass der Tat erfolgt sein, wegen welcher die angeklagte Person verurteilt wird. Etwa zu unrecht erlittene Untersuchungshaft, wenn die angeklagte Per-

son im späteren Verfahren wegen dieser Tat freigesprochen wird, kann **nicht** auf eine andere Strafe angerechnet werden. Wegen der zu Unrecht erlittenen Untersuchungshaft stehen der beschuldigten Person möglicherweise Ersatzansprüche nach dem Strafverfolgungsentschädigungsgesetz gegen das Land zu. Eine Ausnahme wird lediglich dann gemacht, wenn das Verfahren, in dem Untersuchungshaft vollzogen wurde, später nach § 154 StPO eingestellt wird, weil die beschuldigte Person wegen einer anderen Tat bereits rechtskräftig zu Strafe oder zu einer Maßregel verurteilt worden ist oder die sie wegen einer anderen Tat zu erwarten hat, und die Strafe oder Maßregel, die sie wegen der Tat, für die Untersuchungshaft vollzogen wird, nicht beträchtlich ins Gewicht fällt. Eine Anrechnung erfolgt immer dann, wenn die U-Haft aus Anlass einer Tat vollzogen wurde, die Gegenstand des Verfahrens ist oder gewesen ist. Es muss zumindest ein Zusammenhang bestehen.

2. Zeiten nach der Rechtskraft

335 Gemäß § 51 Abs. 2 StGB kann die Strafe in einem späteren Verfahren durch eine andere Strafe ersetzt werden:

- nachträgliche Gesamtstrafenbildung nach teilweiser oder auch vollständiger Vollstreckung der Strafe oder teilweiser oder vollständiger Bezahlung der Geldstrafe oder Vollstreckung der Ersatzfreiheitsstrafe.
- Wiederaufnahme des Verfahrens und neue Verurteilung.

Die Anrechnungsvorschriften sind in § 41 StVollstrO enthalten.

336 **Beispiele:**

1. Die verurteilte Person verbüßt eine Freiheitsstrafe von 9 Monaten. Sie hat diese Strafe angetreten am

Strafbeginn	24. 1. 2008 TB
plus	9 Monate
Strafende	24. 10. 2008 TB
Entspricht	23. 10. 2008 TE

Am 21. 10. 2008 wird sie unter Einbeziehung der obigen 9 Monaten zu einer neuen Gesamtfreiheitsstrafe von 2 Jahren rechtskräftig verurteilt. Diese Strafe von 2 Jahren wird existent mit der Rechtskraft, d.h. am 21. 10. 2008. In diesen 2 Jahren Freiheitsstrafe ist jedoch die Freiheitsstrafe von 9 Monaten enthalten. Es wird daher so angesehen, als ob die verurteilte Person bereits am 24. 1. 2008 diese Gesamtfreiheitsstrafe angetreten hätte, so dass sich folgende neue Strafzeitberechnung ergibt:

Strafbeginn	24. 1. 2008 TB
plus	2 Jahre
Strafende	24. 1. 2010 TB
Entspricht	23. 1. 2010 TE

Wäre die verurteilte Person nach Verbüßung der 9 Monate am 23. 10. 2008 entlassen worden, hätte sie nach der Gesamtstrafenbildung und Einleitung der Vollstreckung dieser Gesamtstrafe noch die Restzeit vom TB 24. 10. 2008 bis TE 23. 1. 2010 – in Tagen berechnet – zu verbüßen.

Eine bereits voll oder zum Teil vollstreckte Strafe wird durch eine andere Strafe ersetzt.

337 2. Gegen die angeklagte Person wird wegen Raubes eine Freiheitsstrafe von 3 Jahren verhängt. ²/₃ dieser Strafe hat die verurteilte Person verbüßt in der Zeit vom 15. 6. 2005 bis 14. 6. 2007; der Strafrest beträgt noch 366 Tage nach § 40 StVollstrO. Sie strengt ein Wiederaufnahmeverfahren an. In diesem Wiederaufnahmeverfahren wird das frühere Urteil aufgehoben und die verurteilte Person wird jetzt durch rechtskräftiges Urteil vom 22. 2. 2008 zu der neuen Freiheitsstrafe von 2 Jahren und 2 Monaten verurteilt. Es wird so angesehen, als ob die verurteilte Person diese Strafe bereits verbüßt hat in der Zeit vom 15. 6. 2005 TB – bis 14. 6. 2007 TE, so dass der neue Strafrest noch beträgt die Zeit vom 15. 6. 2007 TB bis 14. 8. 2007 TE = 61 Tage.

Eine bereits voll oder zum Teil vollstreckte Strafe wird durch eine andere Strafe ersetzt.

338 **Ausländische Strafe** wegen desselben Delikts – § 51 Abs. 3 StGB

Eine Verurteilung im Ausland steht einer Strafverfolgung im Inland nicht entgegen, unabhängig davon, ob der Tatort im Inland oder im Ausland war nach §§ 3ff. StGB. Die Anrechnung der ausländischen Strafe auf eine im Inland verhängte Strafe kommt nur dann in Betracht, wenn die verurteilte Person die im Ausland verhängte Strafe auch tatsächlich verbüßt hat. Voraussetzung ist aber, dass eine Verurteilung wegen **derselben Tat** im Ausland und im Inland verfolgt ist. Diese Anrechnung der ausländischen Strafe bedarf eines **ausdrücklichen Ausspruchs** im Straferkenntnis, in dem auch der Anrechnungsmaßstab bestimmt werden muss. Ist die Entscheidung über den Anrechnungsmaßstab im Urteil unterblieben, kann sie nach § 458 Abs. 1 S. 2 StPO im Beschlussverfahren nachgeholt werden – § 39 Abs. 5 S. 2 StVollstrO. Anders wie die Haft nach Rn. 329, die wie Untersuchungshaft behandelt wird, wird diese im Ausland verbüßte Haft behandelt wie bei Rn. 336, d.h. es wird so angesehen, als ob die verurteilte Person für die im Inland verhängte Strafe bereits mit der Beginn der Strafe, die im Ausland verhängt worden ist, in Haft gewesen ist.

Eine bereits voll oder zum Teil vollstreckte Strafe wird durch eine andere Strafe ersetzt.

Es ist Aufgabe der Vollstreckungsbehörde notfalls zu ermitteln, ab welchem Zeitpunkt die verurteilte Person im Ausland in Haft war. Dies kann im Einzelfall schwierig sein. Kann ein genauer Termin nicht ermittelt werden, ist eine Entscheidung des Gerichts nach § 458 StPO herbeizuführen.

Anrechnung von Leistungen auf Grund einer Strafaussetzung zur Bewährung **339**
beim Widerruf nach § 56f Abs. 3 StGB oder der Gnadenordnung. In der Widerrufsentscheidung hat das Gericht oder die Gnadenbehörde zu bestimmen, ob und welche Leistungen, die die verurteilte Person erbracht hat, auf die Strafe anzurechnen sind und in welcher Höhe. Diese Zeit gilt dann als bereits verbüßte Strafe, es wird also so angesehen, als ob die verurteilte Person für diesen Zeitraum sich bereits in Strafhaft befunden hätte. Da sie aber tatsächlich nicht in Strafhaft war, kann diese Zeit nur vom fiktiv errechneten Strafende rückwärts wieder abgezogen werden.

Beispiel: Die verurteilte Person wird vom Amtsgericht Bautzen zu einer Freiheitsstrafe von **340**
9 Monaten verurteilt. Die Vollstreckung der Strafe wird vom Gericht im Urteil oder aber später durch eine Gnadenentscheidung zur Bewährung ausgesetzt, mit der Auflage, eine Geldbuße von € 4.000,– an die Aktion Sorgenkind zu bezahlen. Da die verurteilte Person dieser Auflage nur in Höhe von € 2.000,– nachkommt, die weitere Bezahlung beharrlich verweigert, widerruft das Gericht bzw. die Gnadenbehörde die Strafaussetzung zur Bewährung mit der Maßgabe, dass durch die Bezahlung der Geldbuße in Höhe von € 2.000,– 1 Monat und 2 Wochen als verbüßt gelten. Die verurteilte Person hatte in dieser Sache Untersuchungshaft von 26 Tagen verbüßt. Nach Ladung zum Strafantritt stellt sich die verurteilte Person am 17. 6. 2008 in der Vollzugsanstalt. Es ergibt sich folgende Strafzeitberechnung:

Strafbeginn	17. 6. 2008 TB
plus	9 Monate
Strafende (fiktiv)	17. 3. 2009 TB
minus U-Haft	26 Tage
neues Strafende (fiktiv)	19. 2. 2009 TB
minus 2 Wochen	14 Tage
	5. 2. 2009 TB
minus	1 Monat[47]
Strafende	5. 1. 2009 TB
Entspricht	**4. 1. 2009 TE**

[47] Beim Rückwärtsrechnen geht die kleinere Zeiteinheit der größeren vor – § 37 Abs. 5 StVollstrO.

341 **Auslieferungshaft bei Auslieferung vom Ausland zur Strafvollstreckung nach § 39a StVollstrO, § 450a StPO.**

Eine nach Rechtskraft des Urteils im Ausland erlittene Freiheitsentziehung, die die verurteilte Person in einem Auslieferungsverfahren zum Zwecke der Strafvollstreckung erlitten hat, ist kraft Gesetzes auf die zu vollstreckende Freiheitsstrafe anzurechnen. Dies gilt auch dann, wenn die verurteilte Person zugleich zum Zwecke der Strafverfolgung ausgeliefert worden ist. Die Anrechnung auf die zur Vollstreckung anstehende Strafe hat dabei Vorrang. Wird zur Vollstreckung mehrerer Strafen ausgeliefert, erfolgt die Anrechnung der ausländischen Freiheitsentziehung zuerst auf die höchste Strafe.

Erscheint eine Anrechnung ganz oder teilweise nicht gerechtfertigt, bietet sich eine gerichtliche Entscheidung nach § 450a Abs. 3 StPO an. Eine gerichtliche Entscheidung nach § 458 StPO ist auch dann herbeizuführen, wenn Zweifel über den Umrechnungsmaßstab bestehen.

Strafbeginn ist bei der Einlieferung zur Strafvollstreckung die Übernahme durch deutsche Beamte. Die Auslieferungshaft und die während des Ermittlungsverfahrens erlittene Untersuchungshaft sind nach Tagen zu berechnen und entsprechend § 39 Abs. 4 StVollstrO vom Ende der Strafzeit rückwärts abzurechnen. Jedoch ist auch hier eine Vergleichsberechnung anzustellen. Diese ist aber nur dann möglich, wenn die im Ausland erlittene Haft im Maßstab 1 : 1 anzurechnen ist. Legt das Gericht einen anderen Anrechnungsmaßstab fest, kann eine Vergleichsberechnung, wie sie § 39 Abs. 4 StVollstrO vorsieht nicht erfolgen.

3. Anrechnung anderer Art

342 Unterbringung in der Entziehungsanstalt oder die Unterbringung im psychiatrischen Krankenhaus nach §§ 63, 64 StGB, die **neben** einer Freiheitsstrafe in **demselben** Straferkenntnis verhängt worden sind, sind nach der gesetzlichen Reihenfolge des § 67 Abs. 1 StGB **vor** der Strafe zu vollziehen. Die Zeiten dieses Vollzugs der Maßregel werden auf die Strafe angerechnet, bis $2/3$ der Strafe erledigt sind – § 67 Abs. 4 StGB. In der Praxis sind die Fälle, in denen entgegen der gesetzlichen Reihenfolge der Vollstreckung vor dem Maßregelvollzug ein Teil der Strafe vollstreckt wird sehr häufig. Denke man nur an den Fall, die verurteilte Person befindet sich in Untersuchungshaft. Sie wird in dieser Sache zu einer Freiheitsstrafe verurteilt und es wird eine Maßregel der Besserung und Sicherung nach § 64 StGB verhängt, also die Unterbringung in einer Entziehungsanstalt. Mit Rechtskraft des Straferkenntnisses tritt automatisch Strafhaft ein. Zu diesem Zeitpunkt ist in vielen Fällen das Urteil noch nicht einmal abgesetzt, die Vollstreckungsbehörde kann die Vollstreckung nicht einleiten. Es wird also entgegen der gesetzlichen Bestimmung vor dem Maßregelvollzug nach § 64 StGB ein Teil der Strafe vollstreckt. Problematisch ist dies bei einer Maßregel, die befristet ist, also bei der Unterbringung in einer Entziehungsanstalt. Hierzu hat das BVerfG den Begriff der „Organisationshaft" gebildet.[48]

Weitere Ausführungen mit Berechnungsbeispielen siehe 2. Kapitel 9. Abschnitt.

343 Therapiezeit bei einer Zurückstellung der Strafvollstreckung nach § 35 BtMG wird auf die Strafe angerechnet, bis $2/3$ der Strafe erledigt sind. Angerechnet werden kann auch eine ambulante Therapiezeit.

Weitere Ausführungen siehe Rn. 203ff.

---

[48] Vgl. *BVerfG* vom 18. 6. 1997 – 2 BvR 2422/96.

4. Übersicht

a) Anrechnung der U-Haft

aa) Die verurteilte Person befindet sich zum Zeitpunkt der Rechtskraft in U-Haft: 344

- Strafbeginn mit Rechtskraft;
- Vom Strafbeginn an wird zunächst die gesamte verhängte Strafe hinzugerechnet;
- Von diesem errechneten **fiktiven** Strafende wird die U-Haft in Tagen berechnet abgezogen;
- Es ist eine Vergleichsberechnung dergestalt anzustellen, dass vom Beginn der U-Haft an die gesamte verhängte Strafe gerechnet wird;
- **Das für die verurteilte Person günstigere Strafende ist maßgebend.**

bb) Die verurteilte Person befindet sich auf freiem Fuß

- Strafbeginn mit Strafantritt;
- Vom Strafbeginn an wird zunächst die gesamte verhängte Strafe hinzugerechnet;
- Von diesem errechneten **fiktiven** Strafende wird die U-Haft in Tagen berechnet abgezogen.
- Es ist eine Vergleichsberechnung dergestalt anzustellen, dass vom Beginn der U-Haft an die gesamte verhängte Strafe gerechnet wird. Ab Entlassung aus der U-Haft ist der Rest der Strafe in Tagen berechnet zu ermitteln. Zu vollstrecken sind nur noch die restlichen Tage.

b) Auslieferungshaft zur Strafverfolgung

aa) Das Gericht setzt einen Anrechnungsmaßstab 1:1 fest. Die Anrechnung erfolgt wie bei oben a).

bb) Das Gericht setzt einen anderen Anrechnungsmaßstab fest. In diesen Fällen ist immer Strafbeginn die Rechtskraft der Entscheidung, wenn sich die verurteilte Person in U-Haft befindet, bzw. der Strafantritt, wenn sich die verurteilte Person auf freiem Fuß befindet. Die Auslieferungshaft ist in diesen Fällen immer in Tagen berechnet und multipliziert mit dem Anrechnungsmaßstab vom fiktiven Strafende abzuziehen.

c) Unterbringung nach § 81 StPO und vorläufige Unterbringung nach § 126 a StPO

Die Anrechnung erfolgt immer wie bei a), also wie Untersuchungshaft, jedoch stets auf die Strafe und nie auf eine evtl. daneben angeordnete Maßregel der Besserung und Sicherung.

5. Form der Anrechnung

Vom errechneten Ende werden die anrechenbaren Zeiten in den Beispielsfällen Rn. 324–334 und Rn. 339–341 rückwärts abgerechnet. 345

Die Anrechnung erfolgt in den Fällen Rn. 324–334 immer nach vollen Tagen. Die Zeiten, die in diesen Fällen anzurechnen sind, sind immer genau nach Tagen zu berechnen. Bruchteile von Tagen können, wenn sie genau feststehen zusammengerechnet und dann auf volle Tage aufgerundet werden. Jedoch ist stets eine Vergleichsberechnung nach § 39 Abs. 4 S. 2 StVollstrO anzustellen. **Der für die verurteilte Person so errechnete günstige Termin ist auch das Strafende.** 346

In den Beispielsfällen Rn. 339–341 kann auch eine Anrechnung nach Monaten und Jahren erfolgen.

347 **Beispiele:** Der Täter wird am 1. 1. 2008 gegen 2.00 Uhr von der Polizei vorläufig festgenommen und am 2. 1. 2008 dem Haftrichter beim Amtsgericht Freiberg vorgeführt, der Untersuchungshaft anordnet und einen Haftbefehl erlässt. Da die polizeilichen Ermittlungen noch laufen und der Täter weiter von der Polizei zu vernehmen ist, wird er erst am 3. 1. 2008 in die zuständige Vollzugsanstalt verbracht. Durch Urteil des Amtsgerichts Freiberg vom 29. 4. 2008 – rechtskräftig seit 7. 5. 2008 – wird der Täter zu einer Freiheitsstrafe von 9 Monaten verurteilt.

Strafbeginn	7. 5. 2008 TB
plus	9 Monate
Strafende (fiktiv)	7. 2. 2009 TB
Anzurechnen ist die U-Haft vom 1. 1. 2008 bis 6. 5. 2008	127 Tage
Strafende daher	3. 10. 2008 TB
Entspricht	**2. 10. 1996 TE**

348 Jetzt greift § 39 Abs. 4 Satz 2 StVollstrO. Es ist eine Vergleichsberechnung anzustellen, die folgendermaßen aussieht:

Strafbeginn	1. 1. 2008 TB
plus Strafe	9 Monate
Strafende	1. 10. 2008 TB
Entspricht	30. 9. 2008 TE

Strafende ist daher der 30. 9. 2008.

349 Gleicher Sachverhalt wie oben, jedoch wird der gesamte Sachverhalt um 1 Jahr auf das Jahr 2007 zurückverlegt.

Strafbeginn	7. 5. 2007 TB
plus	9 Monate
Strafende (fiktiv)	7. 2. 2008 TB
Anzurechnen sind die Untersuchungshaft vom 1. 1. 2007 bis 6. 5. 2007	126 Tage
Strafende daher	4. 10. 2007 TB
Entspricht	**3. 10. 2007 TE**

Auch hier ist die Vergleichsberechnung nach § 39 Abs. 4 Satz 2 StVollstrO anzustellen, so dass auch in diesem Fall Strafende der **30. 9. 2007** ist.

350 **Beispiel:**

Der Täter wird in Frankreich auf Grund eines internationalen Haftbefehls des Amtsgerichts Zwickau am 1. 1. 2007 festgenommen, wegen einer Tat, die er am 30. 9. 2006 in Zwickau verübt hat. Am 30. 6. 2007 wird er den deutschen Behörden überstellt. Er wird am 3. 7. 2007 zum Vollzug der Untersuchungshaft in die JVA Zwickau eingeliefert. In der Zeit vom 30. 6. bis 3. 7. befand er sich in Polizeigewahrsam zur Vernehmung und auf dem Transport. Vom Landgericht Zwickau wird er am 30. 1. 2008 zu der Freiheitsstrafe von 6 Jahren verurteilt. Das Urteil wird infolge Rechtsmittelverzichts noch am gleichen Tage rechtskräftig. Ein anderer Anrechnungsmaßstab für die in Frankreich erlittene Auslieferungshaft als 1 : 1 wird nicht festgelegt.

Auf die Strafe sind anzurechnen:		
Auslieferungshaft vom 1. 1. 2007 bis 29. 6. 2007	180 Tage	
Untersuchungshaft vom 30. 6. 2007 bis 29. 1. 2008	**214 Tage**	→ 394 Tage
Strafbeginn	30. 1. 2008 TB	
plus	6 Jahre	
Strafende (fiktiv)	30. 1. 2014 TB	
abzüglich U-Haft	394 Tage	
Strafende	1. 1. 2013 TB	
Entspricht	**31. 12. 2012 TE**	

Nach der Vergleichsberechnung des § 39 Abs. 4 S. 2 StVollstrO ergibt sich ein identisches Strafende.

Beispiel: 351

Die beschuldigte Person befindet sich seit 20. 2. 2008 in Untersuchungshaft für das Amtsgericht Dresden. Sie wird am 26. 3. 2008 – rechtskräftig seit 26. 3. 2008 – vom Amtsgericht Zwickau wegen einer anderen Tat zu einer Freiheitsstrafe von 6 Monaten verurteilt. Die Staatsanwaltschaft Zwickau gibt das Aufnahmeersuchen am 14. 5. 2008 zur Vollstreckung der Freiheitsstrafe von 6 Monaten an die Vollzugsanstalt und fügt die Zustimmungserklärung des Untersuchungsrichters beim Amtsgericht Dresden zur Unterbrechung der U-Haft nach § 92 UVollzO bei. Das Aufnahmeersuchen geht am 16. 5. 2008 bei der JVA ein.

Strafbeginn	16. 5. 2008 TB
plus	6 Monate
Strafende	16. 11. 2008 TB
Entspricht	15. 11. 2008 TE

Anschließend wird die U-Haft für das AG Dresden weiter vollstreckt oder im Anschluss daran die Strafe für das AG Dresden, sofern sie in dieser Sache zwischenzeitlich rechtskräftig verurteilt wurde. Eine Anrechnung der U-Haft für das AG Dresden auf die Strafe von Zwickau kann nicht erfolgen, selbst dann nicht, wenn die angeklagte Person vom AG Dresden freigesprochen werden würde. Anderes würde gelten, wenn das AG Dresden das Verfahren nach § 154 StPO einstellt, weil die Strafe gegenüber der Strafe des AG Zwickau nicht wesentlich in Gewicht fallen würde[49] In diesem Falle wäre dann wieder eine Vergleichsberechnung nach § 39 Abs. 4 Satz 2 StVollstrO anzustellen. 352

Ginge aber das Aufnahmeersuchen, wie vorstehend aufgeführt am 16. 5. 2008 bei der Vollzugsanstalt ein, die Zustimmungserklärung des Haftrichters beim AG Dresden jedoch erst am 19. 5. 2008, so wäre Strafbeginn für die Strafe des AG Zwickau erst der 19. 5. 2008. 353

(Vermerk: auf § 57 StGB wurde hier nicht eingegangen.)

Beim **Rückwärtsrechnen** geht die kleinere Zeiteinheit der größeren Zeiteinheit vor – nach § 37 Abs. 5 StVollstrO. 354

Besonderheiten bei den Anrechnungen nach Rn. 335–338 (nachträgliche Gesamtstrafenbildung und neue Verurteilung im Wiederaufnahmeverfahren). Dies ist im Grunde keine Anrechnung, sondern maßgebend ist der Beginn der Strafvollstreckung. Bei der Gesamtstrafe der Strafbeginn der einbezogenen Strafe, im Wiederaufnahmeverfahren und erneuter Verurteilung der Strafbeginn der früheren Strafe, bei Verurteilung im Ausland wegen desselben Delikts der Beginn der Vollstreckung im Ausland. 355

Beispiel: Die verurteilte Person befindet sich in Strafhaft seit dem 10. 8. 2008 für die Staatsanwaltschaft Zwickau zur Verbüßung einer Freiheitsstrafe von 1 Jahr aus dem Urteil des Amtsgerichts Zwickau vom 11. 6. 2008. Sie wird am 15. 10. 2008 vom Landgericht Chemnitz unter Einbeziehung der Freiheitsstrafe von 1 Jahr aus dem Urteil des Amtsgerichts Zwickau vom 11. 6. 2008 zu der Gesamtfreiheitsstrafe von 4 Jahren verurteilt. Dieses Urteil wird rechtskräftig am 21. 11. 2008. Die Gesamtfreiheitsstrafe von 4 Jahren aus dem Urteil vom 15. 10. 2008 wird daher vollstreckt seit 10. 8. 2008. Die Vollstreckungsübersicht sieht daher wie folgt aus:

Strafbeginn	10. 8. 2008 TB
plus Freiheitsstrafe aus dem Urteil vom 15. 10. 2008	4 Jahre
Strafende	10. 8. 1012 TB
Entspricht	9. 8. 2012 TE

Besonderheiten für die Anrechnung anderer Art nach Rn. 342, 343. Dies ist ebenfalls keine Anrechnung durch Rückwärtsrechnen. Die Unterbringungszeiten in der Entziehungsanstalt, im psychiatrischen Krankenhaus oder die Therapiezeit im Falle der §§ 35 ff. BtMG werden wie Strafzeiten berechnet. Die Besonderheit ist, dass die 356

[49] *OLG Düsseldorf* Rpfleger 1994, 81.

Strafzeiten neben den Unterbringungszeiten **fiktiv nebeneinander laufen,** siehe auch 9. Abschnitt.

IV. Berechnung des Halb- und des Zwei-Drittel-Zeitpunktes

357

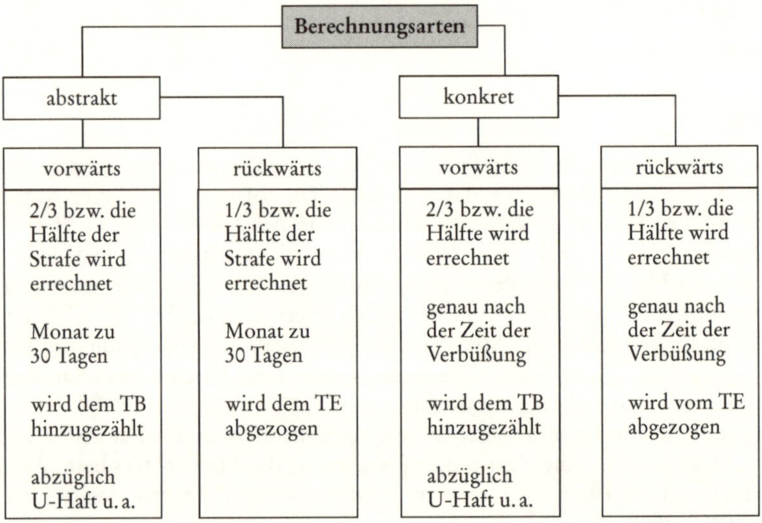

1. Abstrakte Berechnungen

358 Zugrunde gelegt wird die erkannte Strafe nach Jahren, Monaten, Wochen und Tagen. Hieraus wird berechnet 1/3, 1/2 oder 2/3. Ergeben sich Bruchteile eines Monats, wird dieser zu 30 Tagen gerechnet. Ergeben sich Bruchteile eines Tages, so bleiben sie bei der Vorwärtsrechnung außer Betracht, bei der Rückwärtsrechnung wird aufgerundet (im Zweifel für die verurteilte Person).

359 **Abstrakte Vorwärtsrechnung:** Ausgangspunkt ist der Strafbeginn. Die abstrakt errechnete Halb- bzw. Zwei-Drittel-Strafe wird hinzugerechnet, anschließend wird etwaige Untersuchungshaft oder andere anrechenbare Zeiten abgezogen, wie sonst vom errechneten (fiktiven) Strafende.

Beispiele:

Freiheitsstrafe 6 Monate	2/3 = 4 Monate,
Freiheitsstrafe 9 Monate	2/3 = 6 Monate
Freiheitsstrafe 8 Monate	2/3 = 5 Monate und 10 Tage
Freiheitsstrafe 10 Monate	2/3 = 6 Monate und 20 Tage
Freiheitsstrafe 1 Jahr 4 Monate	2/3 = 10 Monate und 20 Tage
Freiheitsstrafe 3 Jahre 5 Monate	2/3 = 27 Monate und 10 Tage

> Zu beachten ist, dass beim Vorwärtsrechnen immer die größere Zeiteinheit vor der kleineren kommt.

360 **Abstrakte Rückwärtsrechnung.** Hier ist Ausgangspunkt das Strafende bereits unter Berücksichtigung der anrechenbaren Zeiten wie U-Haft oder anderes. Von diesem Zeitpunkt werden abgezogen die 1/3-Strafen bzw. die Halbstrafen, die

gleich errechnet werden wie bei abstraktem Vorwärtsrechnen. Die Untersuchungshaft oder andere vor der Rechtskraft liegende anrechenbaren Zeiten sind hier nicht mehr zu berücksichtigen, da hier bereits vom tatsächlichen Strafende und nicht vom fiktiv errechneten Strafende ausgegangen wird.

> Zu beachten ist, dass beim Rückwärtsrechnen immer die kleinere Zeiteinheit vor der größeren kommt.

2. Konkrete Berechnungsarten

Zugrunde gelegt wird die Anzahl der Tage, die die verurteilte Person ohne Berücksichtigung von Untersuchungshaft oder sonstigen anrechenbaren Zeiten, die vor der Rechtskraft liegen, insgesamt im Vollzug zuzubringen hat. Also Strafhaft in Tagen plus U-Haft in Tagen plus sonstige anzurechnende Zeiten im Vollzug. Von dieser Zahl wird 1/2, 1/3 oder 2/3 errechnet. Ergeben sich Bruchteile eines Tages, so bleiben sie bei der Vorwärtsrechnung außer Betracht, bei der Rückwärtsrechnung wird aufgerundet (im Zweifel für die verurteilte Person). 361

Beispiele: 362

Die verurteilte Person hat zu verbüßen eine Freiheitsstrafe von 6 Monaten. Sie verbüßt diese Strafe in der Zeit vom

1. 1. 2007 TB bis 30. 6. 2007 TE = 181 Tage	
1/3 konkret rückwärts	= 61 Tage
2/3 konkret vorwärts	= 120 Tage
1. 1. 2008 TB bis 30. 6. 2008 TE = 182 Tage	
1/3 konkret rückwärts	= 61 Tage
2/3 konkret vorwärts	= 121 Tage
1. 7. 2008 TB bis 31. 12. 2008 TE = 184 Tage	
1/3 konkret rückwärts	= 62 Tage
2/3 konkret vorwärts	= 122 Tage

Die verurteilte Person hat zu verbüßen eine Gesamtfreiheitsstrafe von 3 Jahren, 5 Monaten und 3 Wochen. Sie tritt ihre Strafe an am 5. 2. 2008. In dieser Sache hatte sie insgesamt 96 Tage Untersuchungshaft verbüßt.

a) die abstrakte Berechnung wäre: 363

1/3 abstrakt rückwärts	= 1 Jahr, 1 Monat, 27 Tage
2/3 abstrakt vorwärts	= 2 Jahre, 3 Monate, 24 Tage
1/2 abstrakt vorwärts	= 1 Jahr, 8 Monate, 25 Tage
1/2 abstrakt rückwärts	= 1 Jahr, 8 Monate, 26 Tage

b) die konkrete Berechnung wäre: 364

Die verurteilte Person hätte zu verbüßen:

Strafbeginn			5. 2. 2008 TB
plus	3 Jahre	= 5. 2. 2011 TB	
plus	5 Monate	= 5. 7. 2011 TB	
plus 3 Wochen	21 Tage	= 26. 7. 2011 TB	

Dies ist zunächst das fiktive Strafende. Es sind insgesamt, ohne Berücksichtigung d.h. bisher ohne Abzug der Untersuchungshaft oder sonstiger anrechenbarer Zeiten, die vor der Rechtskraft liegen, insgesamt **1.267 Tage**

1/3 konkret rückwärts	= 423 Tage
2/3 konkret vorwärts	= 844 Tage
1/2 konkret rückwärts	= 634 Tage
1/2 konkret vorwärts	= 633 Tage

365 **Berechnungen:**

TB 5. 2. 2008	←—— 3 J. 5 M. 3 W. ——→	25. 7. 2011 TE (fiktiv)	
minus U-Haft 96 Tage		**20. 4. 2011 TE**	←—
2/3-Termin abstrakt vorwärts:			
TB 5. 2. 2008	←—— 2 J. 3 M. 24 T. ——→	28. 5. 2010 TE	
minus U-Haft 96 Tage		**21. 2. 2010 TE**	←—
2/3-Termin abstrakt rückwärts:			
Strafende unter Berücksichtigung der U-Haft		20. 4. 2011 TE	
minus 27 Tage, 1 Monat, 1 Jahr		**24. 2. 2010 TE**	←—
1/2-Strafentermin abstrakt vorwärts:			
TB 5. 2. 2008	←—— 1 J. 8 M. 25 T ——→	30. 10. 2009 TB	
minus U-Haft 96 Tage		26. 7. 2009 TB	
entspricht		**25. 7. 2009 TE**	←—
1/2-Strafentermin abstrakt rückwärts:			
Strafende unter Berücksichtigung der U-Haft		20. 4. 2011 TE	
minus 26 Tage, 8 Monate, 1 Jahr		**25. 7. 2009 TE**	←—
2/3-Termin konkret vorwärts:			
TB 5. 2. 2008	←—— 844 Tage ——→	28. 5. 2010 TE	
minus 96 Tage U-Haft		**21. 2. 2010 TE**	←—
2/3-Termin konkret rückwärts:			
Strafende unter Berücksichtigung der U-Haft		20. 4. 2011 TE	
minus 423 Tage		**21. 2. 2010 TE**	←—

Bitte nicht vergessen, da auch im vorliegenden Fall Untersuchungshaft anzurechnen ist, gegebenenfalls die Vergleichsberechnung nach § 39 Abs. 4 Satz 2 StVollstrO anzustellen.

3. Die Zwei-Drittel-Strafe

366 **Voraussetzungen:** Verbüßt eine verurteilte Person eine zeitige Freiheitsstrafe, so setzt das Gericht diese Strafe zur Bewährung aus, wenn zwei Drittel der Strafe verbüßt sind, mindestens jedoch 2 Monaten und dies unter Berücksichtigung des Sicherheitsinteresses der Allgemeinheit verantwortet werden kann und die verurteilte Person einer bedingten Strafaussetzung zustimmt. Entfallen ist die bisherige Bestimmung, „wenn verantwortet werden kann zu erproben, ob die verurteilte Person außerhalb des Strafvollzugs keine Straftaten mehr begehen wird". Bei der Entscheidung sind insbesondere die Persönlichkeit der verurteilten Person, ihr Vorleben, die Umstände ihrer Tat, das Gewicht des bei einem Rückfall bedrohten Rechtsguts, das Verhalten der verurteilten Person im Vollzug, ihre Lebensverhältnisse und die Wirkungen zu berücksichtigen, die von der Aussetzung für sie zu erwarten sind.

Eine Strafaussetzung zur Bewährung nach § 57 Abs. 1 StGB darf jedoch allgemein nicht deshalb versagt werden, weil die verurteilte Person erhebliche Schuld auf sich geladen hat oder wegen der besonderen Gefährlichkeit des von ihm begangenen Delikts.[50]

367 Dieser 2/3-Termin ist von Amts wegen zu beachten. Die Vollstreckungsbehörde hat diesen Termin zu errechnen und zwar nach der Berechnungsart, die für die verurteilte Person am günstigsten ist. Rechtzeitig vor diesem Termin sind die Akten

[50] *BVerfG*, Entscheidung vom 14. 6. 1993.

mit einem entsprechenden Antrag dem Gericht und zwar der Strafvollstreckungskammer, in deren Bezirk die Justizvollzugsanstalt liegt, in welcher die verurteilte Person einsitzt – vgl. § 462a StPO – zur Entscheidung zu übersenden. In der Regel sind die Einwilligungserklärung der verurteilten Person und eine Stellungnahme der Vollzugsanstalt über die Entwicklung der verurteilten Person im Vollzug mit vorzulegen.

4. Die Halbstrafe

a) Voraussetzungen

Schon nach Verbüßung der Hälfte einer zeitigen Freiheitsstrafe, mindestens jedoch von sechs Monaten, kann das Gericht die Vollstreckung des Restes zur Bewährung aussetzen, wenn 368
- *1.* die verurteilte Person erstmals eine Freiheitsstrafe verbüßt und diese zwei Jahre nicht übersteigt oder
- *2.* die Gesamtwürdigung von Tat, Persönlichkeit der verurteilten Person und ihrer Entwicklung während des Strafvollzugs ergibt, dass besondere Umstände vorliegen,

und die übrigen Voraussetzungen des § 57 Abs. 1 StGB erfüllt sind.[51]

§ 57 Abs. 2 StGB erfasst damit zwei verschiedene Tatbestände. Die Halbstrafenaussetzung im Fall (Rn. 368 Nr. 1) ist von Amts wegen zu berücksichtigen. Die Vollstreckungsbehörde hat diesen Halbstrafentermin wie den 2/3-Termin zu errechnen und die Akten rechtzeitig vor diesem Termin der Strafvollstreckungskammer zu übersenden. Die Einwilligungserklärung der verurteilten Person und eine Stellungnahme der Vollzugsanstalt sind beizufügen. 369

Im Fall Nr. 2 (Rn. 368) werden alle zeitigen Freiheitsstrafen erfasst. Das heißt es können alle zeitigen Freiheitsstrafen nach Verbüßung der Hälfte, mindestens aber nach Verbüßung von 6 Monaten zur Bewährung ausgesetzt werden. Die verurteilte Person muss nicht Erstverbüßer sein und die zeitige Freiheitsstrafe ist auch nicht auf eine Strafe von nicht mehr als 2 Jahre beschränkt. Diese Halbstrafenaussetzung ist jedoch nicht von Amts wegen zu berücksichtigen, sondern setzt einen entsprechenden Antrag voraus.

b) Verfahren bei der Reststrafenaussetzung

aa) Einleitung. Das Verfahren der Reststrafenaussetzung ist in der StPO, im StGB und in der StVollstrO geregelt. 370
- Vorrangig zu beachten sind dabei:
- in der StPO die §§ 454ff., welche den formellen Verfahrensablauf regeln,
- im StGB der § 57, welcher die Zeitpunkte für die Prüfungspflichten und die Entscheidungskriterien festlegt,
- in der StVollstrO der § 36, welcher die Pflichten der Vollstreckungsbehörde darstellt.

bb) Rechtspflegerzuständigkeit. Nach § 36 StVollstrO obliegt der Strafvollstreckungsbehörde eine Überwachungsfunktion bezüglich des Vollstreckungsverfahrens. In diesem Rahmen ist sie verpflichtet, die 1/2 bzw. 2/3-Zeitpunkte zu berechnen, zu bestimmen und für eine rechtzeitige Vorlage der Akten bzw. der Voll- 371

[51] Voraussetzungen siehe Rn. 366.

streckungshefte zur Vorbereitung der Entscheidung der Strafvollstreckungskammer (StVK) über die bedingte Aussetzung Sorge zu tragen.

372 Bei der Vorbereitung hat der Rechtspfleger folgende Aufgaben:

(1) Gem. § 454 I 2 StPO, § 36 II StVollstrO hat rechtzeitig vor dem Entscheidungszeitpunkt die Anhörung der Justizvollzugsanstalt (JVA) zu erfolgen. Dies geschieht durch eine schriftliche Stellungnahme des Anstaltsleiters der JVA, in der die verurteilte Person zur Zeit der Vorbereitung einsitzt.

(2) Durch die JVA wird gleichzeitig mit dem Bericht die Erklärung der verurteilten Person nach § 57 Satz 1 Nr. 3 StGB zu den Akten gereicht. Die Einwilligung der verurteilten Person zur bedingten Entlassung muss bis zur Rechtskraft der Entscheidung der StVK wirksam sein. Dies bedeutet, dass die verurteilte Person auch gegen eine positive Entscheidung der StVK sofortige Beschwerde einlegen kann mit der Begründung, dass sie nunmehr mit einer bedingten Strafaussetzung zur Bewährung hinsichtlich der Reststrafe nicht mehr einverstanden sei.

(3) Gem. § 463d StPO, § 35 Abs. 2 S. 3 StVollstrO ist die Gerichtshilfe mit einem ergänzenden Bericht zum sozialen Umfeld, in das die verurteilte Person entlassen wird, zu beauftragen. Aus zeitlichen Gründen ist dies nur bei längeren Freiheitsstrafen möglich, sollte dann aber zwingend sein.

(4) Es ist ein aktueller Auszug aus dem Bundeszentralregister anzufordern.

(5) Erklärungen Dritter, insbesondere Arbeitsplatzzusicherungen, Unterkunftsnachweise, Anträge der verurteilten Person, soweit Erkenntnisse für die Entscheidung nach § 57 StGB darin enthalten sind, sind den Hauptakten bzw. dem Vollstreckungsheft beizufügen.

(6) Sämtliche Vorgänge sind den Hauptakten und dem Vollstreckungsheft dem Staatsanwalt als Strafverfolgungsbehörde vorzulegen nach § 36 Abs. 2 S. 4 StVollstrO.

373 Abschließend sei bemerkt, dass schon der Rechtspfleger eine sorgfältige und umfassende Vorbereitung vornehmen sollte, um der Strafvollstreckungskammer eine qualifizierte Entscheidung zu ermöglichen.

374 *cc) Zuständigkeit der Strafverfolgungsbehörde.* Die Strafverfolgungsbehörde (der Staatsanwalt) gibt zur Frage der Reststrafenaussetzung eine schriftliche Stellungnahme mit Antrag ab und legt diese mit sämtlichen Vorgängen der zuständigen StVK zur Entscheidung vor.

375 Die Gerichte mussten sich schon mehrfach damit befassen, wann die Voraussetzungen des § 57 Abs. 2 Nr. 1 StGB vorliegen, insbesondere wann die verurteilte Person Erstverbüßer und ob diese Erstverbüßerregelung auch auf mehrere unmittelbar nacheinander zu vollstreckenden Freiheitsstrafen anwendbar ist. Die nachstehende Übersicht soll die Problematik verdeutlichen.

c) Welche „Vor"-verbüßung gilt als Vorstrafe und kann die Anwendung der Erstverbüßerregelung verhindern?

376 **(1) Jugendstrafe**
Gilt als Vorstrafe

- *Fischer,* StGB, 56. Aufl. Rn. 9c zu § 57 StGB
- *Eisenberg,* NStZ, 87, 169
- *OLG Stuttgart* Die Justiz 87, 509
- *OLG Karlsruhe* NStZ, 89, 323
- *OLG Oldenburg* MDR 87, 338
- *OLG Hamm* JMBLNRW 87, 7

Gilt nicht als Vorstrafe – keine Entscheidung –

(2) Strafarrest nach dem Wehrstrafgesetz **377**

Gilt als Vorstrafe

- *Fischer*, StGB, 56. Aufl. Rn. 9c zu § 57 StGB

Gilt nicht als Vorstrafe

- *Maatz*, MDR 85, 799
- *Lackner/Kühl*, StGB, 26. Aufl. Anm. 3a zu § 57 StGB
- *Schönke/Schröder*, StGB, 27. Aufl. Rn. 23a zu § 57 StGB

(3) Anrechnung auf Freiheitsstrafe nach § 57 Abs. 4 StGB **378**

Gilt als Vorstrafe

- *Fischer*, a.a.O.
- *Greger*, JR 86, 356
- *OLG Karlsruhe* Die Justiz 89, 331

Gilt nicht als Vorstrafe

- *Maatz*, MDR 85, 800
- *Lackner/Kühl*, a.a.O.
- *Schönke/Schröder*, a.a.O.
- *OLG Stuttgart* Die Justiz 89, 484; NStZ 90, 103

(4) Angerechnete Freiheitsentziehung nach § 57 Abs. 4 StGB, die im Ausland verbüßt wurde **379**

Gilt als Vorstrafe

- *Fischer*, a.a.O.

Gilt nicht als Vorstrafe

- *Schönke/Schröder*, a.a.O.

(5) Verbüßte Ersatzfreiheitsstrafe **380**

Gilt als Vorstrafe

– keine Entscheidung –

Gilt nicht als Vorstrafe

- *Fischer*, a.a.O.
- *Lackner/Kühl*, a.a.O.
- *Schönke/Schröder*, a.a.O.
- *OLG Zweibrücken* MDR 88, 984

(6) In eine nachträglich gebildete Gesamtstrafe einbezogene verbüßte Einzelstrafe **381**

Gilt als Vorstrafe

- *OLG Zweibrücken* JR 87, 717, wenn die Gesamtstrafe zur Bewährung ausgesetzt und später widerrufen wird.

Gilt nicht als Vorstrafe

- *Fischer*, a.a.O.
- *Schönke/Schröder*, a.a.O.

(7) Einzelstrafe, die wegen Verbüßung nicht in eine nachträgliche Gesamtstrafe einbezogen werden kann **382**

Gilt als Vorstrafe

- *Fischer*, a.a.O.
- *Maatz*, StV 87, 72

Gilt nicht als Vorstrafe

- *OLG Zweibrücken* NStZ 87, 175
- *Schönke/Schröder*, a.a.O.

383 **(8) Früher verbüßte Strafe ist im Bundeszentralregister getilgt oder tilgungsreif nach § 51 BZRG**

Gilt als Vorstrafe

– keine Entscheidung –

Gilt nicht als Vorstrafe

– *Fischer*, a.a.O.

– *Schönke/Schröder*, a.a.O.

d) Ist die „Erstverbüßerreglung“ auf mehrere unmittelbar nacheinander zu vollstreckende Freiheitsstrafen anwendbar?

384 **(1) Erstverbüßerregelung ist anwendbar**

– *Maatz*, a.a.O.

– *OLG Stuttgart* Die Justiz 87, 509; NStZ 87, 575; 88, 128; Die Justiz 88, 376

– *OLG Oldenburg* NStZ 87, 174

– *OLG Karlsruhe* Die Justiz 87, 319; 88, 436; 89, 355; NStZ 89, 323

– *OLG Düsseldorf* MDR 89, 667

– *OLG Zweibrücken* StV 89, 23

– *OLG München* GA 88, 505

– *Schönke/Schröder*, a.a.O.

Für die Erstverbüßerreglung sind alle Strafen zusammenzuzählen; die Summe darf 2 Jahre nicht übersteigen

– *OLG Karlsruhe* Die Justiz 87, 319; 88, 436; NStZ 89, 323

– *OLG Stuttgart* 1. Strafsenat, Die Justiz 88, 376

Für die Erstverbüßerregelung ist jede Strafe für sich zu betrachten

– *OLG Oldenburg* NStZ 87, 174

– *OLG Düsseldorf* MDR 89, 667

– *OLG Zweibrücken* StV 89, 23

– *OLG München* GA 88, 505

– *OLG Stuttgart* 4. Strafsenat, Die Justiz 87, 509; NStZ 87, 575; 88, 128

385 **(2) Erstverbüßerregelung gilt nur für die 1. Strafe, nicht für die unmittelbar folgende(n)**

– *OLG Hamm* MDR 87, 512

– *Fischer*, a.a.O.

– *Lackner/Kühl*, a.a.O.

– *Greger*, NStZ 86, 573

– *Meyer-Goßner*, StPO 51. Aufl. Rn. 2 zu § 454b

386 Erstmals eine Freiheitsstrafe verbüßt die verurteilte Person, die sich **zum ersten Mal** im Strafvollzug befindet. Es ist auf den tatsächlichen Erstvollzug abzustellen, was für die Fälle der Anschlussvollstreckung weiterer Freiheitsstrafen m.E. bedeutet, dass Anschlussvollzug und zwar unmittelbarer, den Erstvollzug nicht ausschließt. Grund der Einführung der Halbstrafenregelung war nach der Begründung des Regierungsentwurfs, die Haftstrafen beim ersten Freiheitsentzug zu verkürzen, um der unnötigen Gefahr einer kriminellen Infektion und einer Beeinträchtigung der familiären und sonstigen sozialen Bindung entgegenzuwirken. Dabei war maßgebend die Erwartung, der erstmalige Vollzug habe bei die verurteilte Person eine größere abschreckende Wirkung als ein wiederholter Vollzug.

Nach der Systematik des Gesetzes ist auch jede Strafe für sich zu betrachten. Dies hat der Gesetzgeber in vielen Bestimmungen zum Ausdruck gebracht. Zum einen in § 37 StVollstrO, aber auch nach den Vorschriften der §§ 56ff. StGB über die Frage einer Strafaussetzung zur Bewährung, bei der Zurückstellung nach

§§ 35ff. BtMG u.a. Hintergrund ist nicht zuletzt, dass die Frage einer bedingten Aussetzung zur Bewährung auch an den Umständen der Tat zu messen ist. Der Regelung ist daher der Vorzug zu geben wie OLG Oldenburg, Düsseldorf, Zweibrücken, München und Stuttgart, 4. Strafsenat.

5. Aussetzung bei lebenslanger Freiheitsstrafe nach § 57a StGB

Das Gericht setzt die Vollstreckung des Restes einer lebenslangen Freiheitsstrafe 387
zur Bewährung aus, wenn

- 1. fünfzehn Jahre der Strafe verbüßt sind,
- 2. nicht die besondere Schwere der Schuld des Verurteilten die weitere Vollstreckung gebietet und
- 3. die Voraussetzungen des § 57 Abs. 1 S. 1 Nr. 2 und 3 vorliegen.

§ 57 Abs. 1 Satz 2 und Abs. 6 gilt entsprechend. Insoweit wird auf die Ausführungen zur 2/3-Strafe in Rn. 366 hingewiesen.

Als verbüßte Strafe im Sinne des Absatzes § 57 1 S. 1 Nr. 1 StGB gilt jede Freiheitsentziehung, die die verurteilte Person aus Anlass der Tat erlitten hat.

Dieser so errechnete erste Termin ist von Amts wegen zu beachten, d.h. die Voll- 388
streckungsbehörde hat die Akten mit der Einwilligungserklärung der verurteilten Person und der Stellungnahme der Vollzugsanstalt der zuständigen StVK zu übersenden zur Entscheidung. Das Gericht hat nach § 454 Abs. 1 StPO ein Gutachten eines Sachverständigen einzuholen, namentlich darüber, ob keine Gefahr mehr besteht, dass deren durch die Tat zutage getretene Gefährlichkeit fortbesteht.

6. Berechnung von Reststrafen nach § 40 StVollstrO

Im Falle der bedingten Aussetzung oder auch in jedem Falle einer Unterbre- 389
chung einer Strafe, gleichgültig aus welchem Grund auch immer, wird die Reststrafe immer in Tagen berechnet und, sofern diese Strafe irgendwann einmal zu vollstrecken ist, auch in Tagen vollstreckt.

7. Rechtsmittel

Gegen die Entscheidungen der Strafvollstreckungskammer über die Aussetzung 390
oder die Ablehnung einer Aussetzung ist die sofortige Beschwerde zulässig. Hat die Strafvollstreckungskammer die Reststrafe zur Bewährung ausgesetzt, so hat eine dagegen eingelegte sofortige Beschwerde der Staatsanwaltschaft aufschiebende Wirkung nach § 454 Abs. 2 StPO.

8. Nichtanwendbarkeit des § 57 StGB

Die Regelung des § 57 StGB findet nach überwiegender Meinung auf Ersatzfrei- 391
heitsstrafen keine Anwendung. Eine andere Ansicht vertritt das *OLG Koblenz,* zuletzt in seiner Entscheidung vom 23. 12. 1994, NStZ 1995, 254. Dem kann jedoch nicht gefolgt werden. Anders als bei der Freiheitsstrafe, deren Vollstreckung zur Bewährung ausgesetzt werden kann, hat der Gesetzgeber eine solche Möglichkeit bei der Geldstrafe nicht vorgesehen. Hier wurde in den §§ 59ff. StGB das Instrument der Verwarnung mit Strafvorbehalt geschaffen. Bewährt sich die verurteilte Person nicht, ist sie zu der vorbehaltenen Geldstrafe zu verurteilen. Darüber hinaus stehen der Anwendung des § 57 Abs. 1 StGB bei der Vollstreckung der Ersatzfreiheitsstrafe auch verfassungsrechtliche Bedenken entgegen. Die verurteilte Person, die ihre Geldstrafe aus pfändungsfreiem Einkommen mühsam in Raten abbezahlt,

hat außer einer Gnadenentscheidung keine Möglichkeit, zu irgendeiner Vergünstigung. Gleiches gilt auch für die verurteilte Person, welche die Vollstreckung der Ersatzfreiheitsstrafe durch gemeinnützige Arbeit abwendet. Der Gleichheitsgrundsatz des Art. 3 GG dürfte dadurch verletzt sein, dass der verurteilten Person, welche die Ersatzfreiheitsstrafe verbüßt, die Bewährungsmöglichkeit nach § 57 Abs. 1 StGB eingeräumt wird. Würde man der Ansicht des OLG Koblenz folgen, wäre auch eine Strafaussetzung nach § 57 Abs. 2 StGB zu prüfen und die bisher einhellige Auffassung, dass die Verbüßung einer Ersatzfreiheitsstrafe nicht als Vorverbüßung in Sinne des § 57 Abs. 2 StGB anzusehen ist, wäre in Frage gestellt.

V. Vollstreckung mehrerer Freiheitsstrafen und Ersatzfreiheitsstrafen nach den Bestimmungen § 454b StPO und § 43 StVollstrO

392 Diese Bestimmungen gelten, wenn im unmittelbaren Anschluss mehrere Freiheitsstrafen und/oder Ersatzfreiheitsstrafen zu vollstrecken sind, aus denen keine Gesamtstrafe gebildet werden kann.

1. Reihenfolge der Vollstreckung nach § 43 StVollstrO

393 Vorwegvollstreckung von:

- Freiheitsstrafen bis zu 2 Monaten. Dies hat seinen Grund darin, dass für solche Freiheitsstrafen eine bedingte Strafaussetzung zur Bewährung nach § 57 StGB nicht in Betracht kommt, da die Mindestverbüßungszeit, um eine Strafe zum 2/3-Zeitpunkt zur Bewährung aussetzen zu können, 2 Monate beträgt.
- widerrufenen Strafresten – ohne zeitliche Begrenzung. Auch hier ging der Gesetzgeber davon aus, dass solche widerrufene Strafreste nach einer weiteren Teilverbüßung nicht mehr zur Bewährung ausgesetzt werden können – vgl. § 454b Abs. 2 StPO. Dies trifft jedoch so nicht zu. Wird die Vollstreckung einer Freiheitsstrafe bereits nach Verbüßung der Hälfte nach § 57 Abs. 2 StGB zur Bewährung ausgesetzt, so würde man der verurteilten Person die Möglichkeit nehmen, dass die Strafvollstreckungskammer in dem Fall des Widerrufs und der Vollstreckung der restlichen Hälfte prüft, ob die Reststrafe nach Verbüßung von 2/3 der Strafe ausgesetzt werden kann. Ein weiterer Fall für eine mögliche Unterbrechung bzw. Aussetzung eines widerrufenen Strafrestes zur Bewährung nach § 57 StGB ist dann der Fall, wenn die Vollstreckung der Strafe zu irgendeinem Zeitpunkt nach Teilverbüßung im Gnadenwege zur Bewährung ausgesetzt worden war, dann widerrufen und vollstreckt wird. Sonst käme die verurteilte Person überhaupt nicht in den Genuss, dass die Strafvollstreckungskammer zum 2/3-Termin eine Prüfung vornimmt. Der gesetzliche Anspruch nach § 57 StGB kann einer verurteilten Person jedoch nicht nach § 43 StVollstrO genommen werden oder nach § 454b Abs. 2 StPO. In Rn. 409 wird nochmals auf diese Problematik eingegangen.[52]

  Trotzdem ist zunächst einmal § 43 StVollstrO zu beachten, dass solche Strafreste nach Freiheitsstrafen von 2 Monaten vollstreckt werden. Diese Strafreste sind dann nach § 454b Abs. 2 StPO zu einem möglichen Halb- oder 2/3-Strafentermin zu unterbrechen.

[52] Vgl. *Wagner*, Rpfleger 1991, 447.

Freiheitsstrafen sind vor Ersatzfreiheitsstrafen zu vollstrecken, § 43 Abs. 2b StVollstrO. Dieser Grundsatz gilt ausnahmslos. Auch wenn durch Unterbrechungshandlungen die Vollstreckung der Ersatzfreiheitsstrafe vorrücken würde, soll die Ersatzfreiheitsstrafe immer am Ende vollstreckt werden. Der verurteilten Person ist die Möglichkeit zu geben, durch die Bezahlung der Geldstrafe die Vollstreckung der Ersatzfreiheitsstrafe abzuwenden. **394**

Treffen nur Freiheitsstrafen und Ersatzfreiheitsstrafen zusammen, gilt: **395**
- kürzere vor der längeren
- gleich lange in der Reihenfolge des Eintritts der Rechtskraft.

Zur Vollstreckung begonnene Strafen (gleich welcher Art und Höhe) werden, **nur um die Reihenfolge einzuhalten**, nicht unterbrochen, § 43 Abs. 3 StVollstrO. Dies gilt auch dann, wenn dadurch die Reihenfolge „kürzere Freiheitsstrafe vor der längeren" nicht eingehalten wird. **396**

Ausnahme: Unterbrechung zum möglichen Aussetzungszeitpunkt nach § 454b Abs. 2 StPO vgl. Rn. 406ff.

Änderung der Reihenfolge aus wichtigem Grund ist möglich § 43 Abs. 4 StVollstrO. Die Entscheidung trifft der Rechtspfleger. Ein wichtiger Grund könnte vorliegen, wenn ohne die Änderung der Reihenfolge der Vollstreckung möglicherweise die Zurückstellung der Vollstreckung nach §§ 35ff. BtMG nicht möglich wäre. **397**

Alle zu vollstreckenden Strafen sind der Vollzugsanstalt mitzuteilen, damit Überhaft angeordnet und notiert werden kann, § 43 Abs. 5 StVollstrO. **398**

Mehrere Vollstreckungsbehörden müssen sich über die Reihenfolge einigen nach § 43 Abs. 7 StVollstrO. Können sie sich nicht einigen, so entscheidet der Generalstaatsanwalt, der der Vollstreckungsbehörde übergeordnet ist, die für die längste Strafe oder bei gleicher Dauer die für die zuerst rechtskräftig gewordene Strafe zuständig ist. **399**

Beispiele:

1. Die Staatsanwaltschaft Zwickau lädt die verurteilte Person zur Verbüßung einer Ersatzfreiheitsstrafe von 30 Tagen auf 13. 5. 2008 in die Vollzugsanstalt. Das Aufnahmeersuchen liegt der JVA vor am 17. 4. 2008. **400**
2. Die Staatsanwaltschaft Bautzen lädt die verurteilte Person zur Vollstreckung einer Freiheitsstrafe von 2 Monaten auf 20. 5. 2008 in die Vollzugsanstalt. Das Aufnahmeersuchen liegt der JVA vor am 26. 4. 2008.
3. Die Staatsanwaltschaft Leipzig lädt die verurteilte Person zur Vollstreckung einer Widerrufsstrafe von 61 Tagen aus 6 Monaten auf 10. 6. 2008 in die Vollzugsanstalt. Das Aufnahmeersuchen liegt der JVA vor am 11. 5. 2008.

Die verurteilte Person stellt sich am 13. 5. 2008 freiwillig in der JVA. Die Vollstreckungsreihenfolge sieht wie folgt aus: **401**

13. 5. 2008 TB ←	2 Monate	→ 13. 7. 2008 TB
13. 7. 2008 TB ←	61 Tage	→ 12. 9. 2008 TB
12. 9. 2008 TB ←	30 Tage	→ 12. 10. 2008 TB
Entspricht		**11. 10. 2008 TE**

Beispiel: Die verurteilte Person befindet sich in Strafhaft zur Verbüßung einer Ersatzfreiheitsstrafe von 60 Tagen seit 24. 5. 2008 TB. Strafende ist notiert auf 22. 7. 2008 TE. Bei der Vollzugsanstalt gehen folgende Aufnahmeersuchen ein: **402**

am 25. 5. 2008 von der StA Zwickau restl. 92 Tage aus 9 Monaten
am 31. 5. 2008 von der StA Dresden Freiheitsstrafe von 9 Monaten
am 10. 6. 2008 von der StA Dresden Freiheitsstrafe von 2 Monaten
am 10. 7. 2008 von der StA Stuttgart Freiheitsstrafe 1 Jahr 6 Monate
am 21. 7. 2008 von der StA Leipzig Ersatzfreiheitsstrafe von 90 Tagen.

Die Vollstreckungsreihenfolge nach § 43 StVollstrO sieht wie folgt aus:

TB 24. 5. 2008 ←	60 T.	→ 23. 7. 2008 TB
TB 23. 7. 2008 ←	2 M.	→ 23. 9. 2008 TB
TB 23. 9. 2008 ←	92 T.	→ 24. 12. 2008 TB
TB 24. 12. 2008 ←	9 M.	→ 24. 9. 2009 TB
TB 24. 9. 2009 ←	1 J. 6 M.	→ 24. 3. 2011 TB
TB 24. 3. 2011 ←	90 T.	→ 22. 6. 2011 TB
Entspricht		**21. 6. 2011 TE**

Beispiel: Die verurteilte Person befindet sich in Strafhaft für die StA München für eine Freiheitsstrafe von 6 Monaten. Im Anschluss daran sind notiert eine Freiheitsstrafe von 9 Monaten für die StA Chemnitz, weitere Freiheitsstrafe von 1 Jahr und 9 Monate für die StA Dresden und eine Ersatzfreiheitsstrafe von 90 Tagen für die StA Zwickau. Strafbeginn war der 25. 1. 2008 TB. Durch Urteil des Landgerichts Leipzig vom 2. 4. 2008 wird die verurteilte Person unter Einbeziehung der Verurteilung des AG München (Einzelstrafe 6 Monate) zu der Gesamtfreiheitsstrafe von 3 Jahren und 9 Monaten rechtskräftig verurteilt. Da eine begonnene Vollstreckung nicht unterbrochen wird, um die richtige Reihenfolge nach § 43 StVollstrO zu erreichen und es nach § 41 StVollstrO so zu behandeln ist, wie wenn von Anfang an die Gesamtstrafe vollstreckt worden wäre, ergibt sich folgende Vollstreckungsübersicht:

TB 25. 1. 2008 ←	3 J. 9 M.	→ 25. 10. 2011 TB
TB 25. 10. 2011 ←	1 J. 9 M.	→ 25. 7. 2013 TB
TB 25. 7. 2001 ←	90 T.	→ 23. 10. 2013 TB
Entspricht		**22. 10. 2013 TE**

403 **Übersicht zur Reihenfolge der Vollstreckung**

Grundsatz:
- kürzere vor der längeren Freiheitsstrafe
- zuerst Freiheitsstrafen bis zu 2 Monaten
- dann Strafreste, die nach § 57 StGB oder im Gnadenwege zur Bewährung ausgesetzt waren und dann widerrufen wurden
- dann die übrigen Freiheitsstrafen (kürzere vor den längeren)
- zum Schluss die Ersatzfreiheitsstrafen

404 **Beachte:**
- Gleich lange Strafen in der Reihenfolge der Rechtskraft.
- Hat die Vollstreckung einer Strafe entgegen obiger Reihenfolge bereits begonnen, wird sie fortgesetzt.
- Die sachliche Zuständigkeit der Vollzugsanstalt richtet sich nach der Gesamtdauer aller zu vollstreckenden Strafen.
- Mehrere Vollstreckungsbehörden haben sich über die Reihenfolge zu einigen.

2. Unterbrechung zum möglichen Aussetzungszeitpunkt – § 454b StPO

405 Zum 1/2 Zeitpunkt; Voraussetzung § 57 Abs. 2 Nr. 1 StGB und Mindestverbüßung von 6 Monaten.

Zum 2/3-Zeitpunkt; Voraussetzung Mindestverbüßung von 2 Monaten.

Bei lebenslangen Strafen nach Verbüßung von 15 Jahren (unter Berücksichtigung von U-Haft oder anderer Haftzeiten aus Anlass der Tat).

3. Verfahren zur Unterbrechung – § 454b StPO

Regelung in § 43 III StVollstrO. 406

Erfolgt die Unterbrechung von Amts wegen, „so unterbricht die Vollstreckungsbehörde".

Es findet vor der Unterbrechungshandlung keine Anhörung der verurteilten Person statt, diese hat aber die Möglichkeit der Einwendung, § 458 Abs. 2 StPO.

Zweck der Unterbrechung ist, die gemeinsame Entscheidung über die Ausset- 407
zung mehrerer Strafreste nach § 57 StGB herbeiführen zu können. Nach § 57 StGB entscheidet die Strafvollstreckungskammer jeweils nur über eine bedingte Strafaussetzung zur Bewährung hinsichtlich aller Strafen, die in unmittelbarer Reihenfolge vollstreckt werden. Ob die Voraussetzungen des § 57 StGB vorliegen, nämlich ob von der verurteilten Person keine Gefahr mehr für die Allgemeinheit ausgehen, kann einigermaßen zuverlässig erst dann gesagt werden, wenn die verurteilte Person von mehreren Strafen, die sie zu verbüßen hat, die Hälfte oder zwei Drittel verbüßt hat. Die Vollstreckungsbehörden haben daher zum gemeinsamen Halb- bzw. 2/3-Termin die Akten der Strafvollstreckungskammer zu übersenden, die dann für alle Strafen bzw. Strafreste eine gemeinsame Entscheidung trifft. Vorausgesetzt wird nicht, dass jede Vollstreckungsbehörde den gleichen Antrag stellt. Die getrennte Zuständigkeit und mögliche getrennte Rechtsmittel der Vollstreckungsbehörden bleiben bestehen. So kann die eine Vollstreckungsbehörde gegen einen Aussetzungsbeschluss sofortige Beschwerde einlegen, die andere auf Rechtsmittel verzichten. Dies hat nicht zur Folge, dass der Aussetzungsbeschluss hinsichtlich der Strafe, bei der die Vollstreckungsbehörde auf Rechtsmittel verzichtet hat, rechtskräftig wird. Legt eine Vollstreckungsbehörde Rechtsmittel ein, hat das Beschwerdegericht, in der Regel das OLG, über den gesamten Beschluss zu entscheiden. Der Aussetzungsbeschluss wird gemeinsam dann rechtskräftig, wenn alle Beteiligten auf Rechtsmittel verzichtet haben oder bezüglich aller Beteiligter die Rechtsmittelfrist abgelaufen ist.

Wird eine Strafe nach § 454b Abs. 2 StPO unterbrochen, so wird die Reststrafe 408
nach Tagen berechnet (§ 40 StVollstrO) und an nächster freier Stelle notiert.

Ist die verurteilte Person „Erstverbüßer", ist also der erste Prüfungstermin der 409
Halbstrafentermin, und lehnt die Strafvollstreckungskammer eine bedingte Aussetzung der Reststrafen zu diesem Termin ab, so sind die Strafen in der Reihenfolge, wie sie notiert sind, jeweils bis zum 2/3-Termin zu vollstrecken, zunächst die Strafe, für die sich die verurteilte Person zum Zeitpunkt der Halbstrafenentscheidung in Haft befindet, dann die übrigen Strafen bis zum 2/3-Zeitpunkt in der Reihenfolge, wie sie notiert sind. Danach ist eine bedingte Aussetzung der Reststrafen zum 2/3-Termin erneut durch die Strafvollstreckungskammer zu prüfen. Deshalb ist auch ein Strafrest, der nach § 57 Abs. 2 StGB zum Halbstrafentermin ausgesetzt und dann widerrufen wurde, entgegen des Wortlauts des § 454b Abs. 2 StPO zum 2/3-Termin zu unterbrechen.[53]

---

[53] Siehe auch *Wagner,* Rpfleger 1991, 447.

410 **Beispiele:**

1. Die verurteilte Person war durch Urteil des Amtsgerichts Meißen vom 31. 3. 2006 zu der Freiheitsstrafe von 1 Jahr verurteilt worden. Diese Strafe wurde wie folgt vollstreckt:

TB 14. 5. 2006 ←	1 Jahr →	14. 5. 2007 TB
Halbstrafentermin		
nach konkreter Berechnungsart		12. 11. 2006 TB
aber Mindestverbüßungszeit 6 M.		**14. 11. 2006 TB,** Rest 181 T.
2/3-Termin – abstrakt –		14. 1. 2007 TB
Konkret		**12. 1. 2007 TB,** Rest 122 T.

Dies bedeutet, dass die verurteilte Person bis zum 2/3-Termin noch 59 Tage zu verbüßen hat und bis zum Strafende noch 181 Tage. Die Strafvollstreckungskammer setzt die Reststrafe zum Halbstrafentermin aus. Die Strafaussetzung zur Bewährung wird später widerrufen.

Gegen die verurteilte Person werden derzeit vollstreckt:

TB 18. 6. 2009 ←	2 M. →	18. 8. 2009 TB
TB 18. 8. 2009 ←	restl. 181 T. aus 1 J. →	15. 2. 2010 TB
Zwei Drittel dieser Strafe sind verbüßt am:		
TB 18. 8. 2009 ←	*59 T.* →	*16. 10. 2009 TB, Rest 122 T.*
TB 15. 2. 2010 ←	9 M. →	15. 11. 2010 TB
TB 15. 11. 2010 ←	1 J. 6 M. →	15. 5. 2012 TB
Entspricht		**14. 5. 2012 TE**

Halbstrafentermine kommen nicht in Betracht, da die verurteilte Person kein Erstverbüßer ist, aber nach § 57 Abs. 1 StGB sind die 2/3-Termine zu beachten.

Die Vollstreckungsbehörde hat zunächst die Widerrufsstrafe von 181 Tagen zum 16. 10. 2009 TB zu unterbrechen nach § 454b Abs. 2 StPO zur Vollstreckung der übrigen Strafen. Die Strafzeitberechnung nach Unterbrechung sieht nun wie folgt aus:

TB 18. 6. 2009 ←	2 M. →	18. 8. 2009 TB
TB 18. 8. 2009 ←	59 T. aus 181 T. →	16. 10. 2009 TB
TB 16. 10. 2009 ←	9 M. →	16. 7. 2010 TB
Zwei-Drittel-Termin	– abstrakt –	16. 4. 2010 TB
	– konkret –	15. 4. 2010 TB, Rest 92 T.
TB 16. 7. 2010 ←	1 J. 6 M. →	16. 1. 2012 TB
TB 16. 1. 2012 ←	122 T. aus 181 T. →	18. 5. 2012 TB
Entspricht		**17. 5. 2012 TE**

Dann hat die Vollstreckungsbehörde die Freiheitsstrafe von 9 Monaten zum 15. 4. 2010 TB zu unterbrechen zur Vollstreckung der Freiheitsstrafe von 1 Jahr 6 Monate. Die neue Strafzeitberechnung sieht nun wie folgt aus:

TB 18. 6. 2009 ←	2 M. →	18. 8. 2009 TB
TB 18. 8. 2009 ←	59 T. aus 181 T. →	16. 10. 2009 TB
TB 16. 10. 2009 ←	2/3 aus 9 M. →	15. 4. 2010 TB
TB 15. 4. 2010 ←	1 J. 6 M. →	15. 10. 2011 TB
Zwei-Drittel-Termin	– abstrakt –	15. 4. 2011 TB
	– konkret –	15. 4. 2011 TB, Rest 183 T.
TB 10. 10. 2011 ←	122 T. aus 181 T. →	14. 2. 2012 TB
TB 14. 2. 2012 ←	92 T. aus 9 M. →	17. 5. 2012 TB
Entspricht		**16. 5. 2012 TE**

Der 14. 4. 2011 TE ist der gemeinsame 2/3-Termin, zu dem die Vollstreckungsbehörden der Strafvollstreckungskammer die Akten, soweit eine Strafaussetzung in Betracht kommt, zu übersenden haben zur Entscheidung nach § 57 Abs. 1 StGB.

411 Lehnt nun die Strafvollstreckungskammer eine bedingte Aussetzung der Reststrafen nach § 57 I StGB ab, wird die Strafe, in der sich die verurteilte Person zum Zeitpunkt der Entscheidung in Haft befindet, zu Ende vollstreckt, d.h. die Freiheitsstrafe von 1 Jahr und 6 Monate wird bis 15. 10. 2011 TB vollstreckt, dann die restlichen Strafen, wie oben aufgeführt.

> Nach der Entscheidung des *BVerfG* vom 16. 5. 1994 (NStZ 94, 452) ist die Länge der Vollstreckung nach oben hin begrenzt durch die Länge der Strafzeit, die bei ununterbrochener Vollstreckung mehrerer Strafen nacheinander gem. § 39 StGB, § 37 Abs. 4 StVollstrO erreicht werden würde. Die verurteilte Person ist daher – wie nachstehend nochmals errechnet – am 14. 5. 2010 aus der Strafhaft zu entlassen, sofern die Strafvollstreckungskammer die Reststrafen nicht zu einem früheren Zeitpunkt aussetzt.

Dies ergibt nachstehend errechnetes Strafende:

TB 18. 6. 2009	2 M.	18. 8. 2009 TB
TB 18. 8. 2009	181 T. aus 1 J.	15. 2. 2010 TB
TB 15. 2. 2010	9 M.	15. 11. 2010 TB
TB 15. 11. 2010	1 J. 6 M.	15. 5. 2012 TB
Entspricht		**14. 5. 2012 TE**

2. Die verurteilte Person ist Erstverbüßer. Sie befindet sich derzeit Strafhaft für die StA Zwickau für eine Freiheitsstrafe von 15 Monaten. Nach Antritt dieser Strafe wird notiert die Vollstreckung einer Freiheitsstrafe von 1 Jahr für die StA Dresden und die Vollstreckung von 18 Monaten für die Staatsanwaltschaft Leipzig.
Die Vollstreckungsübersicht sieht wie folgt aus (für die Berechnung der Halb- bzw. 2/3-Strafen wird hier nur die Berechnungsart *abstrakt rückwärts* angewendet).

TB 18. 6. 2007 ←	15 M.	→ 18. 9. 2008 TB	
Halbstrafe (minus 7 M. und 15 T.)		3. 2. 2008 TB, Rest 228 T.	
2/3-Strafe (minus 5 M.)		18. 4. 2008 TB, Rest 153 T.	
zwischen dem Halb- und 2/3-Termin sind daher noch zu vollstrecken.			75 T.
TB 18. 9. 2008 ←	1 J.	→ 18. 9. 2009 TB	
TB 18. 9. 2009 ←	18 M.	→ 18. 3. 2011 TB	
Entspricht		17. 3. 2011 TE	

Die Vollstreckungsbehörde unterbricht nun die Freiheitsstrafe von 15 Monaten zum Halbstrafentermin zur Vollstreckung der weiter notierten Strafen. Durch Urteil vom 7. 5. 2008 des Landgerichts Zwickau wird die verurteilte Person unter Einbeziehung der Freiheitsstrafe von 15 Monaten zu der Gesamtfreiheitsstrafe von 2 Jahren rechtskräftig verurteilt. Damit ergibt sich folgende neue Strafzeitberechnung:

TB 18. 6. 2007 ←	2 J.	→ 18. 6. 2009 TB
Halbstrafentermin (minus 1 J.)		18. 6. 2008 TB, Rest 365 T.
2/3-Termin (minus 8 M.)		18. 10. 2008 TB, Rest 243 T.
unterbrochen wurde zum		3. 2. 2008 TB, Rest 501 T.
bis zum Halbstrafentermin sind daher noch zu vollstrecken		136 T.
bis zum 2/3-Termin sind daher noch zu vollstrecken		258 T.
TB 3. 2. 2008 ←	1 J.	→ 3. 2. 2009 TB
Halbstrafentermin (minus 6 M.)		3. 8. 2008 TB, Rest 184 T.
2/3-Termin (minus 4 M.)		3. 10. 2008 TB, Rest 123 T.
vom Halbstrafentermin bis zum 2/3-Termin sind noch restliche zu verbüßen.		61 T.
TB 3. 2. 2009 ←	18 M.	→ 3. 8. 2010 TB
TB 3. 8. 2010 ←	501 T.	→ 17. 12. 2011 TB
Entspricht		**16. 12. 2011 TE**

Die Vollstreckungsbehörde unterbricht nun nach § 454b Abs. 2 StPO die Freiheitsstrafe von 1 Jahr zur Vollstreckung der übrigen Strafen. Damit ergibt sich folgende Strafzeitübersicht:

TB 18. 6. 2007 ←	2 J.		→ 3. 2. 2008 TB
Rest bis Ende		501 T.	
Rest bis Halbstrafentermin		136 T.	
Rest bis 2/3-Termin		258 T.	
TB 3. 2. 2008 ←	1 J.		→ 3. 2. 2009 TB
Halbstrafentermin (minus 6 M.)		3. 8. 2008 TB, Rest 184 T.	
2/3-Termin (minus 4 M.)		3. 10. 2008 TB, Rest 123 T.	

vom Halbstrafentermin bis zum 2/3-Termin sind noch restliche zu verbüßen.				61 T.
TB 3. 8. 2008	←	18 M.	→	3. 2. 2010 TB
TB 3. 2. 2010	←	501 T.	→	19. 6. 2011 TB
TB 19. 6. 2011	←	184 T.	→	20. 12. 2011 TB
Entspricht				**19. 12. 2011 TE**

Die Strafvollstreckungsbehörde unterbricht nun die Freiheitsstrafe von 18 Monaten zum Halbstrafentermin zur Vollstreckung der restlichen Freiheitsstrafe von 501 Tagen, bis diese Strafe ebenfalls bis zur Hälfte vollstreckt ist. Damit ergibt sich folgende Strafzeitberechnung und Strafzeitübersicht:

TB 18. 6. 2007	←	2 J.		→	3. 2. 2008 TB
Rest bis zum Ende			501 T.		
Rest bis Halbstrafentermin			136 T.		
Rest bis 2/3-Termin			258 T.		
TB 3. 2. 2008	←	1 J.		→	3. 8. 2008 TB
Rest bis zum Ende			184 T.		
Rest bis 2/3-Termin			61 T.		
TB 3. 8. 2008	←	18 M.		→	3. 2. 2010 TB
Halbstrafentermin (minus 9 M.)					3. 5. 2009 TB, Rest 276 T.
2/3-Termin (minus 6 M.)					3. 8. 2009 TB, Rest 184 T.
vom Halbstrafentermin bis zum 2/3-Termin sind noch restliche zu verbüßen.					92 T.
TB 3. 5. 2009		501 T.			16. 9. 2010 TB
Halbstrafentermin		136 T.			16. 9. 2009 TB
Entspricht					**15. 9. 2009 TE**

Dies ist der gemeinsame Halbstrafenzeitpunkt.

TB 16. 9. 2010	184 T.	19. 3. 2011 TB
TB 19. 3. 2011	276 T.	20. 12. 2011 TB
Entspricht		**19. 12. 2011 TE**

413 Die Vollstreckungsbehörden haben daher zum gemeinsamen Halbstrafenzeitpunkt die Akten der Strafvollstreckungskammer zur Entscheidung nach § 57 Abs. 2 StGB zu übersenden. Lehnt nun die Strafvollstreckungskammer die Aussetzung der Reststrafen zum Halbstrafenzeitpunkt ab, sind alle Strafen bis zum 2/3-Termin zu vollstrecken. Dann sind die Akten erneut der Strafvollstreckungskammer zur Entscheidung nach § 57 Abs. 1 StGB zur Entscheidung vorzulegen.

Damit ergibt sich folgende Übersicht:

TB 18. 6. 2007	2 J.		3. 2. 2008 TB
Rest bis Ende		501 T.	
Rest bis Halbstrafe		136 T.	
Rest bis 2/3-Termin		258 T.	

vom Halbstrafentermin bis zum 2/3-Termin fehlen daher noch 122 Tage

TB 3. 2. 2008	1 J.		3. 8. 2008 TB
Rest bis Ende		184 T.	
Rest bis 2/3-Termin		61 T.	
TB 3. 8. 2008	18 M.		3. 5. 2009 TB
Rest bis Ende		276 T.	
Rest bis 2/3-Termin		184 T.	
TB 3. 5. 2009	501 T.		16. 9. 2009 TB
Rest bis Ende		365 T.	
Rest bis 2/3-Termin		122 T.	

Es werden deshalb vollstreckt die Reststrafe von 501 Tagen
bis zum 2/3-Termin:

TB 16. 9. 2009	122 T.	16. 1. 2010 TB
restliches Drittel 243 T.		
TB 16. 1. 2010	61 T.	18. 3. 2010 TB
restliches Drittel 123 T.		
TB 18. 3. 2010	92 T.	17. 6. 2010 TB
restliches Drittel 184 T.		
Entspricht		**16. 6. 2010 TE**

> Dies ist der gemeinsame 2/3-Termin.

Die Vollstreckungsbehörden haben daher zu diesem Zeitpunkt die Akten erneut 414
der Strafvollstreckungskammer zu übersenden zur Entscheidung nach § 57 Abs. 1 StGB. Im Anschluss daran sind zur Vollstreckung notiert zunächst einmal die restlichen 184 Tage aus 18 Monaten, dann die restlichen 243 Tage aus 2 Jahren und am Ende die restlichen 123 Tage aus 1 Jahr. Lehnt nun die Strafvollstreckungskammer auch die Aussetzung der Reststrafen zum 2/3-Termin ab, werden diese Strafen entsprechend der notierten Reihenfolge zu Ende vollstreckt. Dies ergibt dann folgende Vollstreckungsübersicht:

TB 17. 6. 2010	184 T.	18. 12. 2010 TB
TB 18. 12. 2010	243 T.	18. 8. 2011 TB
TB 18. 8. 2011	123 T.	19. 12. 2011 TB
Entspricht		**18. 12. 2011 TE**

Auch hier ist zu beachten, dass die verurteilte Person nicht länger im Vollzug sein darf, als sich das Strafende ohne Unterbrechungshandlungen errechnen würde.

Übersicht über die Regelung des § 454 b StPO 415

↓

Jede Strafe ist zum frühest möglichen Zeitpunkt zu unterbrechen zur Vollstreckung der im Anschluss notierten Strafe.

↓

Der Strafrest ist in Tagen berechnet an letzter Stelle der Strafzeitübersicht zu notieren, aber vor evtl. notierter Ersatzfreiheitsstrafen, die immer an den Schluss rücken.

↓

Bei Unterbrechungen vor dem Halbstrafen- oder dem 2/3-Termin sind die Reststrafen in Tagen bis zu diesen Terminen zu errechnen.

↓

Wird eine bedingte Strafaussetzung zum Halbstrafentermin abgelehnt, sind alle Strafen soweit zu vollstrecken, bis je 2/3 der Strafen verbüßt sind.

↓

Die restlichen Drittel der Strafen sind in Tagen berechnet wieder an letzter Stelle der Strafzeitübersicht zu notieren, aber vor evtl. notierter Ersatzfreiheitsstrafen.

↓

Wird auch die bedingte Strafaussetzung nach Verbüßung von 2/3 der Strafen abgelehnt, so sind die Reststrafen in der notierten Reihenfolge zu Ende zu vollstrecken, wobei zuerst die Strafe zu Ende vollstreckt wird, die der Verurteilte zum Zeitpunkt der Entscheidung gerade verbüßt, jedoch ist darauf zu achten, dass der Verurteilte nicht länger in Haft bleibt, wie wenn die Strafen ohne Unterbrechungshandlungen jeweils ganz vollstreckt worden wären.

Diese Vergleichsberechnung sieht wie folgt aus:

Strafbeginn	18. 6. 2007 TB
1. Strafe 2 Jahre bis	18. 6. 2009 TB
2. Strafe 1 Jahr bis	18. 6. 2010 TB
3. Strafe 1 Jahr 8 Monate bis	18. 12. 2011 TB
Entspricht	**17. 12. 2011 TE**

Maßgebend ist daher Strafende mit 17. 12. 2011, da dieses Strafende für die verurteilte Person günstiger ist.

416 **Unterlassene Unterbrechungshandlungen**

Die 2. Kammer des 2. Senats des BVerfG hat in ihrem Beschluss vom 2. 5. 1988[54] ausdrücklich darauf hingewiesen, dass ein den Vollstreckungsbehörden unterlaufenes Verschulden, die zeitlichen Voraussetzungen für die §§ 57, 57a StGB so früh wie möglich herbeizuführen, nicht zum Nachteil der verteilten Person gereichen darf.

In verfassungsrechtlicher Sicht gebietet es die grundrechtliche Verbürgung der Freiheit der Person, dass die Vollstreckungsbehörde die ihr gem. § 454b Abs. 2 StPO von Amts wegen auferlegte Verpflichtung zur Unterbrechung von Freiheitsstrafen, die bereits so lange verbüßt sind, dass ihre Aussetzung nach §§ 57, 57a StGB in Betracht kommt, strikt beachtet. Diese Unterbrechungshandlungen liegen allein im Verantwortungsbereich der Staatsanwaltschaften. Da das Gesetz es mit § 454b Abs. 2 StPO den Vollstreckungsbehörden anvertraut, im Interesse des Freiheitsrechts des Verurteilten die zeitlichen Voraussetzungen für die §§ 57, 57a StGB so früh wie möglich herbeizuführen, darf dabei ein den Vollstreckungsbehörden unterlaufenes Verschulden einer verurteilten Person bei Anwendung der §§ 57, 57a StGB nicht zum Nachteil gereichen. Diese Vorschriften geben ihr nach Vorliegen der zeitlichen Voraussetzungen einen Anspruch darauf, dass die Gerichte von Amtswegen über die Aussetzung der Vollstreckung des Restes einer Freiheitsstrafe zur Bewährung entscheiden. Die Verwirklichung dieses Rechts darf im Blick auf das mit ihm gewährleistete Freiheitsgrundrecht und den rechtsstaatlichen Grundsatz fairer Verfahrensgestaltung nicht an einem Verschulden der Behörde scheitern, in deren Verantwortungsbereich die Herbeiführung der Voraussetzungen für seine Entstehung allein gelegt ist.

417 Die Gerichte sind daher nicht an einer Entscheidung gem. §§ 57, 57a StGB gehindert, soweit deren zeitlichen Voraussetzungen nur darum nicht vorliegen, weil die Vollstreckungsbehörde nicht unverzüglich i.S. des § 454b Abs. 2 StPO tätig geworden ist.

418 Richter am AG Dr. Wolf führt in seinem Aufsatz (NStZ 1990, 575) dazu weiter aus:

Indem das BVerfG die unterlassene oder verspätete Unterbrechung nach § 454b Abs. 2 StPO als Grundrechtseingriff qualifiziert, bestätigt es impliziert die in Rechtsprechung und Literatur mittlerweile gesicherte Auffassung, dass unter den Voraussetzungen des § 57 Abs. 1 StGB die Vollstreckung der Strafe über bestimmte Zeitpunkte hinaus ohne eine vorherige Entscheidung der Strafvollstreckungskammer, dass der Strafrest nicht zur Bewährung ausgesetzt werde, unzulässig, also rechtswidrig ist mit der Konsequenz, dass jeder, der für ordnungsgemäßen Gang der Vollstreckung verantwortlich ist, sich der Gefahr der Strafbarkeit nach § 354 StGB aussetzt.

419 Das *OLG Frankfurt* hat deshalb in seiner Entscheidung vom 3. 11. 1989 (NStZ 1990, 254) in den Fällen der Anschlussvollstreckung mehrerer Freiheitsstrafen –

[54] NStZ 1988, 474.

entgegen ganz herrschender Auffassung in Rechtsprechung und Schrifttum – bei Versäumung des sich aus § 454b Abs. 2 StPO ergebenden Zeitpunkts die rückwirkende Unterbrechung der laufenden Strafvollstreckung für zulässig und geboten erachtet.

Das *OLG Karlsruhe* hat in seiner Entscheidung vom 28. 1. 1992 – 1 Ws 259/81 – **420**
betont, dass eine abgeschlossene Vollstreckung der Freiheitsstrafe rückwirkend weder ausgesetzt noch unterbrochen werden kann. Rechtsnachteile einer unterbliebenen Unterbrechung gem. § 454b Abs. 2 Satz 1 StPO können in aller Regel auch auf andere Weise abgewendet werden. Insbesondere bei der Berechnung des Zeitpunkts von zwei Dritteln der Anschlussstrafe ist die verurteilte Person so zu stellen, als ob die vorausgegangene Vollstreckung rechtzeitig unterbrochen worden wäre.

Dementsprechend wird bei der Berechnung des Zeitpunkts der Verbüßung von zwei Dritteln der Anschlussstrafe zu berücksichtigen sein, dass **mit Eintritt der Rechtskraft des Urteils hinsichtlich der 2. Strafe** die Unterbrechung der Vollstreckung der 1. Strafe möglich war. Dieser Entscheidung hat sich auch der Gesetzgeber mit Gesetz vom 22. 12. 2006, in Kraft getreten am 1. Januar 2007, angeschlossen, indem es in § 454b Abs. 2 StPO ausdrücklich eine rückwirkende Unterbrechung einer vorhergehenden Strafe zu dem Zeitpunkt zugelassen hat, wenn zeitlich nach dem möglichen Unterbrechungstermin eine neue Strafe hinzukommt. Die rückwirkende Unterbrechung ist aber nicht möglich auf den möglichen Unterbrechungstermin der ersten Strafe, sondern frühestens zu dem Zeitpunkt, an dem die spätere Strafe wirksam, also rechtskräftig geworden ist. Aus dieser Gesetzesformulierung ergibt sich auch, dass in anderen Fällen eine rückwirkende Unterbrechung, etwa weil die Vollstreckungsbehörde die Unterbrechung versäumt hat, nicht möglich ist.

Die vorausgegangene Ablehnung einer bedingten Entlassung nach § 57 Abs. 1 StGB hinsichtlich der 1. Strafe steht einer Vollstreckungsunterbrechung gem. § 454b Abs. 2 StPO zugunsten der Anschlussstrafe nicht entgegen.

Ähnlich entschieden hat das *OLG Stuttgart* in seiner Entscheidung vom 9. 3. **421**
1992 – 3 Ws 301/91.

Werden Freiheitsstrafen im Anschluss vollstreckt, haben die Vollstreckungsbehörden die zeitlichen Voraussetzungen des § 57 StGB durch Unterbrechung der zunächst zu vollstreckenden Freiheitsstrafe gem. § 454b Abs. 2 StPO so früh wie möglich herbeizuführen. Ist das nicht geschehen, treffen die Strafvollstreckungskammern ihre Entscheidung nach § 57 StGB so, ***als ob die Unterbrechung nach § 454b Abs. 2 StPO rechtzeitig vorgenommen worden wäre.*** *Dazu sind ihnen die Akten rechtzeitig mit den erforderlichen Stellungnahmen der Vollzugsanstalt und der beteiligten Staatsanwaltschaften vorzulegen.*

Dies sicherzustellen, erscheint nur möglich, wenn eine Vollstreckungsübersicht mit **fiktiv** rechtzeitiger Unterbrechung und Anschlussvollstreckung ab dem Zeitpunkt, zu dem die Vollstreckung der zunächst verbüßten Freiheitsstrafe frühestens hätte unterbrochen werden können, erstellt wird.

Die Rückwirkung hat zum frühestmöglichen Zeitpunkt zu erfolgen. Dies ist nicht der Tag, an dem die für die rückwirkende Unterbrechung zuständige Staatsanwaltschaft von der Möglichkeit der Anschlussvollstreckung erfährt, sondern aus Gründen der Rechtssicherheit **der Tag nach dem Eintritt der Rechtskraft des im Anschluss zu vollstreckenden Urteils,** sofern die verhängte Freiheitsstrafe zur Bewährung ausgesetzt wurde, der Tag nach Eintritt der Rechtskraft des Bewährungswiderrufs, neue Formulierung in § 454b Abs. 2 StPO.

VI. Strafunterbrechung – § 455 Abs. 4 StPO, §§ 45, 46 StVollstrO

1. Voraussetzungen

422 – Verfall in Geisteskrankheit,
– Erkrankung mit naher Lebensgefahr, verursacht durch Vollzug,
– schwere Erkrankung, die in der Vollzugsanstalt nicht erkannt oder nicht behandelt werden kann.

Zusätzlich müssen folgende Voraussetzungen vorliegen:
– Die Krankheit muss voraussichtlich für eine erhebliche Zeit vorliegen,
– überwiegende Gründe, namentlich öffentliche Sicherheit, dürfen nicht entgegenstehen § 455 Abs. 4 StPO,
– ein Gutachten des zuständigen Arztes, ob die Voraussetzungen vorliegen (siehe oben, mit Ausnahme der öffentlichen Sicherheit),
– dass die verurteilte Person keinen unverhältnismäßig großen Teil seiner Strafe außerhalb des Strafvollzugs zubringt, § 45 Abs. 1 und 2 StVollstrO.

2. Zuständigkeit

423 Zuständig ist die Vollstreckungsbehörde, § 455 Abs. 4 StPO, bei der Staatsanwaltschaft nach Wegfall der BegrenzungsVO[55] der Rechtspfleger.

3. Verfahren

424 Entscheidung erfolgt auf Antrag oder von Amts wegen. Meistens auf Anregung der Vollzugsanstalt (diese ist aber nicht antrags- und deshalb auch nicht beschwerdeberechtigt).

Keine Anhörung der verurteilten Person erforderlich.

425 Gegen die Entscheidung der Vollstreckungsbehörde kann die verurteilte Person Einwendungen erheben, § 458 Abs. 2 StPO.

Über die Einwendungen entscheidet das Gericht der I. Instanz. Falls sich die verurteilte Person noch in der Vollzugsanstalt befindet, entscheidet die Strafvollstreckungskammer, § 462a Abs. 1 StPO. Gegen die gerichtliche Entscheidung ist die sofortige Beschwerde gegeben, § 462 Abs. 3 StPO.

426 **Bekanntgabe**
– Die Bekanntgabe erfolgt durch Mitteilung an die Vollzugsanstalt, § 46 Abs. 1 StVollstrO
– an die verurteilte Person (falls möglich), § 46 Abs. 1 StVollstrO
– an das Krankenhaus, wenn die verurteilte Person vor Eingang der Entscheidung bei der Vollzugsanstalt schon verlegt ist.

Die Bekanntgabe erfolgt durch Zustellung.

427 **Wirksamwerden**
– Die Strafunterbrechung wird wirksam mit der Verlegung aus dem Strafvollzug, wenn die verurteilte Person bei der Bekanntgabe sich noch in der Vollzugsanstalt befand.
– Mit der Zustellung an die Krankenanstalt, wenn die Verlegung schon vor der Unterbrechung erfolgt war. Der verurteilten Person wird die Entscheidung nur bekannt gegeben.

---

[55] Vgl. § 31 RPflG.

4. Wirkung

Die Kosten der Krankenhausbehandlung werden vom Zeitpunkt des Wirksamwerdens der Unterbrechung nicht mehr vom Justizfiskus getragen. 428

Die Zeit der Unterbrechung wird auf die Strafe **nicht** angerechnet.

Die Vollstreckungsbehörde hat keine Verfügungsgewalt mehr über die verurteilte Person, § 46 Abs. 5 StVollstrO.

Erkundigungen über die Haftfähigkeit sind aber möglich und geboten, § 46 Abs. 5 S. 2 StVollstrO.

5. Besonderheiten

Ist neben der Strafe die Unterbringung nach §§ 63, 64 StGB (Unterbringung im psychiatrischen Krankenhaus oder in der Entziehungsanstalt) angeordnet und wird die Strafe ausnahmsweise vorweg vollzogen, so ist die Reihenfolge der Vollstreckung zu ändern, wenn die Krankheit in einem psychiatrischen Krankenhaus behandelt werden kann, § 45 Abs. 4 StVollstrO, § 67 Abs. 3 StGB. 429

Ist die verurteilte Person gemeingefährlich, geisteskrank oder hilfebedürftig, ist die Fürsorgebehörde einzuschalten, § 46 Abs. 2 StVollstrO.

6. Nichtanrechnung trotz Nichtunterbrechung – § 461 StPO

Wird die verurteilte Person nach Beginn der Strafvollstreckung wegen einer Krankheit in eine von der Strafanstalt getrennte Krankenanstalt verbracht, ohne dass die Vollstreckungsbehörde die Vollstreckung unterbricht, so wird die Dauer des Aufenthalts in der Krankenanstalt in die Strafzeit eingerechnet. Dies gilt allerdings dann nicht, wenn die verurteilte Person die Krankheit herbeigeführt hat mit der Absicht, die Unterbrechung der Strafvollstreckung zu erwirken. Dies gilt auch, wenn sich die verurteilte Person während eines Urlaubs vom Strafvollzug, der in die Strafzeit ebenfalls eingerechnet wird, sich in eine Krankenanstalt außerhalb des Strafvollzugs begibt. War aber die Strafe aus irgendeinem Grunde unterbrochen und die verurteilte Person begibt sich während der Unterbrechung in eine Krankenanstalt, wird die Zeit der Unterbringung in der Krankenanstalt in die Strafzeit nicht mit eingerechnet. 430

Hat allerdings die verurteilte Person, in der Absicht eine Strafunterbrechung herbeizuführen, die Krankheit selbst herbeigeführt, hat die Staatsanwaltschaft als Strafvollstreckungsbehörde die Entscheidung des Gerichts herbeizuführen, dass die Zeit des Aufenthalts in der Krankenanstalt in die Strafzeit nicht eingerechnet wird. 431

Zuständig zur Entscheidung ist nach § 462a Abs. 1 StPO die Strafvollstreckungskammer. 432

Will die Vollstreckungsbehörde Zeiten des Aufenthalts in einer Krankenanstalt außerhalb des Strafvollzugs nicht in die Strafzeit einrechnen, kann die verurteilte Person dagegen Einwendungen nach § 458 Abs. 1 StPO erheben. Gegen die gerichtliche Entscheidung ist sofortige Beschwerde gegeben nach § 462 Abs. 3 StPO. 433

5. Abschnitt. Nachträgliche Gesamtstrafenbildung nach §§ 54, 55 StGB, § 460 StPO

434 Wird die angeklagte Person wegen mehrerer selbständiger Taten gleichzeitig verurteilt, so hat das Gericht für jede dieser Taten eine Strafe festzusetzen und daraus eine Gesamtstrafe zu bilden, d.h. alle Einzelstrafen sind auf eine gemeinsame Strafe zusammen zu führen, so dass nur **eine Strafe, die Gesamtstrafe** verhängt wird. Maßgebend ist § 54 StGB. Auf das 1. Kapitel, Rn. 109, 110 wird Bezug genommen. Danach darf die Gesamtstrafe die Summe der Einzelstrafen nicht erreichen, die Gesamtstrafe muss jedoch höher sein als die höchste Einzelstrafe, die *„Einsatzstrafe"* genannt wird. Jedoch kommt es hierbei nicht auf die Länge an. So ist eine Freiheitsstrafe von 1 Monat gegenüber einer Geldstrafe von 60 Tagessätzen die „Einsatzstrafe". Die verurteilte Person erhält daher einen *Rabatt*, wie nachstehende Beispiele bei einer gleichzeitigen Verurteilung wegen mehrerer Straftaten zeigen:

1. Diebstahl, Geldstrafe von 60 Tagessätzen zu je € 50,–	€ 3.000,–
Betrug, Geldstrafe von 90 Tagessätzen zu je € 50,–	€ 4.500,–
Gesamtstrafe: 120 Tagessätze zu je € 50,–	€ 6.000,–

> Die verurteilte Person hat insgesamt nur **€ 6.000,–** zu bezahlen oder im Falle der Uneinbringlichkeit nur **120 Tage** Ersatzfreiheitsstrafe zu verbüßen.

2. Raub, Freiheitsstrafe 1 Jahr 6 Monate
Diebstahl, Freiheitsstrafe 1 Jahr
Betrug, Geldstrafe von 100 Tagessätzen zu je € 80,–
Gesamtstrafe: Freiheitsstrafe von 2 Jahren (möglich wären Gesamtfreiheitsstrafen von 1 Jahr und 8 Monaten bis zu 2 Jahren und 9 Monaten nach der Vorschrift des § 54 StGB, wonach die Gesamtstrafe höher sein muss als die Einsatzstrafe, sie aber die Summe der Einzelstrafen nicht erreichen darf).

> Der Verurteilte hat nur eine Gesamtfreiheitsstrafe von 2 Jahren zu verbüßen.

435 Der Täter, der das Glück hat, wegen mehrerer begangener selbständiger Taten gleichzeitig abgeurteilt zu werden, erlangt deshalb einen ganz erheblichen Vorteil. In vielen Fällen ist eine gleichzeitige Aburteilung jedoch nicht möglich, etwa, weil die Taten an verschiedenen Orten begangen wurden und die Ermittlungsbehörden von den anderen Taten keine Kenntnis erlangen, oder die Ermittlungen hinsichtlich einiger Taten sind noch nicht abgeschlossen, oder die verurteilte Person wird erst später als Täter einer anderen Tat ermittelt. Um einen gerechten Ausgleich zu schaffen, muss deshalb der Gesetzgeber auch für diese Fälle Regelungen treffen. Er hat in zwei Bestimmungen im StGB und in der StPO davon Gebrauch gemacht.

I. Möglichkeiten

436 Nachträgliche Gesamtsstrafenbildung erfolgt durch Urteil, § 55 StGB, zusammen mit einer neuen Verurteilung, d.h. die verurteilte Person ist wegen einer Tat bereits **rechtskräftig** verurteilt und wird nun wegen einer anderen Tat, die sie **vor** der ersten Verurteilung begangen hat, erneut verurteilt und die erste Strafe ist zu dem Zeitpunkt der zweiten Verurteilung weder verbüßt noch verjährt noch erlassen.[56]

[56] Voraussetzungen zur Gesamtstrafenbildung nach dem Erwachsenenrecht s. § 55 StGB.

Durch Beschluss nach § 460 StPO, wenn schon alle Straftaten je einzeln rechtskräftig abgeurteilt sind, es aber die Möglichkeit bestanden hätte, alle Taten gleichzeitig abzuurteilen oder nach § 55 StGB in eine neue Verurteilung einzubeziehen. 437

II. Zweck und Sinn der Gesamtstrafenbildung nach § 460 StPO

§ 460 StPO ist ein zusätzlicher Rechtsbehelf zur Sicherung des mit § 55 StGB verfolgten Ziels. Dies, nämlich die nachträgliche Gesamtstrafenbildung, darf aber weder zu einer Besserstellung noch einer Schlechterstellung der verurteilten Person führen gegenüber der verurteilten Person, bei der eine Gesamtstrafe nach § 55 StGB gebildet worden ist. § 460 StPO erfasst auch die Fälle, in denen die nach § 55 StGB vorgeschriebene und zwingend gebotene Gesamtstrafenbildung im Erkenntnisverfahren aus welchen Gründen auch immer unterblieben ist. Möglich ist, dass die frühere Verurteilung noch nicht rechtskräftig war, dass dem Gericht die frühere Verurteilung nicht bekannt war. Mit der Gesamtstrafenbildung wird in die Rechtskraft früherer Urteile eingegriffen. Es wird im Grundsatz aber nicht in den Schuldspruch eingegriffen, auch nicht in den Rechtsfolgeausspruch. Die für die Tat verhängte Strafe bzw. Rechtsfolge geht unter in der neuen Gesamtstrafe. 438

Im Jugendstrafverfahren richtet sich die nachträgliche Zusammenfassung von Strafen und anderen Sanktionen nach § 66 JGG. Danach ist eine „Gesamtstrafe" nicht möglich, hier ist eine **einheitliche Strafe oder Maßnahme** zu bilden. Die Voraussetzungen dafür sind auch andere, wie im Erwachsenenrecht. So schadet die Vollstreckung einer verhängten Jugendstrafe oder Maßnahme die Bildung einer einheitlichen Jugendstrafe oder Maßnahme nicht, auch auf die Tatzeit kommt es hier nicht an.

III. Voraussetzungen

1. Allgemein

Bei der Prüfung der Gesamtstrafenbildung nach § 460 StPO ist von den Vorschriften des § 55 StGB auszugehen. Eine **„Nachholung"** i.S. von § 55 StGB ist möglich, wenn 439

- die Gesamtstrafenbildung unterblieben ist, weil die Verurteilung nicht bekannt war oder der Richter die Möglichkeit der Gesamtstrafenbildung, die nach § 55 StGB zwingend vorgeschrieben ist, übersehen hat,
- die 1. Verurteilung im Zeitpunkt der 2. Entscheidung nicht rechtskräftig war.

Ausnahme: Wenn bei einer 2. Verurteilung die Bildung einer Gesamtstrafe **rechtskräftig** abgelehnt worden ist, kann eine Gesamtstrafe nachträglich auch dann nicht mehr gebildet werden, wenn diese Ablehnung zu Unrecht erfolgte oder der Richter sich geirrt hat. 440

2. Rechtskräftige Verurteilung

Es muss sich um das Straferkenntnis eines deutschen Gerichts handeln, das auch rechtskräftig geworden ist. Wann die Rechtskraft eingetreten ist, ist unerheblich, es kann sein, dass dies erst nach einem möglichen Wiederaufnahmeverfahren oder nach Gewährung der Wiedereinsetzung in den vorigen Stand geschehen ist. 441

442 Es muss auf eine Geldstrafe oder Freiheitsstrafe erkannt sein. Es scheiden deshalb aus: Geldbuße, Ordnungshaft, freiheitsentziehende Maßregeln der Besserung und Sicherung, Jugendarrest, Jugendstrafe – die beiden letzteren sind aber unter sich wieder „gesamtstrafenfähig“[57]. Möglich ist auch, dass aus Geld- und Freiheitsstrafen eine Gesamtstrafe gebildet wird, wobei ein Tagessatz einem Tag Freiheitsstrafe entspricht – § 54 Abs. 3 StGB.

443 **Im Zeitpunkt** der möglichen Gesamtstrafenbildung muss das erste Urteil rechtskräftig sein („rechtskräftig Verurteilter“ in § 55 Abs. 1 S. 1 StGB). Bei Bildung einer Gesamtstrafe nach § 460 StPO genügt die Rechtskraft im Zeitpunkt der Gesamtstrafenbildung durch Beschluss.

3. Nicht verbüßt, verjährt oder erlassen

444 Die einzubeziehende Strafe darf im Zeitpunkt, in dem die Bildung einer Gesamtstrafe möglich ist, nicht verbüßt, verjährt oder erlassen sein. Maßgebend ist das letzte tatrichterliche Sachurteil (BGHSt 12, 94). – Dies ist strittig, maßgebend könnte auch das 1. tatrichterliche Urteil sein –. Die h. M legt allerdings das letzte tatrichterliche Sachurteil zugrunde.

445 Verbüßung, Verjährung, Erlass nach diesem Zeitpunkt ist unschädlich. Wenn jedoch beide Strafen, aus denen eine Gesamtstrafe gebildet werden soll vollständig vollstreckt sind, ist keine Gesamtstrafenbildung nach § 460 StPO mehr möglich.

Unschädlich sind Teilverbüßung oder Strafaussetzung zur Bewährung.

446 Die einzubeziehende Strafe muss im Zeitpunkt der Gesamtstrafenbildung noch bestehen. Ist die Strafe bereits in eine andere Strafe einbezogen, kann und muss gegebenenfalls diese Gesamtstrafe „aufgebrochen“, d.h. aufgelöst werden. Einbezogen werden kann nicht ein Urteil, sondern nur Einzelstrafen. Ist in einem Urteil bereits eine Gesamtstrafe gebildet, muss diese dort gebildete Gesamtstrafe aufgelöst werden. Im Jugendstrafrecht werden nach § 31 JGG nur einheitliche Maßnahmen oder eine einheitliche Jugendstrafe verhängt. Das Jugendstrafrecht kennt den Begriff „Gesamtstrafe“ nicht.

4. Zeitpunkt der 2. (letzten) Tat

447 Die 2. Tat muss zeitlich **vor** der früheren Verurteilung begangen worden sein. Nur dann hätte diese Tat, zumindest theoretisch, bereits mit der ersten Verurteilung abgeurteilt werden können.

448 **„Frühere Verurteilung“** ist die letzte Tatsacheninstanz des früheren Verfahrens, in welchem die Tatsachen der Verurteilung letztmals geprüft werden konnten. Revisionsentscheidung ist **keine** Tatsachenentscheidung, ebenso keine Tatsachenentscheidung ist die Entscheidung des Berufungsgerichts, wenn die Berufung als unzulässig verworfen wird.

449 Bei fortgesetzten Taten oder Dauerstraftaten muss der **letzte Teilakt** vor dem 1. Tatsachenurteil liegen. Es darf keine Aufsplitterung der Fortsetzungstat erfolgen, denn dies würde wegen „einer“ Tat zu zwei Verurteilungen führen. Zur Fortsetzungstat siehe auch 1. Kap. Rn. 106–108.

450 Bei Strafbefehlen gilt der Zeitpunkt des Erlasses des Strafbefehls, nicht der Zeitpunkt der Zustellung als Zeitpunkt der früheren Verurteilung.

---

[57] Im Jugendstrafrecht gelten andere Voraussetzungen, wie bereits ausgeführt. Dort werden keine „Gesamtstrafen“ gebildet, sondern Einheitsstrafen.

5. Besonderheiten bei mehr als zwei Strafverfahren

Frühere Verurteilung heißt **früheste** Verurteilung. Diese früheste Verurteilung bildet eine **Zäsur** im Hinblick auf die späteren Strafen. Alle einbeziehbaren Straftaten müssen vor dieser Verurteilung begangen sein. Ausgangspunkt ist daher die **erste** Verurteilung. **451**

Die Voraussetzungen der Gesamtstrafenbildung müssen auch bezüglich aller Straferkenntnisse untereinander vorliegen. Falls eine Strafe wegen Erledigung nicht mehr einbezogen werden kann, hat ein „Härteausgleich" zu erfolgen, vgl. *Fischer*, 56. Aufl. Rn. 5 a zu § 55 StGB. **452**

Bleiben bei der Gesamtstrafenbildung zwei oder mehr Strafen übrig, muss zwischen ihnen die Bildung einer Gesamtstrafe erneut geprüft werden. **453**

Das Prüfungsverfahren, ob und inwieweit die Voraussetzungen zu einer nachträglichen Gesamtstrafenbildung vorliegen, kann nach folgendem Prüfungsschema vorgenommen werden:

Tatzeit	Urteilsdatum	Rechtskraft	Strafe[58]	Nebenfolge	Verbüßung
1. 1. 08	6. 3. 08	6. 3. 08	6 Monate		Bewährung
20. 9. 07	25. 4. 08	3. 5. 08	12 Monate	FV 3 Monate	
10. 2. 08	7. 5. 08	15. 5. 08	3 Monate		TB 18. 8. 08
31. 3. 07	8. 9. 08	8. 9. 08	2 Jahre		
6. 5. 08	18. 9. 08	18. 9. 08	1 Jahr		

Das Urteil vom 6. 3. 2008 bildet eine Zäsur. Zu diesem Zeitpunkt waren begangen die Taten vom 20. 9. 2007, 10. 2. 2008 und 31. 3. 2007. Dies bedeutet, dass theoretisch am 6. 3. 2008 diese Taten hätten mit abgeurteilt werden können. Aus diesen Strafen ist daher nachträglich durch Beschluss nach § 460 StPO eine Gesamtstrafe zu bilden. Das Fahrverbot aus der Verurteilung vom 25. 4. 2008 ist aufrecht zu erhalten.

Tatzeit	Urteilsdatum	Rechtskraft	Strafe	Nebenfolge	Verbüßung
1. 1. 07	6. 3. 08	6. 3. 08	6 Monate		Bewährung
7. 3. 08	22. 5. 08	30. 5. 08	1 Jahr		Bewährung
14. 10. 06	26. 6. 08	26. 6. 08	9 Monate		
21. 4. 08	5. 8. 08	13. 8. 08	18 Monate		
9. 3. 08 31. 12. 06	21. 8. 08	21. 8. 08 Gesamtstrafe	30 TS 80 TS 90 TS		
4. 4. 08	12. 9. 08	20. 9. 08	6 Monate		Bewährung

Die Strafentscheidung vom 6. 3. 2008 hat eine Zäsurwirkung. Zur Aburteilung stand die Tat vom 1. 1. 2007. Vor diesem Zeitpunkt wurden begangen die Taten vom 14. 10. 2006 (Urteil vom 26. 6. 2008) und vom 31. 12. 2006 (Urteil vom 21. 8. 2008). Somit ist aus diesen Einzelstrafen eine Gesamtfreiheitsstrafe zu bilden, die im Ergebnis größer sein muss als eine Gesamtfreiheitsstrafe von 9 Monaten (also mindestens 9 Monate und 1 Woche) und kleiner als 16 Monate und 20 Tage (also höchstens 1 Jahr und 6 Monate)[59]. Die Strafaussetzung zur Bewährung aus dem Urteil vom 6. 3. 2008 muss vor der Gesamtstrafenbildung nicht widerrufen werden. Das Gericht, das die Gesamtstrafenbildung vorzunehmen hat, hat in dem Gesamtstrafen-

[58] Jeweils Freiheitsstrafe.
[59] Vergleiche die Bemessungsregeln nach § 39 StGB.

beschluss zu entscheiden, ob die Vollstreckung der Gesamtstrafe zur Bewährung ausgesetzt wird oder nicht.

Nächste Zäsur bildet das Urteil vom 22. 5. 2008. Zur Aburteilung stand die Tat vom 7. 3. 2008. Vor dem 22. 5. 2008 sind begangen die Taten, die Gegenstand der Urteile vom 5. 8. 2008, 21. 8. 2008 und 12. 9. 2008 waren, so dass aus diesen 4 Einzelstrafen ebenfalls eine Gesamtstrafe zu bilden ist. Die Gesamtstrafe muss größer sein als 18 Monate (mindestens 19 Monate) und darf die Summe der Einzelstrafen (37 Monate) nicht erreichen. Sie darf daher höchstens 3 Jahre betragen. Während bei einer Gesamtstrafenbildung bis zu 2 Jahren das Gericht auch über eine mögliche Strafaussetzung zur Bewährung zu entscheiden hat, scheidet eine solche Entscheidung bei einer Gesamtstrafenbildung von mehr als 2 Jahren aus, da diese nach § 56 StGB nicht mehr zur Bewährung ausgesetzt werden kann.

Zuständig für die Bildung beider Gesamtstrafen ist das Gericht, welches am 5. 8. 2008 die Freiheitsstrafe von 18 Monaten verhängt hat, da dies die höchste Einzelstrafe, also die Einsatzstrafe ist. Die im Urteil vom 21. 8. 2008 gebildete Gesamtgeldstrafe ist aufzulösen. Die Bildung beider Gesamtstrafen erfolgt in einem Beschluss nach § 460 StPO.

IV. Verfahren bei nachträglicher Gesamtstrafenbildung nach § 460 StPO

1. Einleitung des Verfahrens

454 Ein Antrag der verurteilten Person kann ein Verfahren zur Bildung einer Gesamtstrafe einleiten, er ist jedoch nicht Voraussetzung. Das Gericht hat, wenn die verurteilte Person einen solchen Antrag stellt, die Staatsanwaltschaft als Strafverfolgungsbehörde und nicht als Vollstreckungsbehörde nach § 462 Abs. 2 StPO zu hören. Eine Anhörung der verurteilten Person auch zur Höhe der von der Staatsanwaltschaft beantragten Gesamtstrafe hat anschließend zu erfolgen.

455 Ein Antrag der Staatsanwaltschaft (als Straf**verfolgungs**behörde), Anhörung der verurteilten Person. Den Antrag muss die StA von Amts wegen stellen, wenn sie feststellt, dass die Voraussetzungen zur Bildung einer nachträglichen Gesamtstrafe vorliegen. In der Regel hat der Vollstreckungsrechtspfleger als Vollstreckungsbehörde die Voraussetzungen zu erkennen und die entsprechenden Schritte in die Wege leiten. Der Hinweis des Bundeszentralregisters nach § 23 BZRG kann allenfalls als Anregung gesehen werden. Ob die Voraussetzungen zur nachträglichen Gesamtstrafenbildung vorliegen, kann vom BZR nicht erkannt werden. Wie bereits oben ausgeführt, hat Zäsur das letzte tatrichterliche Urteil wegen einer Tat. Dem Bundeszentralregister ist jedoch jeweils das Datum der ersten tatrichterlichen Entscheidung mitzuteilen.

Von Amts wegen durch das Gericht, wenn es die Voraussetzungen feststellt. Anhörung der Staatsanwaltschaft und der verurteilten Person.

456 Vom Bundeszentralregister in Berlin erhalten die Staatsanwaltschaften im Rahmen der Strafvollstreckung Hinweise auf eine aus Registersicht mögliche Gesamtstrafenbildung. Aufgrund dieser Hinweise muss eine Prüfung erfolgen. Ob die Voraussetzungen tatsächlich vorliegen, ergibt sich nicht unmittelbar aus dem Hinweis des Bundeszentralregisters nach § 23 BZRG.[60]

[60] Vgl. Rn. 455.

2. Zuständiges Gericht

Zuständig zur nachträglichen Gesamtstrafenbildung ist immer das Gericht der 1. Instanz, §§ 462, 462a Abs. 3 StPO. Nicht die Strafvollstreckungskammer, da die Gesamtstrafenbildung zum Erkenntnisverfahren gehört. Auch dann, wenn sich die verurteilte Person in Haft befindet, ist zur nachträglichen Gesamtstrafenbildung **nie** die Strafvollstreckungskammer zuständig. 457

Örtlich und sachlich zuständiges Gericht: Die Zuständigkeit der Staatsanwaltschaft zur Antragstellung richtet sich nach der Zuständigkeit des entscheidenden Gerichts. 458

Maßgebend ist die schwerste Strafart der einzuziehenden Einzelstrafen nach § 462a Abs. 3 StPO (Freiheitsstrafe vor Geldstrafe, Freiheitsstrafe vor Strafarrest nach dem WehrstrafG, Strafarrest nach dem WehrstrafG vor Geldstrafe).

Bei gleicher Strafart entscheidet die Höhe der **Einzelstrafen,** bei Geldstrafen nicht das Ergebnis, also die Summe gebildet aus der Anzahl und der Höhe der Tagessätze, sondern nur die Anzahl der Tagessätze. So ist höher eine Geldstrafe von 90 Tagessätzen zu je € 10,– als eine Geldstrafe von 30 Tagessätzen zu je e 40,–. 459

Bei gleich hohen Strafen gilt das zuletzt ergangene Straferkenntnis, Maßgebend ist der Urteilstag, nicht die Rechtskraft nach § 462a Abs. 3 StPO.

Ausnahmen: Die Zuständigkeit des Oberlandesgerichts geht vor nach § 462a Abs. 3 S. 3 StPO. Hat also das OLG in erster Instanz entschieden, ist für die nachträgliche Gesamtstrafenbildung immer das OLG zuständig, auch wenn es im Einzelfall nicht die höchste Einzelstrafe, also die Einsatzstrafe, gebildet hat. Reicht die Strafgewalt des Amtsgerichts oder des Schöffengerichts nicht aus, dann hat eine Abgabe an das übergeordnete Landgericht nach § 462a Abs. 3 S. 4 StPO, § 24 Abs. 2 GVG zu erfolgen. 460

3. Form der Entscheidung

Beschlussverfahren ohne mündliche Verhandlung, § 462 Abs. 3 StPO. 461

Rechtsmittel: sofortige Beschwerde, § 462 Abs. 3 StPO.

Rechtskraftbescheinigung ist erforderlich, da der Gesamtstrafenbeschluss urkundliche Grundlage der Vollstreckung ist, § 13 Abs. 2 StVollstrO.

4. Wirkung der Gesamtstrafenbildung

Aus den Einzelerkenntnissen kann nicht mehr vollstreckt werden, die Einzelstrafen „existieren" nicht mehr. Eine ausgesprochene Bewährung entfällt. Nach § 58 StGB ist die Frage einer Aussetzung der Gesamtstrafe im Beschlussverfahren selbständig zu prüfen. Auch wenn aus 2 Freiheitsstrafen, deren Vollstreckung nicht zur Bewährung ausgesetzt war, eine Gesamtstrafe gebildet wird, kann das Gericht, das die Gesamtstrafe bildet, diese im Gesamtstrafenbeschluss zur Bewährung aussetzen. Nebenstrafen, Nebenfolgen, Maßnahmen **müssen** aufrecht erhalten werden. Nach Rechtskraft der Gesamtstrafe kann eine vergessene Aufrechterhaltung nicht mehr nachgeholt werden. 462

Beispiel: Gegen die verurteilte Person wird im ersten Urteil eine Geldstrafe von 60 Tagessätzen zu je € 50,– verhängt. Ferner wird die Fahrerlaubnis entzogen und eine Sperrfrist für die Wiedererteilung einer neuen Fahrerlaubnis von 12 Monaten verhängt. Im zweiten Urteil wird eine Geldstrafe von 80 Tagessätzen zu je € 40,– verhängt. Die Strafen sind gesamtstrafenfähig. Zuständig ist das Gericht, das die Geldstrafe von 80 Tagessätzen verhängt hat. Die Gesamtstrafe hat größer zu sein als 80 Tagessätze und geringer als 140 Tagessätze und im Endbetrag höher als € 4.800,– und geringer als € 7.800,–. Da ein einheitlicher Tagessatz zu bilden ist, ist eine Gesamtstrafe von 100 Tagessätzen zu je € 50,– denkbar. Die Entziehung der Fahrerlaubnis und die Sperrfrist sind aufrechtzuerhalten. Würden diese Maßregeln nicht aufrechterhalten, dürften diese nicht mehr vollstreckt werden, da das Straferkenntnis, in welchem die Maßregel verhängt wurde, nicht mehr existent ist. Da mit der Entziehung der Fahrerlaubnis der Führerschein unbrauchbar geworden ist, ist zwar nach h.M. die Entziehung wirksam geworden und auch geblieben, nicht aber auch die Sperrfrist für die Wiedererteilung einer neuen Fahrerlaubnis. Möglicherweise kann jedoch die Verwaltungsbehörde die Neuerteilung einer Fahrerlaubnis nach dem FEV verweigern. Nach Rechtskraft des Gesamtstrafenbeschlusses wäre eine Nachholung der Verhängung einer Sperrfrist nicht mehr möglich, dagegen hätte die Staatsanwaltschaft vor Eintritt der Rechtskraft die Möglichkeit, gegen den Gesamtstrafenbeschluss das Rechtsmittel der sofortigen Beschwerde einzulegen.

463 **Strafzeitberechnung nach § 41 StVollstrO**

Grundsatz:

Es wird so gerechnet, als wenn die Gesamtstrafe von Anfang an bestanden hätte und auch vollstreckt worden wäre (Fiktion). Verbüßte Zeit bzw. bezahlte Geldstrafe wird in vollem Umfang angerechnet, ebenso Untersuchungshaft und andere anrechenbare Freiheitsentziehung.

464 Form der Anrechnung:

- Die Einzelstrafen sind noch nicht vollstreckt und der Vollzug hat noch nicht begonnen:

  Es wird nur die Gesamtstrafe vollstreckt.

- Der Vollzug einer einbezogenen Strafe hat bereits begonnen:

  Die begonnene Vollstreckung der Einzelstrafe wird fortgesetzt als Gesamtstrafe. Als Beginn der Gesamtstrafe gilt der Beginn der Einzelstrafe.

- Der Vollzug einer einbezogenen Strafe ist bereits abgeschlossen:

  Als Beginn der Gesamtstrafe gilt der Beginn der einbezogenen Strafe.
  Das Ende der einbezogenen Strafe gilt als Strafunterbrechung. Der Strafrest wird in Tagen berechnet und vollstreckt.

465 **Beispiele:**

1. Die verurteilte Person tritt am 15. 1. 2008 ihre Freiheitsstrafe von 6 Monaten in der Vollzugsanstalt an. Durch Urteil vom 12. 2. 2008, rechtskräftig seit 20. 2. 2008, wird unter Einbeziehung der Freiheitsstrafe von 6 Monaten eine Gesamtfreiheitsstrafe von 1 Jahr verhängt. Die verurteilte Person befindet sich zur Verbüßung dieser neuen Gesamtfreiheitsstrafe von 1 Jahr aus dem Urteil vom 12. 2. 2008 seit 15. 1. 2008 in Strafhaft.
2. Gegen die verurteilte Person wurden folgende Freiheitsstrafen verhängt:
   a) AG Zwickau vom 3. 1. 2008, Freiheitsstrafe von 6 Monaten, die Vollstreckung dieser Strafe wurde zur Bewährung ausgesetzt. Tatzeit war der 18. 4. 2007.
   b) AG Görlitz vom 13. 7. 2007, Freiheitsstrafe von 1 Jahr, die die verurteilte Person in der Zeit vom 21. 7. 2007 TB bis 20. 7. 2008 TE voll verbüßt hat. Eine bedingte Strafaussetzung zur Bewährung nach § 57 StGB wurde abgelehnt.

   Das AG Zwickau will nun die Strafaussetzung zur Bewährung hinsichtlich der Freiheitsstrafe von 6 Monaten widerrufen und stellt dabei fest, dass am 3. 1. 2008 die Voraussetzungen zur Gesamtstrafenbildung vorgelegen haben. Da noch nicht **beide** Strafen vollständig verbüßt oder verjährt oder erlassen sind, sind diese Voraussetzungen nach wie vor gegeben. Es übersendet daher die Akten an das AG Görlitz zur Gesamtstrafenbildung, das folgenden Beschluss fertigt:

466 Aus den Verurteilungen AG Görlitz vom 13. 7. 2007 und AG Zwickau vom 3. 1. 2008 wird eine Gesamtfreiheitsstrafe von 1 Jahr und 3 Monaten gebildet. Die Vollstreckung dieser Strafe wird nicht zur Bewährung ausgesetzt. Da nun eine neue Strafe zu vollstrecken ist und die verurteilte Person, sofern sie diese neue Gesamtstrafe im Strafvollzug antritt, bereits mehr als 2/3 der Strafe verbüßt hätte, ohne dass die Strafvollstreckungskammer prüfen könnte, ob die Reststrafe dieser neuen Gesamtstrafe nach § 57 Abs. 1 StGB zur Bewährung ausgesetzt werden kann, hat das AG Görlitz im Gesamtstrafenbeschluss bereits die Entscheidung nach § 57 Abs. 1 StGB vorwegzunehmen. Hier ist ausnahmsweise das Gericht des ersten Rechtszugs und nicht die Strafvollstreckungskammer zur Entscheidung nach § 57 Abs. 1 StGB berufen. Wenn das AG Görlitz nun

entscheidet, dass eine bedingte Strafaussetzung nach § 57 StGB nicht in Betracht kommt, ergibt sich folgende Strafzeitberechnung:

TB 21. 7. 2007 ←——— 1 J. 3 M. ———→ 20. 10. 2008 TE
unterbrochen zum 20. 7. 2008 TE, Rest 92 Tage

Dieser Strafrest ist deshalb noch zu vollstrecken nach der Gesamtstrafenbildung.

5. Bildung der Gesamtstrafe

Grundlage ist die höchste Einzelstrafe, die **Einsatzstrafe** heißt. Es kommt nicht primär auf die Länge der Strafe an. So ist bei Zusammentreffen von Freiheitsstrafe und Geldstrafe die Freiheitsstrafe immer die Einsatzstrafe. Diese Einsatzstrafe ist zu erhöhen, wobei die Summe der Einzelstrafen nicht erreicht werden darf aber höher sein muss als die Einsatzstrafe. Bei Zusammentreffen von mehreren Geldstrafen ist die Einsatzstrafe die Strafe mit der höchsten Anzahl der Tagessätze. Hier ist jedoch zu beachten, dass die neu gebildete Gesamtgeldstrafe im Endbetrag höher sein muss als die im Endbetrag höchste Einzelgeldstrafe, die nicht notwendigerweise auch die Einsatzstrafe ist und die Summe der Geldstrafen im Endbetrag nicht erreichen darf. 467

Beispiele: 468

	Gericht	Urteilsdatum	Rechtskraft	Tatzeit	Strafe
1.	AG Dresden	9. 1. 2008	17. 1. 2008	11. 11. 07	FS 5 Monate
	AG Meißen	10. 4. 2008	18. 4. 2008	8. 1. 08	FS 3 Monate

Zuständig für die Gesamtstrafenbildung ist das AG Dresden. Die Gesamtfreiheitsstrafe muss mindestens 5 Monate und 1 Woche betragen und darf höchstens 7 Monate und 3 Wochen sein.

2.	AG Leipzig	9. 1. 2008	17. 1. 2008	11. 11. 07	FS 2 Jahre	469
	AG Bautzen	10. 4. 2008	18. 4. 2008	8. 1. 08	FS 8 Monate	

Zuständig für die Gesamtstrafenbildung ist das AG Leipzig. Die Gesamtfreiheitsstrafe muss mindestens 2 Jahre und 1 Monat betragen und höchstens 2 Jahre und 7 Monate, da Strafen von mehr als 1 Jahr nach Jahren und Monaten zu bemessen sind.

3.	AG Zwickau	6. 2. 2008	14. 2. 2008	31. 12. 2007	FS 1 Jahr	470
	AG Hof	7. 2. 2008	15. 2. 2008	1. 1. 2008	FS 1 Monate	

Zuständig für die Gesamtstrafenbildung ist das AG Zwickau. Die Gesamtfreiheitsstrafe muss mindestens 1 Jahr und 1 Woche betragen und höchstens 1 Jahr und 3 Wochen. Würde hier nach den allgemeinen Regeln des § 39 StGB verfahren, könnte entweder die Einsatzstrafe nicht erhöht werden oder die Gesamtstrafe würde die Summe der Einzelstrafen erreichen. In diesem Falle darf und muss von der Regel abgewichen werden, dass Freiheitsstrafen von einem Jahr und mehr nach Jahren und Monaten zu bemessen sind.

4.	AG Freiberg	20. 5. 2008	29. 5. 2008	14. 11. 2007	60 TS zu 50,–	471
				22. 2. 2008	40 TS zu 50,–	
	Gesamtstrafe nach § 54 StGB				80 TS zu 50,–	
	AG Aue	24. 7. 2008	1. 8. 2008	19. 5. 2008	FS 1 Monate	

Wenn die Gesamtgeldstrafe aus dem Urteil des AG Freiberg am 24. 7. 2008 noch nicht vollständig bezahlt ist, bleiben die Voraussetzungen zur Bildung einer Gesamtstrafe bestehen und zwar auch dann, wenn diese Geldstrafe vor der Bildung der Gesamtstrafe nach § 460 StPO bezahlt ist. Zuständig zur Gesamtstrafenbildung ist das AG Aue, da dieses Gericht ihrer Art nach die schwerste Strafe verhängt hat. Einbezogen werden kann jedoch nicht die Gesamtgeldstrafe von 80 Tagessätzen zu je € 50,–. Diese Gesamtgeldstrafe ist in die Einzelstrafen von 60 Tagessätzen und 40 Tagessätzen aufzulösen. Einzubeziehen sind diese zwei Einzelgeldstrafen. Das Ergebnis muss hier immer eine Freiheitsstrafe sind. Möglich ist eine Freiheitsstrafe von 3 Monaten. Die Bildung einer Freiheitsstrafe von 2 Monaten scheitert daran, dass hier der Verurteilte durch die Bildung der Gesamtstrafe günstiger gestellt werden würde gegenüber der Gesamtstrafe im Urteil des AG Freiberg. Hat die verurteilte Person vor der Rechtskraft der Gesamtstrafenbildung auf die Geldstrafe bereits Zahlungen geleistet, so werden diese Zahlungen dergestalt auf die Freiheitsstrafe angerechnet, dass für jeden bezahlten Tagessatz ein Tag der Freiheitsstrafe als verbüßt gilt.

5.	AG Berlin	3. 7. 2007	11. 7. 2007	31. 3. 2007	30 TS zu 80,–	472
	AG Görlitz	18. 10. 2007	18. 10. 2007	22. 12. 2006	50 TS zu 40,–	
	AG Berlin	27. 10. 2007	4. 11. 2007	24. 4. 2007	40 TS zu 80,–	

– unter Einbeziehung des Urteils vom 3. 7. 2007 wurde nach § 55 StGB bereits eine Gesamtgeldstrafe von 50 TS zu 80,– gebildet.

AG Plauen	10. 1. 2008	18. 1. 2008	2. 7. 2007	45 TS zu 90,–
			20. 10. 2007	70 TS zu 90,–
Gesamtgeldstrafe				100 TS zu 90,–
AG Ellwangen	3. 4. 2008	11. 4. 2008	5. 7. 2007	30 TS zu 30,–
			21. 10. 2007	20 TS zu 30,–
Gesamtgeldstrafe				40 TS zu 30,–

Da bis heute Zahlungen auf die Geldstrafen nicht erfolgt sind bzw. keine dieser Geldstrafen vollständig bezahlt sind, ist zu prüfen, aus welchen Strafen nach § 460 StPO eine Gesamtgeldstrafe gebildet werden kann.
Ausgangspunkt ist das Urteil vom 3. 7. 2007, das Zäsurwirkung hat. Bis zu diesem Zeitpunkt waren nachstehende Straftaten begangen und hätten mit abgeurteilt werden können:

31. 3. 2007	AG Berlin	30 TS zu 80,–	€ 2.400,–
22. 12. 2006	AG Görlitz	50 TS zu 40,–	€ 2.000,–
24. 4. 2007	AG Berlin	40 TS zu 80,–	€ 3.200,–
2. 7. 2007	AG Plauen	45 TS zu 90,–	€ 4.050,–
Summen		165 TS	€ 11.650,–

Zunächst einmal sind diese Strafen gesamtstrafenfähig. Die in den Urteilen des AG Plauen und des AG Berlin gebildeten Gesamtstrafen sind aufzulösen, da nur aus Einzelstrafen eine Gesamtstrafe gebildet werden kann.

Vor der nächsten Verurteilung am 18. 10. 2007, wurde die Tat vom 5. 7. 2007 begangen, die mit der Tat vom 22. 12. 2006 gesamtstrafenfähig wäre. Da jedoch die frühest mögliche Gesamtstrafe zu bilden ist, kommt hier eine Gesamtstrafenbildung nicht in Betracht. Gleiches gilt aus der Betrachtungsweise vom 27. 10. 2007. Vor diesem Zeitpunkt wurden zwar die Taten vom 5. 7. 2007, 20. 10. 2007 und 21. 10. 2007 begangen, jedoch ist die Tat, die Gegenstand der Verurteilung vom 27. 10. 2007 war, auf Grund der Zäsurwirkung des ersten Urteils vom 3. 7. 2007 bereits in eine frühere Gesamtstrafe einbezogen worden.
Die nächste Zäsurwirkung hat das Urteil des AG Plauen vom 10. 1. 2008. Zu diesem Zeitpunkt waren folgende Straftaten begangen:

5. 7. 2007	AG Ellwangen	30 TS zu 30,–	€ 900,–
20. 10. 2007	AG Plauen	70 TS zu 90,–	€ 6.300,–
21. 10. 2007	AG Ellwangen	20 TS zu 30,–	€ 600,–
Summen		120 TS	€ 7.800,–

Zuständig für die Gesamtstrafenbildung ist das AG Plauen, da dieses Gericht die höchste Einzelstrafe (70 Tagessätze) verhängt hat, auf den Endbetrag kommt es nicht an. Die möglichen Gesamtstrafen sind auch in **einem** Beschluss nach § 460 StPO zu bilden. Das Gericht hat deshalb in einem Beschluss alle Gesamtstrafen aufzulösen und die möglichen Gesamtstrafen, in diesem Falle also zwei Gesamtstrafen in einer Strafentscheidung zu bilden. Bei dieser Gesamtstrafenbildung ist zu beachten, dass die Geldstrafen auf einen einheitlichen Tagessatz zurückzuführen sind. Die Gesamtgeldstrafe nach der Zäsurwirkung 3. 7. 2007 muss höher sein als 50 Tagessätze, sie darf 165 Tagessätze nicht erreichen, sie muss im Endbetrag höher sein als € 4.050,– und darf die Endsumme von € 11.650,– nicht erreichen.

Auszugehen ist von der Einsatzstrafe von	50 TS
in der Regel wird diese je um die Hälfte der übrigen Einzelstrafen erhöht (30 + 40 + 45)/2 also um etwa	60 TS
Dies ergibt eine Gesamtgeldstrafe von	110 TS
(Die Entscheidung trifft das Gericht nach den Strafzumessungsregeln).	
Denkbar wäre eine Höhe des Tagessatzes von	€ 70,–,
so dass aus diesen 4 Strafen eine Gesamtgeldstrafe von gebildet werden könnte.	110 TS zu € 70,–

Die Gesamtstrafe nach der Zäsurwirkung vom 10. 1. 2008 muss höher sein als 70 Tagessätze, darf 120 Tagessätze nicht erreichen, muss im Endbetrag höher sein als € 6.300,– und darf den Betrag von € 7.800,– nicht erreichen.
Möglich ist daher eine Gesamtstrafe von 100 Tagessätzen zu je € 70,–.

Der Beschluss nach § 460 StPO müsste daher lauten:
Die in den Strafentscheidungen des AG Berlin und des AG Ellwangen gebildeten Gesamtstrafen werden aufgelöst. Es werden folgende neue Gesamtstrafen gebildet:

1. aus den Strafentscheidungen des

AG Berlin vom 3. 7. 2007, Tatzeit 31. 3. 2007,	30 TS zu 80,–
AG Görlitz vom 18. 10. 2007, Tatzeit 22. 12. 2006	50 TS zu 40,–
AG Berlin vom 27. 10. 2007, Tatzeit 24. 4. 2007	40 TS zu 80,–
AG Plauen vom 10. 1. 2008, Tatzeit 2. 7. 2007	45 TS zu 90,–

eine Gesamtgeldstrafe von

110 Tagessätze zu je € 70,–

2. aus den Strafentscheidungen des

AG Plauen vom 10. 1. 2008, Tatzeit 20. 10. 2007	70 TS zu 90,–
AG Ellwangen vom 3. 4. 2008, Tatzeit 5. 7. 2007	30 TS zu 30,–
AG Ellwangen vom 3. 4. 2008, Tatzeit 21. 10. 2007	20 TS zu 30,–

eine Gesamtgeldstrafe von

100 Tagessätze zu je € 70,–.

Abschnitt 6. Geldstrafenvollstreckung

I. Umfang und Gang der Vollstreckung

473 Geldstrafe *und* Kosten, die gleichzeitig einzufordern und beizutreiben sind, werden nach § 1 EBAO, § 1 JBeitrO zusammen von der verurteilten Person durch Kostenrechnung angefordert. Vom Kostenansatz darf auch dann nicht abgesehen werden, wenn die verurteilte Person vermögenslos und einkommenslos ist. Zuständig für die Einforderung und Beitreibung ist die Strafvollstreckungsbehörde bei der Staatsanwaltschaft.

Die *ausschließliche* Einforderung und Beitreibung von Geldstrafen, falls also die Kosten von Dritter Seite (etwa der Rechtsschutzversicherung) bezahlt werden, richtet sich nach § 1 EBAO.

Ist die Geldstrafe bezahlt, so dass nur noch die Kosten allein eingefordert und beigetrieben werden müssen, erfolgt dies durch die Gerichtskasse nach §§ 1 Abs. 5, 15 EBAO. Die Vollstreckungsbehörde ist dann nicht mehr berechtigt, die Kosten beizutreiben.

II. Gang der Vollstreckung

474
- Prüfung der Vollstreckungsvoraussetzungen, s. 2. Kap. Abschn. 2, Rn. 152ff.
- Anzuwendende Vorschriften, siehe 2. Kap. Abschn. 1, Rn. 118–122 insbesondere §§ 456, 459 bis 459f StPO, §§ 48–51 StVollstrO, EBAO, JBeitrO.
- Nebengeschäfte der Strafvollstreckung, siehe 2. Kap., Abschn. 2, Rn. 237–262.
- Anordnung der Einforderung der Geldstrafe und der Kosten.
- **Bei einem Urteil:** Auftrag an den Kostenbeamten, die Kostenrechnung zu erstellen und abzusenden oder Erstellung und Absendung der Kostenrechnung durch den Rechtspfleger.
  Bei einem Strafbefehl: Kostenrechnung und Zahlungsaufforderung sind im Strafbefehl enthalten.
- Die Zahlungsfrist beträgt 2 Wochen, § 459c StPO, § 3 Abs. 2 EBAO
- Mahnung nach vergeblichem Fristablauf der Zahlungsfrist, § 7 Abs. 1 EBAO (kann in Ausnahmefällen unterbleiben). Die Mahnung kann durch formloses Schreiben erfolgen. Eine Zustellung ist – wie auch bei der Zahlungsaufforderung – nicht erforderlich. Geht binnen einer angemessenen Frist nach Abgang der Mahnung keine Zahlungsanzeige ein, werden Vollstreckungsmaßnahmen eingeleitet. Als angemessen kann unter Berücksichtigung des Post- und Überweisungsweges eine Frist von etwa 10 Tagen gelten. Die verurteilte Person hat keinen Rechtsanspruch auf eine Mahnung. Auch sind Beitreibungsmaßnahmen, die nach Ablauf der Zahlungsfrist durchgeführt wurden, nicht schon deshalb unzulässig, weil die Frist des § 8 Abs. 1 EBAO nicht beachtet wurde. Eine sofortige Beitreibung ist nur zulässig, wenn auf Grund bestimmter Tatsachen erkennbar ist, dass sich die verurteilte Person der Zahlung entziehen will.
- Bewilligung von Zahlungserleichterungen (Stundung oder Ratenzahlung) siehe unten III.
- Zwangsweise Beitreibung, siehe unten IV.
- Vollstreckung der Ersatzfreiheitsstrafe, siehe unten V.

III. Zahlungserleichterungen (Stundung, Ratenzahlung)

1. Zuständigkeit

Das Gericht bewilligt im Zeitpunkt der Verurteilung im Rahmen der Strafzumessung nach § 42 StGB dem Verurteilten eine Zahlungsfrist oder gestattet ihm, die Strafe in bestimmten Teilbeträgen zu zahlen. Diese Zahlungserleichterung erfolgt im Wege des Strafzumessungsakts durch das Gericht im Urteil. Es empfiehlt sich, auch im Urteil die **Verfallsklausel** auszusprechen. Sie bewirkt die Fälligkeit der gesamten Strafe oder Reststrafe, falls die verurteilte Person in Zahlungsrückstand gerät. Ohne Verfallsklausel ist eine besondere Entscheidung nach § 459a Abs. 2 StPO erforderlich, die zwar keine besondere Ermittlungen voraussetzt, aber vor dieser Entscheidung wäre der verurteilten Person das rechtliche Gehör nach § 33 StPO zu gewähren. § 42 StGB gilt nur für Geldstrafen, nicht aber auch für den Verfall und die Einziehung des Wertersatzes. Durch die Bewilligung einer Zahlungserleichterung durch das Gericht ist die Vollstreckungsbehörde nicht daran gehindert, etwa nach § 456 StPO weiteren Aufschub zu gewähren. **475**

Die Vollstreckungsbehörde nach Rechtskraft, § 459a StPO, funktionell zuständig ist der Rechtspfleger.[61] Die Bewilligung der Zahlungserleichterung durch die Vollstreckungsbehörde ist aber stets an § 2 StVollstrO zu bemessen, wonach gerichtliche Strafurteile beschleunigt und mit Nachdruck zu vollstrecken sind. **476**

Die Gnadenbehörde nach den jeweils gültigen landesrechtlichen Vorschriften, **aber** Entscheidungen des Gerichts und der Vollstreckungsbehörde haben grundsätzlich Vorrang vor Gnadenentscheidungen. **477**

2. Umfang

Zahlungserleichterungen umfassen Geldstrafe und Kosten nach § 459a Abs. 4 StPO, § 12 Abs. 1 EBAO. **478**

Ratenbewilligungen unterliegen keiner Höchstfrist, es ist aber § 2 StVollstrO zu beachten. Wird eine Stundung nach § 459a StPO gewährt, so gilt auch hierfür keine Höchstfrist. Auch bei Ratenbewilligung muss die Strafe noch spürbar sein und der Strafcharakter der Geldstrafe darf zu eine großzügige Ratenbewilligung nicht verändert werden, BGHSt 13, 357. Andernfalls ist die Entscheidung ermessensfehlerhaft.

3. Form

Durch das Gericht im Straferkenntnis, d.h. in der Urteilsformel. Das Gericht kann diese Zahlungserleichterung nach Verkündung des Urteils nicht mehr nachholen. **479**

Durch die Vollstreckungsbehörde als Verfügung des Rechtspflegers im Rahmen der Strafvollstreckung.

Eine Verfallklausel ist in beiden Fällen möglich (§ 42 StGB, § 459a Abs. 3 StPO) und zu empfehlen.

---

[61] Vgl. aber Neufassung des § 31 RPflG.

4. Voraussetzungen

480 Eine **sofortige** Zahlung darf nach
a) den persönlichen oder
b) den wirtschaftlichen Verhältnissen der verurteilten Person nicht zumutbar sein, § 42 S. 1 StGB.

Geldstrafen dürfen nicht hinter andere Schulden zurückgestellt werden – *OLG Hamm* GA 75, 57.

Die Verhältnisse der verurteilten Person sind glaubhaft zu machen bzw. nachzuprüfen.

5. Verfahren

481 – Von Amts wegen (z.B. im Strafbefehl)
– auf Antrag (z.B. in der Hauptverhandlung)
– auf Antrag oder von Amts wegen im Laufe der Strafvollstreckung

482 Rechtsbehelfe
– in der Hauptverhandlung: – Berufung
– im Vollstreckungsverfahren: siehe 2. Kap., Abschn. 1, Rn. 139–150

483 Nachträgliche Änderungen können nur durch die Vollstreckungsbehörde nach § 459a Abs. 2 StPO bei neuen Tatsachen oder Beweismitteln durchgeführt werden. Bei Verfallklausel ist der Verfall in den Akten zu vermerken, § 459a Abs. 3, da während der Bewilligung von Ratenzahlung die Verjährung ruht. Eine erneute Bewilligung ist nach § 459a Abs. 3 Satz 2 StPO möglich.

6. Wirkung

484 Teilzahlungen werden zuerst auf die Strafe angerechnet nach § 459b StPO.

Ausnahme: Zahlungen von Rechtsschutzversicherungen oder von Mitverurteilten, wenn diese gesamtschuldnerisch für die Verfahrenskosten haften. In diesen Fällen sind diese Zahlungen ausnahmslos auf die Kosten anzurechnen, da weder die Rechtsschutzversicherung noch Mitverurteilte Zahlungen auf die Geldstrafe der verurteilten Person leisten können.

Die Vollstreckungsverjährung ruht nach § 79a Nr. 2c StGB.

485 **Nichtzahlung von Raten**

Bei einer Verfallklausel entfällt die Vergünstigung automatisch. Eine formelle Aufhebung ist nicht erforderlich, aber Vermerk in den Akten wegen Laufs der Vollstreckungsverjährung. Feststellung des Verfalls ist nicht anfechtbar. Ein Verschulden der verurteilten Person muss nicht vorliegen.

Ohne Verfallklausel muss die verurteilte Person vor dem Widerruf der Ratenbewilligung angehört werden, dann erfolgt eine Entscheidung der Vollstreckungsbehörde, die anfechtbar ist.

Mahnung des gesamten Restbetrags, evtl. auch sofort Zwangsmaßnahmen möglich.

IV. Zwangsmaßnahmen zur Beitreibung der Geldstrafe

1. Voraussetzungen

486 – Keine Zahlung nach Mahnung oder ohne Mahnung nach Ablauf einer entsprechenden Frist, § 8 Abs. 1 EBAO;

- Grundlage für Zwangsmaßnahmen ist das rechtskräftige Straferkenntnis (Urteil, Strafbefehl, Gesamtstrafenbeschluss);
- Anordnung durch die Vollstreckungsbehörde (Rechtspfleger).

2. Mögliche Zwangsmaßnahmen – §§ 8–10 EBAO

- Vollstreckung in das bewegliche Vermögen, § 9 EBAO; **487**
- Zwangsvollstreckung in Forderungen (Lohn), § 8 Abs. 5 EBAO oder in andere Vermögensrechte;
- Inanspruchnahme von Gefangenengeldern (Arbeitsentgelt, Taschengeld oder eingebrachtes Geld) durch Pfändung. Hier sind jedoch die Beschränkungen nach dem Strafvollzugsgesetz zu beachten.
- Aufrechnung gegen Ansprüche der verurteilten Person gegen die Staatskasse, z.B. Überzahlung in anderer Sache, sichergestelltes Geld, Ansprüche nach dem Strafentschädigungsgesetz, Erstattung notwendiger Auslagen bei Teilfreispruch;
- Sicherungshypothek (Mindestbetrag € 1.500,–), Zwangsversteigerung und Zwangsverwaltung, § 8 Abs. 3 EBAO.

3. Vollstreckungsauftrag

Zuständig ist der Rechtspfleger bei der Vollstreckungsbehörde. **488**

Form:
- Schriftform, § 6 Abs. 3 Satz 2 JBeitrO
- keine Beifügung des Straferkenntnisses, § 7 Satz 2 JBeitrO
- Unterschrift und Dienstsiegel

Inhalt:
- Beauftragung des Gerichtsvollziehers
- Schuldgrund
- Höhe der Strafe und Kosten getrennt
- bisherige Zahlungen
- Restbetrag

Ausführung:

Sachlich zuständig ist der Gerichtsvollzieher oder der Vollziehungsbeamte der Justiz.

Örtlich zuständig ist der Vollziehungsbeamte entsprechend seinem Vollstreckungsbezirk. Eine Beauftragung in der ganzen Bundesrepublik ist möglich und wird praktiziert. Von der Möglichkeit einer Amtshilfe nach § 2 Abs. 3 JBeitrO wird in der Regel kein Gebrauch gemacht, § 10 EBAO.

Die Kosten der Vollstreckung werden mit den Verfahrenskosten beigetrieben. Sie können vom Gerichtsvollzieher nur entnommen werden, wenn dadurch die Zahlung der Geldstrafe nicht berührt wird. Andernfalls werden die Vollstreckungskosten als Nebenkosten mit beigetrieben bzw. eingezogen und dann weitergeleitet.

Durchsuchung der Wohnung ist durch den Vollstreckungsauftrag nicht gedeckt. Hierzu ist eine Durchsuchungsanordnung des Vollstreckungsgerichts erforderlich (Urt. des *BVerfG* vom 3. 4. 79, NJW 1979, 1539). Die Antragstellung erfolgt durch die Vollstreckungsbehörde = Rechtspfleger.

4. Pfändungs- und Überweisungsbeschluss

Zuständig ist der Rechtspfleger bei der Vollstreckungsbehörde nach § 6 Abs. 2 **489**
JBeitrO, § 8 Abs. 5 EBAO.

Form:
- Schriftform
- keine Beifügung des Straferkenntnisses
- Unterschrift und Dienstsiegel

Inhalt:
- Überweisung zur Einziehung an die Gerichtskasse
- Aufforderung zur Abgabe der Erklärung nach § 840 Abs. 1 ZPO
- Geldstrafe
- Gerichtskosten
- bisherige Beitreibungskosten
- Pfändungsgebühr
- Zustellungskosten

490 Zustellung ist von der Vollstreckungsbehörde in ihrer Funktion als Gläubiger an Schuldner und Drittschuldner zu bewirken, §§ 3, 6 Abs. 2 JBeitrO; die Zustellungen erfolgen von Amts wegen.

Wirksamkeit tritt ein mit der Zustellung an den Drittschuldner. In der anschließenden Zustellung an den Schuldner ist er von der bereits bewirkten Zustellung an den Drittschuldner zu informieren.

Anwendbare Bestimmungen und Vorschriften der ZPO:

§§ 828 Abs. 2, 829 bis 837a, 840 Abs. 1, Abs. 2 S. 2, 841–844, 846 bis 863, da JBeitrO insoweit auf die ZPO verweist, § 6 Abs. 1 Nr. 1 JBeitrO.

V. Anordnung und Vollstreckung der Ersatzfreiheitsstrafe

1. Voraussetzungen

491
- mindestens ein voller Tagessatz muss noch vollstreckbar sein, § 549e Abs. 3 StPO;
- Geldstrafe darf nicht beitreibbar, § 459e Abs. 2 StPO sein. Dies muss entweder amtsbekannt sein oder durch einen erfolglosen Pfändungsversuch durch den Gerichtsvollzieher nachgewiesen sein;
- zwangsweise Beitreibung unterbleibt wegen mangelnder Erfolgsaussicht, §§ 459e Abs. 2, 459c Abs. 2 StPO (Ermessensentscheidung). Dies gilt insbesondere dann, wenn in einem früheren Strafvollstreckungsverfahren bereits ein erfolgloser Vollstreckungsversuch unternommen wurde;

Grundlage sind die Anzahl der Tagessätze im Straferkenntnis. 1 Tagessatz entspricht 1 Tag Ersatzfreiheitsstrafe, § 43 StGB.

Zuständigkeit

Vollstreckungsbehörde = Rechtspfleger, § 459e Abs. 1 StPO. Rechtliches Gehör ist nicht erforderlich. Wegen Einwendungen siehe 2. Kap., 2. Abschn., Rn. 139–150.

2. Verfahren

492 Besondere Anordnung (schriftlich – „Die Vollstreckung der Ersatzfreiheitsstrafe wird angeordnet"), § 459e Abs. 1 StPO durch den Rechtspfleger ist erforderlich. Dies muss auch aus den Vollstreckungsakten hervorgehen. Kein rechtliches Gehör erforderlich. Wegen Einwendungen siehe 2. Kap., 2. Abschn., Rn. 139–150.

Ladung zum Strafantritt mit Hinweis, durch Zahlung welchen Betrags die Vollstreckung abgewendet werden kann, § 51 Abs. 1 StVollstrO.

Aufnahmeersuchen an die Vollzugsanstalt wie bei der Vollstreckung von Freiheitsstrafen, jedoch ist auch möglich, das Aufnahmeersuchen erst nach Strafantritt an die Vollzugsanstalt zu senden – § 51 Abs. 2 StVollstrO.

Das **Vollstreckungsverfahren** richtet sich nach den §§ 22–47 StVollstrO (§ 50 Abs. 1 StVollstrO), insbesondere hinsichtlich: 493

- Ladung (siehe aber Rn. 492)
- Vollstreckungsplan
- Aufnahmeersuchen (siehe aber Rn. 492)
- Vorführungs- und Vollstreckungshaftbefehl, Steckbrief
- Überwachungspflicht
- Strafzeitberechnung (siehe aber unten Rn. 496)
- Anrechnung von Untersuchungshaft
- Vollstreckung nachträglicher Gesamtstrafen
- Reihenfolge bei mehreren Strafen
- Vollzugsuntauglichkeit.

3. Wirkung des Strafantritts

Nach dem Strafantritt sind keine Beitreibungshandlungen mehr zulässig. Eine bereits bestehende Lohnpfändung muss aufgehoben werden. Keine Pfändung mehr möglich, auch wenn die verurteilte Person Vermögen erlangt. 494

Aber: Zahlungserleichterungen bleiben möglich. Das bedeutet, dass einer verurteilten Person, die ihre Ersatzfreiheitsstrafe angetreten hat, weitere Zahlungserleichterungen bewilligt werden können. In diesem Falle wäre eine sofortige Entlassanordnung an die Vollzugsanstalt erforderlich.

4. Zahlung nach Strafantritt

Vollständige Zahlung verlangt sofortige Entlassung nach § 51 Abs. 4 StVollstrO. 495

Teilzahlung mindert nur die zu vollstreckende Ersatzfreiheitsstrafe.

Bei Überzahlung ist Verrechnung auf die Kosten möglich, andernfalls Rückzahlung nach § 13 EBAO.

5. Besonderheiten zur Strafzeitberechnung

Sind **mehr als 7 Tage** zu vollstrecken und wird nach Strafantritt so viel bezahlt, dass die Ersatzfreiheitsstrafe 7 Tage nicht mehr übersteigt, so ist die erste Berechnung nach vollen Tagen hinfällig und eine erneute Berechnung nach Stunden erforderlich (§ 37 Abs. 2 StVollstrO „im Vollzug zuzubringen hat"). 496

Bei Zahlung des Restbetrages kann es zur Vollstreckung von Bruchteilen eines Tages und evtl. auch zu Rückzahlungen kommen. 497

Beispiel:

Geldstrafe von 6 Tagessätzen zu je € 20,–	= € 120,–
Strafantritt (Verhaftung)	30. 4. 2007, 9.00 Uhr
plus	6 Tage
Strafende	6. 5. 2007, 9.00 Uhr
Zahlung von € 80,– am	2. 5. 2007, 15.00 Uhr
	= 4 Tagessätze

Die verurteilte Person ist sofort zu entlassen, § 51 Abs. 4 StVollstrO. Verbüßt sind 2 Tage und 6 Stunden = € 45,–. Die Restschuld beträgt € 75,–. Bezahlt wurden aber € 80,–. Die überschießenden € 5,– sind auf die Kosten zu verrechnen. Sind solche nicht vorhanden, muss der Betrag von € 5,– zurückbezahlt werden.

6. Nichtvollstreckung der Geld- oder Ersatzfreiheitsstrafe

498 Tod der verurteilten Person. Es erfolgt keine Vollstreckung in den Nachlass, § 459c Abs. 3 StPO.

Aber: Verfahrenskosten sind Nachlassverbindlichkeiten.

499 Geldstrafe neben Freiheitsstrafe, § 459d StPO
- im gleichen Verfahren **oder**
- in einem anderen Verfahren.

Wenn die Vollstreckung der Geldstrafe die Wiedereingliederung der verurteilten Person erschweren **kann,** so kann das **Gericht** anordnen, dass die Vollstreckung der Geldstrafe ganz oder zum Teil unterbleibt.
- Ermessensentscheidung des Gerichts;
- öffentliches Interesse an der Vollstreckung muss berücksichtigt werden;
- anwendbar daher nur in außergewöhnlichen Fallen, wenn überwiegende Gründe der Resozialisierung bestehen;
- zuständig ist das Gericht des 1. Rechtszugs, evtl. die Strafvollstreckungskammer, §§ 462 Abs. 1, 462a StPO.

500 **Härteregelung,** § 459f StPO, § 49 Abs. 2 StVollstrO. Es unterbleibt nur die Vollstreckung der Ersatzfreiheitsstrafe. Zwangsbeitreibung der Geldstrafe ist nach wie vor möglich und zulässig. Antragsberechtigt ist die verurteilte Person und die Vollstreckungsbehörde (= Rechtspfleger). Stellungnahme des Staatsanwalts als Strafverfolgungsbehörde ist einzuholen. Es entscheidet das Gericht der 1. Instanz bzw. die Strafvollstreckungskammer.

501 **Abwendung** der Vollstreckung der Ersatzfreiheitsstrafe durch freie Arbeit (gemeinnützige und unentgeltliche Tätigkeit).

Voraussetzung ist, dass die Vollstreckung der Ersatzfreiheitsstrafe angeordnet ist.

Zuständigkeit für die Entscheidung: Vollstreckungsbehörde = Rechtspfleger.

In einigen Bundesländern können nach Rechtsverordnungen die Vollstreckung von Ersatzfreiheitsstrafen auch während des Vollzugs von Freiheitsstrafen im Strafvollzug abgewendet werden. Die gefangene Person hat dann im Strafvollzug gemeinnützige Arbeiten zu verrichten, enthält hierfür aber keine Entlohnung nach den Strafvollzugsgesetzen der Länder.

Dieses Verfahren ist nicht unumstritten. Die Strafgefangenen sind nach den Strafvollzugsgesetzen zur Arbeit in den Vollzugsanstalten verpflichtet. Steht die gefangene Person in einem Arbeitsprozess im Strafvollzug, ist es bedenklich, diese aus dem Arbeitsprozess zu nehmen, ihr gemeinnützige Arbeit zuzuweisen und damit die Vollstreckung einer Ersatzfreiheitsstrafe, die im Anschluss an die Vollstreckung der Freiheitsstrafe notiert sein muss, abzuwenden.

502 **Verfahren:**
- Hinweis auf die Möglichkeit durch die Vollstreckungsbehörde, spätestens bei der Ladung zum Strafantritt.
- Antrag der verurteilten Person innerhalb einer angemessenen Frist (2 Wochen),

503 Entscheidung erfolgt schriftlich.
- **Gestattung** – Inhalt:
  - Beschäftigungsstelle
  - Art der Tätigkeit
  - tägliche Arbeitszeit
  - Anrechnungsmaßstab (in der Regel entsprechen 6 Stunden Arbeit 1 Tag Ersatzfreiheitsstrafe)
  - Belehrung über Widerrufsgründe und -möglichkeiten

– **Ablehnung** – Gründe nach § 3 Abs. 2 der VO
Einwendungen siehe 2. Kap., 2. Abschn., Rn. 5

Wirkung 504
- des rechtzeitigen Antrags und der Gestattung:
  - die Vollstreckung der Ersatzfreiheitsstrafe unterbleibt, d. h. sie wird gehemmt;
  - die Vollstreckungsverjährung ruht, § 79a Nr. 2a StGB.
- der Arbeitsleistung:
  - die Ersatzfreiheitsstrafe ist erledigt und damit auch die Geldstrafe;
- der teilweisen Arbeitsleistung und Widerruf:
  - die verurteilte Person muss die restliche Geldstrafe bezahlen oder die Ersatzfreiheitsstrafe verbüßen.
  - Bei teilweiser Erledigung eines Tagessatzes gilt § 459e Abs. 3 StPO.

Grundlage: Art. 293 EGStGB.

VI. Nachträgliche Bildung einer Gesamtgeldstrafe

1. Voraussetzungen: siehe Kap. 2, Abschn. 5. 505

2. Strafrahmen – § 54 Abs. 2 Satz 1 StGB 506

Grundsatz: Die Geldsumme und nicht nur der Faktor Anzahl der Tagessätze stellen die Geldstrafe dar – BGHZ 27, 359.

Hinsichtlich der Anzahl der Tagessätze: Die Gesamtgeldstrafe muss die Zahl der Tagessätze der Einsatzstrafe übersteigen. Sie darf die Summe der Zahl der Tagessätze aller Einzelstrafen nicht erreichen.

Hinsichtlich des Endbetrags (Produkt aus Tagessatz und Tagessatzhöhe):
Der Endbetrag der Gesamtgeldstrafe muss das Produkt der Einsatzstrafe übersteigen. Er darf die Summe der Produkte aller Einzelstrafen nicht erreichen.

Die Höhe des Tagessatzes ist nach den wirtschaftlichen Verhältnisses der verurteilten Person im Zeitpunkt der Gesamtstrafenbildung festzusetzen, jedoch unter Berücksichtigung obiger Ausführungen.

Beispiel:

	50 Tagessätze zu je € 80,–	€ 4.000,–
	40 Tagessätze zu je € 10,–	€ 400,–
Summe	90 Tagessätze	€ 4.400,–
Gesamtstrafe	70 Tagessätze zu je € 60,–	€ 4.200,–

Zu beachten ist, dass die neue Gesamtgeldstrafe von der Anzahl der Tagessätze höher ist als die Einsatzstrafe (höchste Einzelstrafe gemessen an der Anzahl der Tagessätze) aber niedriger als die Summe der Anzahl der Tagessätze. Ferner muss die Gesamtgeldstrafe im Endbetrag höher sein als der höchste Endbetrag einer Strafe aber niedriger als die Summe der Endbeträge.

3. Vollstreckung der nachträglich gebildeten Gesamtgeldstrafe

Im Zeitpunkt der Gesamtstrafenbildung sind noch keine Zahlungen auf die Ein- 507
zelstrafen geleistet:

Keine Besonderheiten; die Vollstreckung erfolgt in gleicher Weise wie bei Einzelgeldstrafen. Es wird von Anfang an nur die Gesamtgeldstrafe vollstreckt, also nach obigem Beispiel die Gesamtgeldstrafe von 70 Tagessätzen zu je € 60,–, insgesamt also € 4.200,–.

508 Im Zeitpunkt der Gesamtstrafenbildung sind auf Einzelstrafen Zahlungen geleistet. Maßgebend sind Zahlungen, die bis zur Rechtskraft der Gesamtstrafenbildung geleistet werden.

Alle Zahlungen sind gem. § 51 Abs. 2 StGB auf die Gesamtgeldstrafe anzurechnen.

Tagessatzhöhe der Einzelstrafen, auf die Zahlungen geleistet wurden, und der Gesamtgeldstrafe sind gleich hoch: siehe Rn. 507.

509 **Beispiel:**

	50 Tagessätze zu € 80,–	€ 4.000,–
	40 Tagessätze zu € 80,–	€ 3.200,–
Summe	90 Tagessätze zu € 80,–	€ 7.200,–
Gesamtstrafe	70 Tagessätze zu € 80,–	€ 5.600,–

Hat nun die verurteilte Person auf eine dieser Strafen bereits Teilzahlungen geleistet in Höhe von € 3.000,–, so ergibt sich nach der Gesamtstrafenbildung noch folgende Reststrafe:

Gesamtstrafe	70 Tagessätze zu € 80,–	€ 5.600,–
abzüglich Zahlung		€ 3.000,–
Reststrafe	32 Tagessätze zu € 80,–	€ 2.560,–
plus weitere		€ 40,–

die keinem vollen Tagessatz mehr entsprechen, die die verurteilte Person zwar bezahlen muss, jedoch scheidet hinsichtlich dieses Restbetrags die Vollstreckung der Ersatzfreiheitsstrafe aus. Kann dieser Betrag, der nicht der Gerichtskasse zusammen mit den Kosten zum Einzug übergeben werden kann (Sollstellung), nicht beigetrieben werden, muss hinsichtlich dieses Restbetrages die Vollstreckungsverjährung abgewartet werden.

510 Die Tagessatzhöhe der Einzelstrafen, auf die Zahlungen geleistet wurden, und der Gesamtgeldstrafe sind unterschiedlich hoch:[62]

Die früheren Zahlungen haben straftilgende Wirkung für die Gesamtgeldstrafe in dem zur Zeit der Zahlung geltenden Anrechnungsmaßstab.

511 Ergebnis – derzeit herrschende Meinung:

Verschlechterung der Vermögensverhältnisse (Tagessatzhöhe der Gesamtgeldstrafe ist niedriger als die Tagessatzhöhe der Einzelstrafe, auf die bezahlt wurde):

Die verurteilte Person muss als Endbetrag mehr bezahlen als die Summe der Gesamtgeldstrafe. Im Extremfall kann es möglich sein, dass der zu zahlende Endbetrag sogar höher liegt als die Summe der Endbeträge aller Einzelstrafen (nach 505 nicht zulässig): Es ist von Amts wegen ein Gnadenverfahren einzuleiten.

512 **Beispiel:**

Geldstrafe	50 Tagessätze zu € 80,–	€ 4.000,–
Geldstrafe	40 Tagessätze zu € 10,–	€ 400,–
Summe		€ 4.400,–
Gesamtgeldstrafe	70 Tagessätze zu € 60,–	€ 4.200,–

Die verurteilte Person hat vor der rechtskräftigen Gesamtstrafenbildung die Geldstrafe von 50 Tagessätzen zu je € 80,– (= € 4.000,–) voll bezahlt. Mit der Bezahlung des Betrages von € 4.000,– vor der Gesamtstrafenbildung hat sie abgewendet die Vollstreckung der Ersatzfreiheitsstrafe von 50 Tagen. Es bleiben daher noch restliche 20 Tagessätze zu je € 60,– offen. Dies würde bedeuten, dass die verurteilte Person zu den bereits bezahlten € 4.000,– noch restliche € 1.200,– auf die Geldstrafe zu bezahlen hätte.

513 **Verbesserung** der Vermögensverhältnisse (Tagessatzhöhe der Gesamtgeldstrafe ist höher als die Tagessatzhöhe der Einzelstrafe auf die bezahlt wurde): Die verurteilte Person muss als Endbetrag weniger bezahlen als die Summe der Gesamtgeldstrafe.

[62] Ausführlich hierzu *Siggelkow*, Rpfleger 1999, 245.

Beispiel: 514

Geldstrafe	50 Tagessätze zu € 80,–	€ 4.000,–
Geldstrafe	40 Tagessätze zu € 10,–	€ 400,–
Gesamtgeldstrafe	70 Tagessätze zu € 60,–	€ 4.200,–

Die verurteilte Person hat die Geldstrafe von € 400,– (40 Tagessätze zu je 10,– €) vor Rechtskraft der Gesamtstrafenbildung bezahlt. Mit der Bezahlung dieses Betrags hat sie die Vollstreckung einer Ersatzfreiheitsstrafe von 40 Tagen. Es verbleibt deshalb noch eine Reststrafe von 30 Tagessätzen zu je € 60,–, insgesamt also € 1.800,–.

Alternativlösungen werden vom LG Konstanz und von *Fabian* (Rpfl. 1980, 374) 515
und von *Siggelkow* (Rpfl. 1994, 93) vertreten, die zum Teil alle gezahlten Teilbeträge auf den Endbetrag der Gesamtgeldstrafe ohne Berücksichtigung der Tagessätze im Zeitpunkt der Zahlungen anrechnen wollen oder einen anderen Anrechnungsmodus gewählt haben. Das Landgericht Konstanz will in den Fällen der Rn. 512 den bezahlten Betrag von € 4.000,– auf den Endbetrag der Gesamtgeldstrafe von € 4.200,– anrechnen, so dass in diesem Falle nur noch restliche € 200,– Geldstrafe ausstehen würden, oder 2 Tagessätze. Im Falle 514 will das Landgericht Konstanz die in dieser Rn. vorgenommene Berechnungsart anwenden. Für Differenzierung, wie sie das Landgericht Konstanz vorgenommen hat, gibt es keine gesetzliche Grundlage. Der *BGH* hat in seiner Entscheidung BGHSt 28, 360 ausdrücklich betont, dass es so anzusehen sei, als ob von vornherein die Gesamtstrafe vollstreckt worden wäre. Für die Anrechnung entscheidend ist daher die Tagessatzhöhe der „früheren" Einzelgeldstrafe. Nur dieser Anrechnungsmaßstab vermeidet etwaige Benachteiligungen der verurteilten Person.

Hätte die verurteilte Person die Einzelgeldstrafe teilweise verbüßt und teilweise 516
bezahlt, etwa in der Art, dass nach Teilverbüßung die Restgeldstrafe bezahlt wird, damit die verurteilte Person aus dem Strafvollzug entlassen werden kann, müsste hinsichtlich der Verbüßung wie in Rn. 512 und 514 angerechnet werden. Weshalb dann die Zahlungen in anderer Form angerechnet werden sollen, ist nicht nachvollziehbar.

Zusammenfassung: 517

Im Ergebnis halte ich die Berechnungsarten gemäß Rn. 512 und 514 für richtig, sie sind jedoch nicht befriedigend. Es kann nicht Aufgabe der Gnadenbehörde sein, im Falle Rn. 512 einen Teil der Geldstrafe zu erlassen und es erscheint unbefriedigend, dass die verurteilte Person, die zunächst die Einzelgeldstrafe mit dem niedrigeren Tagessatz bezahlt, insgesamt günstiger gestellt werden soll. Nach meiner Ansicht ist es nicht angebracht, bei der verurteilten Person, die zunächst die Geldstrafe mit dem höheren Tagessatz bezahlt, ein Gnadenverfahren einzuleiten. Sie hat den Restbetrag zu bezahlen. Die verurteilte Person, die zunächst die Geldstrafe mit dem niedrigeren Tagessatz bezahlt, erlangt nun eben gewisse Vorteile. Eine Mischberechnung, wie sie verschiedentlich vorgeschlagen wird, halte ich rechtlich für bedenklich.

7. Abschnitt. Entziehung der Fahrerlaubnis

I. Allgemeines

518 Die Entziehung der Fahrerlaubnis ist eine Maßregel der Besserung und Sicherung nach § 69 StGB. Sie kann als solche auch isoliert, d.h. unabhängig von einer Strafe, verhängt werden (z.B. bei Absehen von Strafe, nach § 60 StGB oder bei Freispruch wegen Schuldunfähigkeit nach § 20 StGB).

Die Entziehung der Fahrerlaubnis verlangt gleichzeitig die Einziehung eines deutschen Führerscheins nach § 69 Abs. 3 StGB und die Festsetzung einer Sperrfrist für die Wiedererteilung einer Fahrerlaubnis nach § 69a Abs. 1 StGB.

Möglich ist auch die Verhängung einer isolierten Sperrfrist, wenn die verurteilte Person zuvor noch keine Fahrerlaubnis besaß, vgl. § 69a Abs. 1 letzter Satz StGB.

II. Wirkung

519 Die Fahrerlaubnis erlischt mit der Rechtskraft des Straferkenntnisses, auch wenn die verurteilte Person noch im Besitz ihres Führerscheines ist, § 69 Abs. 3 S. 1 StGB.

520 Mitteilungspflichten der Vollstreckungsbehörde:

- Bundeszentralregister gem. §§ 4, 5, 9 BZRG
- Kraftfahrtbundesamt in Flensburg gem. § 13 StVZO
- Verwaltungsbehörde, die für eine Neuerteilung der Fahrerlaubnis zuständig ist, gem. Nr. 46 Abs. 1 MiStra
- Polizeibehörde des Wohn- oder Aufenthaltsortes zum Zwecke der Überwachung gem. Nr. 46 Abs. 4 MiStra
- Bundeswehr, Bahn-AG, Post-AG, Bundesgrenzschutz, Polizei, wenn die entzogene (Sonder-)Fahrerlaubnis von ihr erteilt worden war, gem. Nr. 46 Abs. 6 MiStra
- Ausländische Verwaltungsbehörde bei Entziehung nach § 69b StGB auf dem dafür vorgesehenen Dienstweg gem. § 11 Abs. 2 S. 2 der VO über internationalen Kraftfahrzeugverkehr vom 12. 11. 1934 (i.d.F. vom 18. 7. 2008).

III. Berechnung der Sperrfrist

521 **Zuständigkeit.** Die Berechnung der Sperrfrist ist Aufgabe der Vollstreckungsbehörde, nicht der Verwaltungsbehörde. Letztere ist aber nicht an das errechnete Ende in der Weise gebunden, dass die verurteilte Person einen Anspruch auf Wiedererteilung zu diesem Zeitpunkt hätte. Die Verwaltungsbehörde kann trotzdem die Neuerteilung verweigern und weitere Eignungsnachweise verlangen. Die Verwaltungsbehörde darf aber auf keinen Fall vor dem von der Vollstreckungsbehörde errechneten Zeitpunkt eine neue Fahrerlaubnis erteilen.

522 **Berechnungsvorschriften.** Es gelten nicht die allgemeinen Regeln der Strafzeitberechnung, sondern §§ 187, 188 BGB. Da weder das StGB noch die Strafvollstreckungsordnung Spezialvorschriften kennen, gelten nach Art. 2 EGBGB die §§ 186ff. BGB (BGHZ 59, 396).

In der Praxis werden die allgemeinen Strafzeitberechnungsregeln angewendet und auch toleriert.

Die Sperrfrist beginnt grundsätzlich mit der Rechtskraft der Strafentscheidung nach § 69a Abs. 5 Satz 1 StGB. 523

Es erfolgt keine Anrechnung der Sicherstellung oder vorläufigen Entziehung der Fahrerlaubnis auf die vom Gericht verhängte Sperrfrist. Eine vergleichbare Regelung wie bei der Untersuchungshaft (§ 51 StGB) fehlt.

Die Zeit ab der **letzten Tatsacheninstanz bis zum Eintritt der Rechtskraft** nach § 69a Abs. 5 Satz 2 StGB wird eingerechnet, wenn der Führerschein während dieser Zeit sichergestellt oder die Fahrerlaubnis vorläufig entzogen war. 524

Die Einrechnung erfolgt durch Vorverlegung des Beginns der Sperrfrist auf den Zeitpunkt der letzten Tatsacheninstanz.

Grund: Es wird eingerechnet und nicht angerechnet.

Beispiele: 525

1. Die verurteilte Person war nicht im Besitz einer Fahrerlaubnis. Das Gericht verhängt gegen sie eine Sperrfrist von 1 Jahr. Die Sperrfrist wird wirksam mit der Rechtskraft der Entscheidung. Die Frist beginnt auch mit der Rechtskraft und endet nach Ablauf eines Jahres. (Berechnungsvorschriften nach §§ 187, 188 BGB).
2. Die verurteilte Person ist im Besitz einer Fahrerlaubnis. Im Urteil vom 25. 1. 2008 wird der verurteilten Person die Fahrerlaubnis entzogen und eine Sperrfrist für die Wiedererteilung einer neuen Fahrerlaubnis von einem Jahr verhängt. Einen Beschluss über die vorläufige Entziehung der Fahrerlaubnis erlässt das Gericht nicht. Das Urteil wird rechtskräftig am 2. 2. 2008. 526
   Die Sperrfrist beginnt am 2. 2. 2008 und endet am 2. 2. 2009.
3. Wie Beispiel 2, jedoch entzieht das Gericht der verurteilten Person in der Hauptverhandlung am 25. 1. 2008 die Fahrerlaubnis vorläufig. Die Zeit der vorläufigen Entziehung der Fahrerlaubnis wird in die Frist mit eingerechnet, aber nur die Zeit, die zwischen der letzten tatrichterlichen Entscheidung und der Rechtskraft liegt. 527
   Die Sperrfrist beginnt am 25. 1. 2008 und endet am 25. 1. 2009.
4. Der beschuldigten Person wurde am 2. 9. 2007 der Führerschein durch die Polizei abgenommen und durch Beschluss des Amtsgerichts Zwickau vom 8. 9. 2007 vorläufig entzogen. Am 5. 3. 2008 findet gegen sie wegen dieser Tat die Hauptverhandlung statt. Ihr wird die Fahrerlaubnis entzogen und eine Sperrfrist von noch 4 Monaten verhängt. Das Urteil wird rechtskräftig am 10. 4. 2008. 528
   Die Sperrfrist beginnt am 5. 3. 2008 und endet am 5. 7. 2008.
   Obwohl die Mindestsperrfrist 6 Monate beträgt, kann das Gericht eine niedrigere Sperrfrist festsetzen, wenn der verurteilten Person wegen dieser Tat die Fahrerlaubnis vorläufig entzogen war. Jedoch darf die im Urteil zu verhängende Sperrfrist auch in diesem Falle 3 Monate nicht unterschreiten – § 69a Abs. 4 StGB.
5. Die verurteilte Person ist nicht im Besitz einer Fahrerlaubnis. Gegen sie wird eine Sperrfrist von 1 Jahr festgesetzt. Gegen das Urteil vom 16. 1. 2008 wird Revision eingelegt. In der Revisionsentscheidung vom 4. 7. 2008 wird das Rechtsmittel verworfen. Das Urteil wird rechtskräftig am 5. 7. 2008. 529
   Die Sperrfrist beginnt am 5. 7. 2008 und endet am 5. 7. 2009.
6. Wie Beispiel 5, jedoch war der verurteilten Person die Fahrerlaubnis wegen dieser Tat vorläufig entzogen. Die Sperrfrist beginnt mit der letzten tatrichterlichen Entscheidung. 530
   Die Sperrfrist beginnt am 16. 1. 2008 und endet am 16. 1. 2009.
7. Wie Beispiel 6, jedoch entscheidet das Revisionsgericht erst am 20. 1. 2009, das erstinstanzliche Tatsachenurteil wird daher erst am 20. 1. 2009 rechtskräftig. Durch die Einrechnung wäre rechnerisch die Sperrfrist aber bereits am 16. 1. 2009 abgelaufen. Da sie aber nicht zu laufen beginnen kann bevor sie rechtskräftig geworden ist, kann sie auch nicht am 16. 1. 2009 ablaufen. Sie läuft daher ab am 20. 1. 2009.

Die Vollstreckungsbehörde hat die Zeit der vorläufigen Entziehung der Fahrerlaubnis nicht zu berechnen, sondern nur die Sperrfrist, die im Urteil festgesetzt 531 wurde. Es ist Aufgabe des Gerichts, die Sperrfrist unter Berücksichtigung einer evtl. vorläufigen Entziehung der Fahrerlaubnis festzusetzen.

Sonderfall auch im Zusammenhang mit der Mitteilung zum Bundeszentralregister:

532 Der verurteilten Person war wegen der Tat, die Gegenstand des Verfahrens ist, die Fahrerlaubnis vorläufig entzogen. Im Strafbefehl vom 16. 1. 2008 wird die Fahrerlaubnis entzogen und eine Sperrfrist von noch 6 Monaten verhängt. Die verurteilte Person legt gegen diesen Strafbefehl Einspruch ein. In der Hauptverhandlung vom 6. 8. 2008 wird das Urteil verkündet:

Die angeklagte Person wird wegen der begangenen Tat zu der Geldstrafe von 50 Tagessätzen zu je € 80,– verurteilt. Es verbleibt bei der im Strafbefehl vom 16. 1. 2008 verhängten Entziehung der Fahrerlaubnis und der Sperrfrist. Das Urteil wird infolge Rechtsmittelverzichts rechtskräftig am 6. 8. 2008. Dies würde bedeuten, dass die Zeit vom 16. 1. 2008 bis 6. 8. 2008 in die Sperrfrist mit eingerechnet wird mit der Folge, dass die Sperrfrist rechnerisch vor dem Urteil und vor der Rechtskraft endet. Die gesetzliche Vorschrift lautet jedoch, dass die Sperrfrist mit der Rechtskraft beginnt. Sie kann nicht zu laufen beginnen, bevor sie überhaupt wirksam war. In diesem Falle beginnt die Sperrfrist am 6. 8. 2008 und endet auch am gleichen Tage. Dem Bundeszentralregister ist in diesem Falle eine formlose Mitteilung nach 3.5.7 BZRvWV zu machen, da als Datum der ersten Entscheidung der 6. 8. 2008 und als Ende der Sperrfrist das gleiche Datum mitzuteilen ist. Rechtlich möglich ist jedoch nur ein Ende der Sperrfrist, das mindestens 3 Monate nach der Entscheidung liegt.

Bei nachträglicher Gesamtstrafenbildung:

533 Eine Sperrfrist ist wegen zwei oder mehreren Verurteilungen auszuwerfen:

Es muss eine neue Sperrfrist festgesetzt werden. Ihre Höhe bestimmt sich nach dem Zeitpunkt, in welchem die Gesamtstrafe gebildet wird. Hier ist es nicht möglich, die in den einzelnen Strafentscheidungen verhängten Sperrfristen nur aufrecht zu erhalten. Es ist eine neue einheitliche Sperrfrist festzusetzen – *BGH* 24, 205 u.a.

534 Der Beginn der Sperrfrist wird in diesen Fällen unterschiedlich festgesetzt:

a) Beginn mit der Rechtskraft des Gesamtstrafenbeschlusses – z.Zt. herrschende Meinung.

b) Beginn analog § 41 Abs. 1 S. 1 StVollstrO mit dem Beginn der Frist in der einbezogenen Entscheidung. Wenn diese Berechnungsart angewendet wird, müssen die Gründe der Gesamtstrafenentscheidung hierzu Anhaltspunkte bieten – *OLG Stuttgart* VRS 71 277.

535 Nur in **einer** der einbezogenen Entscheidungen ist eine Sperrfrist enthalten:

Es kann keine neue Sperrfrist festgesetzt werden, sondern es ist die frühere Sperrfrist (ebenso die Entziehung der Fahrerlaubnis) aufrechtzuerhalten – § 55 Abs. 2 StGB. Dies bringt keine Änderung in der Berechnung.

536 Es kann **keine** Gesamtstrafe gebildet werden, aber in zwei oder mehr Verurteilungen bestehen Sperrfristen. In diesen Fällen laufen mehrere Sperrfristen **nebeneinander** her. Keine Nacheinandervollstreckung wie bei Freiheitsstrafen oder wie beim Fahrverbot.

IV. Behandlung der Führerscheine

1. Allgemeine deutsche Führerscheine

Es ist ein Vermerk über die Einziehung und Unbrauchbarmachung auf dem Führerschein anzubringen nach § 56 Abs. 1 StVollstrO, der Führerschein ist durch Einschneiden unbrauchbar zu machen. 537

Eingezogen durch rechtskräftiges Straferkenntnis des ... Gerichts ... vom ... AZ.: ... Staatsanwaltschaft ..., den ... Unterschrift des Rechtspflegers, Dienstsiegel

Übersendung des Führerscheins an die Behörde, die für die Erteilung einer neuen Fahrerlaubnis zuständig ist. Ende der Sperrfrist ist anzugeben nach § 56 Abs. 1 StvollstrO. Bei fehlendem Wohnsitz im Geltungsbereich der StPO bleibt der Führerschein in den Akten.

Deutsche Sonderführerscheine (Bundeswehr, Bahn-AG, Post-AG, Bundesgrenzschutz, Polizei): 538

- Vermerk über die Einziehung wie oben Rn. 537
- Unbrauchbarmachung wie oben Rn. 537
- Übersendung des Führerscheins an die Stelle, die nach Nr. 46 Abs. 6 MiStra zu benachrichtigen ist, siehe oben Rn. 519.

Wird der „Führerschein des Angeklagten eingezogen", so gelten **alle** Führerscheine als eingezogen. Dazu gehören auch sog. Sonderführerscheine für Omnibusse oder internationale Führerscheine, die von einer deutschen Behörde ausgestellt wurden.

2. Ausländische Führerscheine

Wurde eine ausländische Fahrerlaubnis entzogen, die von einer Behörde eines Mitgliedstaates der Europäischen Union oder eines anderen Vertragsstaates des Abkommens über den Europäischen Wirtschaftsraum erteilt worden ist, und hat die Inhaberin oder der Inhaber ihren oder seinen ordentlichen Wohnsitz im Inland, so wird der Führerschein mit den nach der MiStra zu übermittelnden Daten dem Kraftfahrt-Bundesamt zur Weiterleitung an die ausstellende Behörde übersandt (§ 69b Abs. 2 S. 1 StGB). Bei der Entziehung sonstiger ausländischer Fahrerlaubnisse werden die Entziehung und die Sperre in dem Führerschein vermerkt (§ 69b Abs. 2 S. 2 StGB). Befindet der Führerschein sich noch nicht in behördlichem Gewahrsam, so wird er für die Eintragung des Vermerks beschlagnahmt, wenn die verurteilte Person die Vorlage verweigert (§ 463b Abs. 2 StPO). Ist die Eintragung des Vermerks wegen der Beschaffenheit des Führerscheins nicht möglich, ist ein gesonderter Vermerk zu erstellen und fest mit dem Führerschein zu verbinden. 539

Ausländische Führerscheine, die nicht von einer Behörde eines Mitgliedstaates der Europäischen Union oder eines anderen Vertragsstaates des Abkommens über den Europäischen Wirtschaftsraum erteilt wurden, dürfen nicht eingezogen werden. Einem solchen Ausländer kann aber die Fahrerlaubnis entzogen werden. Diese Entziehung gilt nur für das Gebiet der Bundesrepublik Deutschland und hat die

Wirkung eines Fahrverbots. Die Entziehung wird in dem ausländischen Führerschein eingetragen. Der Führerschein wird sodann an die verurteilte ausländische Person zurückgegeben.

V. Beschlagnahme von Führerscheinen

540 Eingezogene deutsche Führerscheine sind – sofern sie sich nicht in den Akten befinden – anzufordern. Wenn sie nicht herausgegeben werden, erfolgt Wegnahme durch den Gerichtsvollzieher nach § 62 StVollstrO. Ist dies erfolglos, kommt die eidesstattliche Versicherung nach § 62 StVollstrO in Betracht. Möglich ist auch die Ausschreibung über das INPOL-System der Polizei.

541 Ausländische Führerscheine werden angefordert zur Eintragung der Entziehung der Fahrerlaubnis und des Sperrvermerks nach § 56 Abs. 2 StVollstrO. Verweigert die verurteilte Person die Herausgabe, wird der Führerschein beschlagnahmt, § 463b Abs. 2 StPO, § 56 Abs. 2 StVollstrO. Es erfolgt ein Ersuchen an die Polizei. Grundlage ist das Straferkenntnis. Durchsuchung der Wohnung der verurteilten Person ist zulässig. Falls erfolglos kann die eidesstattliche Versicherung über den Verbleib des Führerscheins verlangt werden nach § 463b Abs. 3 StPO, § 61 StVollstrO.

8. Abschnitt. Das Fahrverbot, § 44 StGB, § 59a StVollstrO

I. Allgemeines

Das Fahrverbot ist eine **Nebenstrafe.** 542

Es kann nur in Verbindung mit einer Hauptstrafe verhängt werden (Freiheits- oder Geldstrafe, § 44 Abs. 1 S. 1 StGB).

Es ist nicht Voraussetzung, dass die verurteilte Person im Besitz einer Fahrerlaubnis ist, da das Fahrverbot auch für alle führerscheinfreien Kraftfahrzeuge gilt.

II. Wirkung

Das Fahrverbot wird wirksam mit der Rechtskraft der Entscheidung. Die Wirk- 543
samkeit ist nicht abhängig von der Berechnung der Verbotsfrist.

Dei verurteilte Person darf kein Kraftfahrzeug mehr führen, auch kein führerscheinfreies. Ausnahmeregelungen für bestimmte Fahrzeuge oder Führerscheinklassen sind möglich.

Ein Aufschub oder eine Unterbrechung der Wirkung des Fahrverbots ist nicht möglich. Sinn dieser Warnungs- oder Besinnungsstrafe ist die sofortige Einwirkung auf den Täter. § 456 StPO ist nicht anwendbar, da diese Vorschrift nur für Vollstreckungen gilt, die von einer Handlung abhängig sind und nicht unabhängig davon wirksam werden.

III. Dauer

Ein Fahrverbot kann nur für die Dauer von 1 Monat und höchstens 3 Monaten 544
verhängt werden. Wird durch das Gericht ein Fahrverbot von 4 Wochen verhängt, ist diese Entscheidung zwar falsch; wenn diese Entscheidung aber rechtskräftig wird, darf die Vollstreckungsbehörde auf Grund des Vertrauensschutzes auch nicht mehr als 4 Wochen vollstrecken.

IV. Mitteilungspflichten

Es gelten dieselben Mitteilungspflichten wie bei der Entziehung der Fahrerlaub- 545
nis – siehe oben 7. Abschn., Rn. 519 mit der Ausnahme der Mitteilung an ausländische Verwaltungsbehörden.

V. Vollstreckung und Behandlung der Führerscheine

1. Deutscher Führerschein

Während der Dauer der Fahrverbots wird der Führerschein in den Akten, im 546
Vollstreckungsheft oder auf andere Art von der Vollstreckungsbehörde nach § 59a Abs. 1 StVollstrO verwahrt.

Befindet sich der Führerschein bei Einleitung der Vollstreckung nicht bei den Akten, ist er von der verurteilten Person anzufordern. Dabei ist die verurteilte Person über die bereits bestehende Wirkung des Fahrverbots zu belehren, falls eine solche Belehrung nicht schon aktenkundig ist, § 59a Abs. 4 StVollstrO.

Wird der Führerschein nicht freiwillig herausgegeben, ist er nach § 463b Abs. 1 StPO zu beschlagnahmen. Hierzu wird die Polizei in Anspruch genommen, nicht der Gerichtsvollzieher. Die Anordnung der Beschlagnahme enthält zugleich die Anordnung zur Durchsuchung der Wohnung des Führerscheininhabers.

Wird der Führerschein nicht aufgefunden, ist die Vollstreckungsbehörde berechtigt, die Angabe eines eidesstattlichen Versicherung über den Verbleib zu verlangen, § 463b Abs. 3 StPO.

Vor Ablauf des Fahrverbots ist der Führerschein zurückzugeben. Der Führerschein kann von der verurteilten Person abgeholt werden, oder er ist ihr zuzusenden. Die verurteilte Person muss am letzten Tag des Fahrverbots im Besitz des Führerscheins sein bzw. in den Besitz des Führerschein zu gelangen – § 59a Abs. 2 StVollstrO. Sie ist aber bei der Abholung oder bei der Übersendung des Führerscheins darauf hinzuweisen, dass das Fahrverbot erst um 24.00 Uhr endet, und sie nicht berechtigt ist, vor Ablauf dieser Frist Kraftfahrzeuge zu führen.

2. Ausländische Führerscheine

547 Der Führerschein wird nicht verwahrt, es wird in den Führerschein aber die Tatsache und die Dauer des Fahrverbots eingetragen. Der Führerschein ist der verurteilten Person nach der Eintragung sofort wieder zurückzugeben.

Wie deutsche Führerscheine behandelt werden auch, wenn der Führerschein von einer Behörde eines Mitgliedstaates der Europäischen Union oder eines anderen Vertragsstaates des Abkommens über den Europäischen Wirtschaftsraum ausgestellt worden ist, sofern der Inhaber seinen ordentlichen Wohnsitz im Inland hat. In anderen ausländischen Führerscheinen wird das Fahrverbot vermerkt.

Wird der Führerschein nicht freiwillig herausgegeben, so gilt dasselbe wie bei deutschen Führerscheinen – siehe oben Rn. 546.

3. Bundeswehrführerscheine

Hier gelten folgende Besonderheiten:

- Der Dienstvorgesetzte hat der verurteilten Person den Führerschein abzunehmen und an die Vollstreckungsbehörde zu übersenden (Nr. 624 ZDv 43/1 des BMV).
- Nach Ablauf des Verbots ist der Bundeswehrführerschein an den Vorgesetzen und nicht an die verurteilte Person zu übersenden, § 59a Abs. 2 S. 3 StVollstrO.

VI. Berechnung des Fahrverbots

1. Zuständigkeit

548 Zuständig für die Berechnung ist die Vollstreckungsbehörde = Rechtspfleger.

2. Berechnungsvorschriften

549 Für die Berechnung gelten die Vorschriften der StVollstrO, für die Berechnung von Freiheitsstrafen, § 59a Abs. 5 StVollstrO und zwar hinsichtlich

- Berechnung nach vollen Tagen, § 37 Abs. 2 StVollstrO
- Berechnung nach der Kalenderzeit, § 37 Abs. 4 StVollstrO

- Berechnung beim Zusammentreffen mehrerer Zeiteinheiten, § 37 Abs. 5 StVollstrO
- Anrechnung von Zeiten der vorläufigen Entziehung, Sicherstellung oder Beschlagnahme rückwärts vom Ende der Verbotsfrist, § 39 Abs. 4 StVollstrO
- Berechnung bei einer Unterbrechung der Verbotsfrist, § 40 Abs. 1 StVollstrO.

3. Beginn der Frist

Der Führerschein befindet sich bereits in den Akten: **Rechtskraftdatum.** 550
Die verurteilte Person hat keine Fahrerlaubnis: **Rechtskraftdatum.**

Die verurteilte Person übersendet ihren Führerschein nach Eintritt der Rechtskraft: **Tag des Eingangs des Führerscheins.**

Der Disziplinarvorgesetzte des Bundeswehrangehörigen stellt den Bundeswehrführerschein sicher: **Zeitpunkt der Sicherstellung.** 551

Beschlagnahme des deutschen Führerscheins durch die Polizei: 552
Meinung 1: ab **Eingang bei der Staatsanwaltschaft**
Meinung 2: ab **Tag der Beschlagnahme durch die Polizei**
Ich meine, die Lösung 2 scheint richtig zu sein. Mit der Beschlagnahme des Führerscheins durch die Polizei befindet sich der Führerschein in amtlicher Verwahrung. Die verurteilte Person bekommt den Führerschein von der Polizei auch nicht zurück. Die Meinung 1 wird gerade damit begründet, dass in diesem Fall die Frist zwischen der Aufgabe zum Postamt und dem Eingang bei der Staatsanwaltschaft auch nicht mit eingerechnet wird. Bei dieser Meinung wird jedoch übersehen, dass die verurteilte Person bis zum Eingang ihrer Briefsendung bei der Staatsanwaltschaft ihren Brief zurückverlangen kann.

Die verurteilte Person hat mehrere Führerscheine: **Der Zeitpunkt, in dem die Frist für den zuletzt abgegebenen Führerschein beginnt.** 553

Bei ausländischen Führerscheinen, die nicht wie deutsche Führerscheine zu behandeln sind: **Eintragung des Vermerks.** Hier kommt es nicht darauf an, wann der Führerschein beschlagnahmt oder bei der Vollstreckungsbehörde eingegangen ist, sondern auf den Zeitpunkt, zu welchem der Vollstreckungsbeamte den entsprechenden Vermerk auf dem ausländischen Führerschein anbringt. Der Vollstreckungsrechtspfleger hat deshalb diesen Vermerk sofort nach Eingang des ausländischen Führerscheins anzubringen. Diese Regelung wurde bereits mehrfach kritisiert nicht zuletzt deshalb, weil es dem Zufall überlassen ist, wann der Vollstreckungsrechtspfleger diesen Vermerk anbringt. Bringt er nämlich den Vermerk erst 3 Wochen nach Eingang des Führerscheins an, beginnt die Frist auch erst mit diesem Tage. Dem kann nur dadurch wirksam begegnet werden, dass dieser Vermerk sofort anzubringen ist. Im Übrigen erhalten die Besitzer einer ausländischen Fahrerlaubnis den Führerschein sofort nach Eintragung dieses Vermerks zurück und können außerhalb des Bundesgebietes am öffentlichen Straßenverkehr teilnehmen, während die Besitzer einer deutschen Fahrerlaubnis ihren Führerschein während der Verbotsfrist nicht erhalten. 554

4. Anrechnung einer vorläufigen Entziehung der Fahrerlaubnis, Sicherstellung oder Beschlagnahme eines Führerscheins

Voraussetzungen: 555
Die vorläufige Entziehung der Fahrerlaubnis, Verwahrung, Sicherstellung oder Beschlagnahme des Führerscheins muss aus Anlass der Tat, die Gegenstand des Verfahrens ist oder gewesen ist, erfolgt sein, § 51 Abs. 5 i.V.m. Abs. 1 StGB.

Im Straferkenntnis darf das Fahrverbot nicht neben einer Entziehung der Fahrerlaubnis ausgesprochen sein.

556 Zur Wirksamkeit der vorläufigen Entziehung der Fahrerlaubnis:
- die vorläufige Entziehung der Fahrerlaubnis nach § 111a StPO wird wirksam mit der Bekanntgabe des Beschlusses, nicht erst mit einer späteren Wegnahme des Führerscheins, deshalb ist in diesen Fällen der Beschluss nach § 111a StPO förmlich zuzustellen.
- ansonsten gilt der Zeitpunkt der Sicherstellung, Verwahrung oder Beschlagnahme des Führerscheins.

557 Die Anrechnung muss im Urteil oder Strafbefehl nicht ausdrücklich ausgesprochen sein; sie erfolgt **kraft Gesetzes** – § 51 Abs. 5 StGB.

558 Die Anrechnungszeit wird in Tagen berechnet und vom Ende des Fahrverbots rückwärts abgerechnet, § 39 Abs. 4 StVollstrO (maßgebend ist die tatsächliche Dauer der vorläufigen Entziehung, auch wenn im Urteil eine andere Zeit angegeben wäre).

Beispiel:

Der verurteilten Person war am 20. 2. 2008 der Führerschein von der Polizei abgenommen worden. Das Gericht hat durch Beschluss vom 29. 2. 2008 die Fahrerlaubnis nach § 111a StPO vorläufig entzogen. Durch Urteil vom 14. 3. 2008, rechtskräftig seit 26. 3. 2008, wird ein Fahrverbot von 3 Monaten verhängt. Das Fahrverbot ist wie folgt zu berechnen:

Beginn: 26. 3. 2008	3 Monate	25. 6. 2008 TE (fiktiv)
anzurechnen ist die Zeit vom 20. 2. 2008–25. 3. 2008 = 35 Tage		
Ende deshalb		21. 5. 2008 TE

Durch die Verweisung in § 59a Abs. 5 StVollstrO auf die Bestimmung in § 39 Abs. 4 StVollstrO ist auch hier eine Vergleichsberechnung anzustellen. Dies bedeutet:

Beginn:	20. 2. 2008 TB
Dauer:	3 Monate
Ende:	20. 5. 2008 TB
Entspricht:	**19. 5. 2008 TE**

559 Der Führerschein ist nach § 59a StVollstrO der verurteilten Person so rechtzeitig zurückzugeben, dass sie vor Ablauf der Verbotsfrist wieder im Besitz des Führerscheines ist. Bei der Rückgabe des Führerscheins ist die verurteilte Person jedoch darauf hinzuweisen, zu welchem Zeitpunkt genau das Fahrverbot endet – hier am 19. 5. 2008 24.00 Uhr und dass sie vor Ablauf dieser Frist nicht berechtigt ist, Kraftfahrzeuge auf öffentlichen Straßen zu führen.

5. Unterbrechung des Fahrverbots

560 Die Frist für das Fahrverbot wird unterbrochen, solange die verurteilte Person auf behördliche Anordnung in einer Anstalt verwahrt wird, § 44 Abs. 4 StGB. Auf Grund welcher Anordnung kommt es hier nicht an. Es kann sein, dass die verurteilte Person in anderer Sache in Untersuchungshaft genommen wird oder in anderer Sache Strafhaft verbüßt, es kann sein, dass sie auf Grund einer anderen behördlichen Anordnung (die Behörde braucht weder ein Gericht noch die Staatsanwaltschaft sein, es genügt eine verwaltungsrechtliche behördliche Anordnung) anstaltlich verwahrt wird. Während dieser Zeit ruht die Verbotsfrist, d.h. die Frist beginnt entweder nicht zu laufen, wenn die behördliche Verwahrung zum Zeitpunkt der Rechtskraft der Strafentscheidung, in welcher das Fahrverbot verhängt wurde bereits besteht oder sie ruht, wenn die behördliche Verwahrung zu einem späteren Zeitpunkt erfolgt.

Die Berechnung der Unterbrechung erfolgt in gleicher Weise wie die Unterbrechung einer Strafzeit, § 40 Abs. 1 StVollstrO, der Rest ist nach Tagen zu berechnen und diese restlichen Tage sind nach Beendigung der behördlichen Verwahrung weiter zu vollstrecken. 561

Wird die Zeit der Anstaltsunterbringung nach vollen Tagen berechnet (Strafhaft oder Untersuchungshaft – nicht dagegen behördliche Verwahrung auf Grund einer verwaltungsrechtlichen Vorschrift), so darf kein Tag doppelt angerechnet werden. Bei Berechnung der Anstaltsunterbringung nach Stunden, wird das Fahrverbot trotzdem nach vollen Tagen berechnet, wobei angefangene Tage voll zu rechnen sind. § 59a StVollstrO verweist zwar auf § 37 Abs. 2 StVollstrO, wonach bei einer Strafvollstreckung von bis zu 7 Tagen auch nach Stunden zu rechnen ist. Das Mindestfahrverbot nach § 44 StGB beträgt jedoch **ein Monat,** so dass diese Berechnungsart praktisch nicht zum Zuge kommen wird.

Beispiele: 562

1. Gegen die verurteilte Person wird durch Urteil des Amtsgerichts Zwickau vom 6. 2. 2008 – rechtskräftig seit 14. 2. 2008 ein Fahrverbot von 3 Monaten verhängt. Der Führerschein wird am 11. 4. 2008 in amtliche Verwahrung gegeben. In der Zeit vom 3. 5. 2008 15.00 Uhr bis 24. 5. 2008 wird die verurteilte Person anstaltlich verwahrt nach § 81 StPO. Von dort wird sie am 24. 5. 2008 gegen 8.00 Uhr entlassen.

Das Fahrverbot berechnet sich wie folgt:

Wirksam mit der Rechtskraft:	14. 2. 2008
Die Verbotsfrist wird berechnet ab:	11. 4. 2008 TB
Dauer 3 Monate – Ende:	10. 7. 2008 TE
Unterbrochen am:	3. 5. 2008

Der 3. 5. 2008 zählt zunächst ganz. Da an diesem Tag jedoch eine sonstige Freiheitsentziehung vollzogen wurde, die nach § 51 StGB auf eine später verhängte zeitige Freiheitsstrafe oder Geldstrafe anzurechnen ist wie Untersuchungshaft, taucht die Frage auf, ob dieser 3. 5. 2008 nunmehr für die Vollstreckung des Fahrverbots in Betracht kommt oder für die Anrechnung auf die Strafe. Unter Aufgabe der bisher vertretenen Auffassung, dass an einem Tag keine **zwei Strafen** vollstreckt werden können (Fahrverbot und durch die Anrechnung nach § 51 StGB Freiheitsstrafe), beträgt das rechtliche Fahrverbot die Zeit vom 4. 5. 2008 bis einschließlich 10. 7. 2008 = 68 Tage. Wird die verurteilte nun am 24. 5. 2008 aus der Unterbringung zur Beobachtung nach § 81 StPO entlassen, so zählt dieser Tag nicht zur Vollstreckung des restlichen Fahrverbots, so dass die

Restfrist zu laufen beginnt am		25. 5. 2008 TB
plus restliche 68 Tage	bis	30. 7. 2008 TE

Obwohl die Entlassung aus der Unterbringung am 24. 5. 2008 um 8.00 Uhr erfolgt, ist die verurteilte Person an diesem Tage anstaltlich verwahrt. Das Fahrverbot ist an diesem Tage zwar wirksam, da die Wirksamkeit mit der Rechtskraft eingetreten ist.

Durch die Anrechnungsvorschrift des § 51 StGB sind sowohl der 3. 5. 2008 als auch der 24. 5. 2008 auf eine evtl. im neuen Verfahren, in welchem die Unterbringung nach § 81 StPO angeordnet war, verhängte zeitige Freiheitsstrafe oder Geldstrafe anzurechnen. Erfolgt in diesem neuen Verfahren keine Verurteilung zu einer Strafe, sondern möglicherweise nur die Anordnung der Unterbringung im psychiatrischen Krankenhaus oder in einer Entziehungsanstalt, werden diese Tage nicht auf die Unterbringungszeit angerechnet. 563

Eine gleiche Berechnung würde sich ergeben, wenn die verurteilte Person auf Grund einer verwaltungsrechtlichen Anordnung behördlich verwahrt worden wäre.

2. Gegen die verurteilte Person wird durch Urteil des Amtsgerichts Zwickau vom 6. 2. 2008 – rechtskräftig seit 14. 2. 2008 – ein Fahrverbot von 3 Monaten verhängt. Der Führerschein wird am 11. 4. 2008 in amtliche Verwahrung gegeben. In der Zeit vom 3. 5. 2008 15.00 Uhr bis 24. 5. 2008 08.00 Uhr wird gegen die verurteilten Person eine Ersatzfreiheitsstrafe von 22 Tagen vollstreckt. Da die Strafhaft zählt vom 3. 5. 2008 00.00 Uhr bis 24. 5. 2008 24.00 Uhr kommt es im Ergebnis dazu, dass am gleichen Tage (3. 5. 2008) zwei Strafen vollstreckt werden. Es ergibt sich die gleiche Berechnung wie oben Ziffer 1. Obwohl die verurteilte Person nach Verbüßung der Ersatzfreiheitsstrafe am 24. 5. 2008 bereits um 8.00 Uhr entlassen wird, läuft die Verbotsfrist erst weiter am 25. 5. 2008. Am 24. 5. 2008 ist das Fahrverbot wirksam, nur die Frist läuft nicht weiter.

564 3. Gegen die verurteilten Person wird durch Urteil des Amtsgerichts Zwickau vom 6. 2. 2008 – rechtskräftig seit 14. 2. 2008 – eine Freiheitsstrafe von 3 Monaten verhängt. Zugleich wird ein Fahrverbot von 3 Monaten verhängt. Der Führerschein wird am 11. 4. 2008 in amtliche Verwahrung gegeben. Anschließend tritt die verurteilte Person ihre Freiheitsstrafe von 3 Monaten in der Vollzugsanstalt an.

Strafzeitberechnung:

TB 11. 4. 2008	3 Monate	10. 7. 2008 TE

Wird die verurteilte Person zum 2/3-Termin bedingt entlassen, bedeutet dies Strafzeit vom 11. 4. 2008 TB bis 10. 6. 2008 TE, Strafrest 30 Tage, nach § 40 StVollstrO.

Berechnung der Fahrverbotsfrist:

Beginn	11. 6. 2008 TB
Dauer 3 Monate – Ende	10. 9. 2008 TE

Wird nun die verurteilte Person nach Vollverbüßung entlassen

läuft die Verbotsfrist ab	11. 7. 2008 TB
plus 3 Monate	10. 10. 2008 TE

Tritt die verurteilte Person ihre Strafe bei gleichem Sachverhalt wie oben erst am 12. 4. 2008 an (der Führerschein wurde bereits am 11. 4. 2008 zu den Akten gegeben), hat die Verbotsfrist auch bereits am 11. 4. 2008 zu laufen begonnen. Damit ergibt sich folgende Berechnung:

Beginn der Verbotsfrist	11. 4. 2008 TB
Dauer 3 Monate bis	10. 7. 2008 TE
Unterbrochen am	12. 4. 2008 TB
Rest der Verbotsfrist	90 Tage
Wiederbeginn bei 2/3-Entlassung	12. 6. 2008 TB
plus 90 Tage	9. 9. 2008 TE
Wiederbeginn bei Entlassung Strafende	12. 7. 2008 TB
plus 90 Tage	10. 10. 2008 TE

565 Obwohl die verurteilte Person am 11. 6. 2008 oder am 11. 7. 2008 im Laufe des Tages entlassen wird, läuft die Verbotsfrist nicht von dem Zeitpunkt an weiter, zu welchem sich der Verurteilte wieder auf freiem Fuß befindet, sondern die Frist läuft erst weiter ab TB des nächsten Tages. Dies bedeutet nicht, dass die verurteilte Person möglicherweise am 11. 06. oder 11. 7. 2008 Kraftfahrzeuge führen könnte, denn das Fahrverbot ist ja wirksam, nur die Frist läuft an diesem Tage nicht.

Am gleichen Tage können nicht mehrere Strafen nebeneinander vollstreckt werden. An diesem Grundsatz ist zwar in der Regel festzuhalten. Gleichwohl sind in den oben genannten Fällen Ausnahmen möglich. Ähnlich wird auch verfahren, wenn die Vollstreckung der Ersatzfreiheitsstrafe durch Ableistung gemeinnütziger Arbeit während des Vollzugs einer Freiheitsstrafe in der Justizvollzugsanstalt abgewendet wird.

Abschnitt 9. Vollstreckung der freiheitsentziehenden Maßregeln der Besserung und Sicherung

I. Höchstfristen

Übersicht

1. Unterbringung in einem psychiatrischen Krankenhaus nach § 63 StGB 566

– Anordnungsbefugt: die Strafkammer beim Landgericht (§ 74 Abs. 1 GVG)

– Höchstdauer: in § 67d StGB ist hierfür keine Höchstdauer vorgesehen

– Voraussetzung: Begehen einer rechtswidrigen Tat im Zustand der Schuldunfähigkeit oder der verminderten Schuldfähigkeit; wenn die Gesamtwürdigung des Täters und seiner Tat ergibt, dass von ihm infolge seines Zustandes erhebliche rechtswidrige Taten zu erwarten sind und er deshalb für die Allgemeinheit gefährlich ist.

2. Unterbringung in einer Entziehungsanstalt nach § 64 StGB

– Anordnungsbefugt: der Strafrichter, das Schöffengericht, die Strafkammer beim Landgericht (§ 24 GVG)

– Höchstdauer: 2 Jahre nach § 67d Abs. 1 StGB

– Voraussetzung: Hat eine Person den Hang, alkoholische Getränke oder andere berauschende Mittel im Übermaß zu sich zu nehmen, und wird sie wegen einer rechtswidrigen Tat, die sie im Rausch begangen hat oder die auf ihren Hang zurückgeht, verurteilt oder nur deshalb nicht verurteilt, weil ihre Schuldunfähigkeit erwiesen oder nicht auszuschließen ist, so soll das Gericht die Unterbringung in einer Entziehungsanstalt anordnen, wenn die Gefahr besteht, dass sie infolge ihres Hanges erhebliche rechtswidrige Taten begehen wird. Im Übrigen wird auf § 64 S. 2 StGB verwiesen.

3. Unterbringung in der Sicherungsverwahrung nach § 66 StGB

– Anordnungsbefugt: die Strafkammer beim Landgericht (§ 74 GVG)

– Höchstdauer: sind **zehn Jahre** der Unterbringung in der Sicherungsverwahrung vollzogen worden, so erklärt das Gericht die Maßregel für erledigt, wenn nicht die Gefahr besteht, dass der Untergebrachte infolge seines Hanges erhebliche Straftaten begehen wird, durch welche die Opfer seelisch oder körperlich schwer geschädigt werden. Im Übrigen ist eine Höchstdauer nicht vorgesehen.

– Voraussetzung: Auf § 66 StGB wird Bezug genommen. Auf die Möglichkeit der nachträglichen Anordnung der Unterbringung in der Sicherungsverwahrung nach § 66b StGB wird gesondert hingewiesen.

Vollstreckung

567 Durch den Rechtspfleger wie bei Freiheitsstrafen, auch Aufschub ist möglich, §§ 463 Abs. 4 S. 3, 456 StPO.

Ausnahme: Vollstreckung ist nur innerhalb des Bundeslandes möglich, sonst Amtshilfe nach § 9 StVollstrO i.V.m. der Verordnung über die Beschleunigung der Strafvollstreckung vom 13. 1. 1965.

Vollzugsanstalt

Psychiatrische Landeskrankenhäuser oder ähnliche Einrichtungen der Bundesländer. Die Sicherungsverwahrung wird in den Justizvollzugsanstalten vollzogen. Die örtliche Zuständigkeit ist in den Vollstreckungsplänen der Bundesländer geregelt.

568 Hinsichtlich der Anordnung der Sicherungsverwahrung ist auch der Vorbehalt der Unterbringung in der Sicherungsverwahrung im Urteil möglich, sofern die Voraussetzungen des § 66 StGB vorliegen. Wird im Urteil die Unterbringung in der Sicherungsverwahrung angeordnet, kann diese ursprünglich im Urteil nicht zur Bewährung ausgesetzt werden.

Unterbringung

569 Bei der Unterbringung im psychiatrischen Krankenhaus und in der Entziehungsanstalt regelt § 67 StGB die Reihenfolge der Vollstreckung, wenn neben der Maßregel in demselben Straferkenntnis auch eine Freiheitsstrafe verhängt worden ist. Danach ist die Maßregel im Grundsatz vor der Strafe zu vollziehen, wobei nach § 67 Abs. 4 StGB die Zeit des Maßregelvollzugs auf die Strafe angerechnet wird, bis 2/3 der Strafe erledigt sind. In der Praxis bedeutet dies, dass mit Beginn des Maßregelvollzugs auch fiktiv die Strafe mitläuft. Nachstehende Skizze soll dies verdeutlichen. Es wird angenommen, die verurteilte Person wird zu einer Freiheitsstrafe von 2 Jahren verurteilt und die Unterbringung in der Entziehungsanstalt wird angeordnet. Da sie sich auf freiem Fuß befindet, wird sie von der Vollstreckungsbehörde unmittelbar in den Maßregelvollzug in die Entziehungsanstalt geladen.

Beginn ← → Höchstdauer 2 Jahre

Strafe:

Beginn: ← → | 2/3 | ← → Ende

Wird nach obiger kleinen Skizze die verurteilte Person nach Ablauf der Höchstfrist von 2 Jahren aus dem Maßregelvollzug entlassen, sind 2/3 der Strafe erledigt. Die Reststrafe, die nach § 40 StVollstrO in Tagen zu berechnen ist, wird in der Regel zur Bewährung ausgesetzt. Wird die Maßregel nach einem Vollzug von einem Jahr zur Bewährung ausgesetzt, ist von der Strafe ebenfalls ein Jahr erledigt. Das Gericht kann dann nach § 67 Abs. 5 StGB auch die restliche Hälfte der Strafe zur Bewährung aussetzen, auch wenn die Voraussetzungen zur Halbstrafenaussetzung nach § 57 Abs. 2 StGB nicht vorliegen. Grund dieser Regelung ist, dass die verurteilte Person, sofern die Voraussetzungen zur bedingten Aussetzung der weiteren Unterbringung in der Entziehungsanstalt vorliegen, nicht anschließend in den Strafvollzug muss. Die in der Entziehungsanstalt erzielten Erfolge wären ansonsten mehr als gefährdet.

II. Verlängerung der Höchstfrist

Die Verlängerung der Höchstdauer ist nur möglich bei der Anordnung der Un- 570
terbringung in einer Entziehungsanstalt, da nur für diese Maßregel, die nach der gesetzlichen Reihenfolge vor der Strafe zu vollziehen ist, eine Höchstfrist vorgesehen ist. Die 10-Jahres-Regel bei der Sicherungsverwahrung ist keine Höchstfrist. Geht von der verurteilten Person noch die Gefahr aus, dass sie weitere erhebliche Straftaten begehen wird, wird die Sicherungsverwahrung weiter vollstreckt – ohne Höchstdauer. Im Übrigen wird die Sicherungsverwahrung immer nach der daneben verhängten Freiheitsstrafe vollzogen.

Beginn Höchstdauer Neue Höchstdauer

2 Jahre

Verlängerung um die Zeit, durch die die Strafe durch Anrechnung erledigt ist, höchstens um 2/3 der Strafe, die in Tagen zu berechnen ist. Die Verlängerung der Höchstdauer über 2 Jahre hinaus kann daher nie mehr sein als 2/3 der Strafe, soweit die Strafe fiktiv neben dem Maßregelvollzug mitläuft.

2/3 der Strafe

Beispiel:

Die beschuldigte Person wird am 10. 7. 2006 durch die Polizei am Tatort festgenommen. Sie wird 571
am 11. 7. 2007 dem Richter vorgeführt, der einen Haftbefehl erlässt und die Untersuchungshaft anordnet. In der Zeit vom 15. 8. 2006 bis 14. 9. 2006 wird die Unterbringung der beschuldigten Person in einem psychiatrischen Krankenhaus nach § 81 StPO angeordnet. Anschließend wird die beschuldigte Person wieder in Untersuchungshaft verbracht. Durch Urteil des Landgerichts Dresden vom 8. 2. 2007, rechtskräftig seit 16. 2. 2007, wird die angeklagte Person zu der Freiheitsstrafe von 2 Jahren und 6 Monaten verurteilt. Die Unterbringung in einer Entziehungsanstalt wird angeordnet.

Die Akten gelangen am 13. 3. 2007 zur Vollstreckungsbehörde bei der Staatsanwaltschaft Dresden, die die Vollstreckung einleitet und die verurteilte Person am 27. 3. 2007 in die Entziehungsanstalt einweist.

Damit ergibt sich folgende Berechnung: 572

Die Untersuchungshaft, einschließlich der Unterbringung nach § 81 StPO wird nur auf die Strafe, nicht aber auch auf die Dauer des Maßregelvollzugs angerechnet. Die Untersuchungshaft beträgt:

vom 10. 7. 2006 bis 15. 2. 2007	= 221 Tage
Strafbeginn	TB 16. 2. 2007
plus	2 Jahre
plus	6 Monate
Strafende	TB 16. 8. 2009 (fiktiv)
abzüglich U-Haft	221 Tage
	TB 7. 1. 2009
Strafende daher	TE 6. 1. 2009

Der 2/3-Termin ist bei der Berechnungsart abstrakt rückwärts:

Strafende	TE 6. 1. 2009
minus	10 Monate
	TE 6. 3. 2008

Die Unterbringung in der Entziehungsanstalt einschließlich der Berechnung der Höchstfrist errechnet sich wie folgt:

Beginn	TB 27. 3. 2007
Höchstfrist	2 Jahre[63]
Ablauf der Höchstfrist	TB 27. 3. 2009
Entspricht	TE 26. 3. 2009

Die Unterbringung in der Entziehungsanstalt wird auf die Strafe angerechnet, bis 2/3 der Strafe erledigt sind. Dies bedeutet, dass die Zeit vom 27. 3. 2007 TB bis 6. 3. 2008 TE auf die Strafe anzurechnen ist. Während dieser Zeit läuft die Strafe als sogenannte „Schattenstrafe" weiter. Hinsichtlich der Strafzeit wird so gerechnet, wie wenn die verurteilte Person sich weiter in Strafhaft befinden würde. Und um diese Zeit der Schattenstrafe, die in Tagen zu berechnen ist, verlängert sich die Höchstfrist der Unterbringung in einer Entziehungsanstalt. Dies sind 346 Tage.

Die Berechnung der Höchstfrist sieht daher wie folgt aus:

Höchstfrist	TB 27. 3. 2009
Verlängerung	346 Tage
Ablauf der Höchstfrist	TB 8. 3. 2010
Entspricht	**TE 7. 3. 2010**

Das restliche Drittel der Strafe, das ist die Zeit vom TB 7. 3. 2008 bis 6. 1. 2009 TE, bleibt immer übrig.[64] Auch diese Restzeit ist nach § 40 StVollstrO immer in Tagen zu berechnen. Dies sind 306 Tage. Dieser Strafrest wird in der Regel zur Bewährung ausgesetzt. Erfolgt keine Strafaussetzung zur Bewährung, wird der Maßregelvollzug fortgesetzt für diese Zeit. Es soll ein Anstaltswechsel vermieden werden, jedoch kann das Gericht auch die Vollstreckung der Strafe anordnen.

573 **Organisationshaft**

In vorliegendem Fall (Rn. 572) wurde ein Teil der Freiheitsstrafe, nämlich die Zeit vom 16. 2. 2007 TB bis 26. 3. 2007 TE (39 Tage), entgegen der gesetzlichen Vollstreckungsreihenfolge des § 67 Abs. 1 StGB vollstreckt, obwohl das Gericht im Urteil keinen Vorwegvollzug oder teilweisen Vorwegvollzug der Freiheitsstrafe vor der Maßregel nach § 67 Abs. 2 StGB angeordnet hat. Das BVerfG hat in seiner Entscheidung vom 18. 6. 1967[65] klar gestellt, dass bei Vorwegvollzug oder teilweisem Vorwegvollzug der Strafe vor der Maßregel ohne die Bestimmung des Gerichts die verurteilte Person nicht schlechter gestellt werden darf. In diesen Fällen ist die verbüßte Strafe von 39 Tagen auf das restliche Drittel anzurechnen, so dass das letzte Drittel der Strafe nicht mehr 306 Tage beträgt, sondern nur noch 267 Tage. Da die verurteilte Person dadurch besser gestellt werden würde, verlängert sich aber um diese 39 Tage die Höchstfrist der Unterbringung auf 385 Tage, so dass Ablauf der Höchstfrist **TE 15. 4. 2010** ist.[66]

In seiner Entscheidung vom 26. 9. 2005[67] hat das BVerfG erneut festgestellt, dass die Organisationshaft grundrechtswidrig ist und gibt der Vollstreckungsbehörde auf, unverzüglich und beschleunigt für die Überstellung der verurteilten Person in eine geeignete Einrichtung, welche unter Umständen auch in einem anderen Bundesland liegen kann, zu sorgen.

III. Prüfungsfristen nach § 67e Abs. 2 StGB

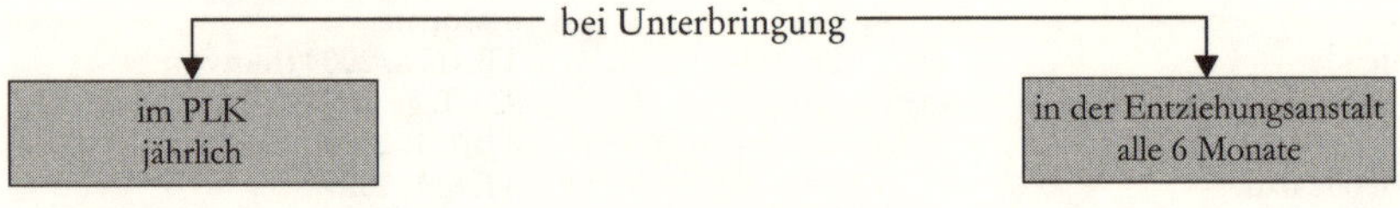

[63] Eine Anrechnung der Untersuchungshaft und der vorläufigen Unterbringung nach § 81 StPO auf die Höchstfrist erfolgt nicht. Diese Zeiten werden ausschließlich auf die Strafe angerechnet.

[64] Hinsichtlich der „Organisationshaft" siehe Rn. 573.

[65] *BVerfG* StV 1997, 476.

[66] Andere Ansicht für die Berechnung des Strafrestes bei Organisationshaft *Blechinger*, Rpfleger 2006, 286 mit weiteren Fundstellen.

[67] Rpfleger 2006, 284.

1. Berechnung der Prüfungsfristen 574

Nach §§ 67d Abs. 1 S. 2, 67e Abs. 4 StGB beginnen die Prüfungsfristen mit dem Beginn der Unterbringung, d.h.

- ist die verurteilte Person in Freiheit: **ab Antritt der Unterbringung im psychiatrischen Krankenhaus oder in der Entziehungsanstalt.**
- Wird die verurteilte Person von der Justizvollzugsanstalt aus in das psychiatrische Krankenhaus oder in die Entziehungsanstalt überstellt, ab Aufnahme in diese Einrichtung.
- Ist die verurteilte Person bei Eintritt der Rechtskraft schon im psychiatrischen Krankenhaus, ab **Rechtskraft.**

2. Überwachung der Prüfungsfristen 575

Sie erfolgt durch den Rechtspfleger nach § 53 Abs. 2a i.V.m. § 36 StVollstrO.

IV. Reihenfolge der Vollstreckung beim Zusammentreffen einer Maßregel mit Freiheitsstrafe

1. Maßregel und Freiheitsstrafe im gleichen Urteil

Grundsatz: Die Maßregel wird **vor** der Freiheitsstrafe vollzogen, § 67 Abs. 1 StGB. 576
Ausnahmen sind möglich:

- mit der Verurteilung durch das erkennende Gericht, § 67 Abs. 2 StGB, auch für einen bestimmten Teil der Strafe.
- nachträglich durch das Gericht, § 67 Abs. 3 StGB
  - vor Beginn der Unterbringung durch das erkennende Gericht
  - während der Unterbringung und nach einer bedingten Entlassung durch die Strafvollstreckungskammer.

Berechnung der Freiheitsstrafe 577

- vorläufige Unterbringungszeiten, §§ 81 und 126a StPO
- Untersuchungshaft, § 51 StGB

werden auf die Freiheitsstrafe, **nicht** aber auf die Höchstdauer der Unterbringung oder die Prüfungsfristen angerechnet. Die Anrechnung erfolgt nach den Vorschriften des § 39 StVollstrO. Ausdrücklich wird darauf hingewiesen, dass auch hier eine Vergleichsberechnung nach § 37 Abs. 1 S. 2 StVollstrO anzustellen ist.

Anrechnung der Unterbringung auf die Freiheitsstrafe ist nur bis zum 2/3-Zeitpunkt möglich. Das letzte Drittel einer Freiheitsstrafe kann nicht durch Anrechnung erledigt werden.[68] Dieser Strafrest kann nur entweder verbüßt oder zur Bewährung ausgesetzt werden, § 67 Abs. 4 StGB.

2. Maßregel und Freiheitsstrafe in verschiedenen Urteilen

Hierfür fehlt eine gesetzliche Regelung, § 454b StPO regelt nur die Reihenfolge bei Freiheits- und Ersatzfreiheitsstrafen. Deshalb ist die Regelung in § 44b der StVollstrO anzuwenden. Es gilt im Grundsatz dieselbe Reihenfolge wie in § 67 StGB beschrieben, 578

aber:

- Es erfolgt keine Anrechnung der Unterbringung auf die Strafe aus einem anderen Verfahren.
- Die Entscheidung über die Reihenfolge trifft die Vollstreckungsbehörde.

[68] Vgl. Ausführungen zur Organisationshaft in Rn. 573.

V. Beendigung der Maßregel

1. Vollständige Vollstreckung

579

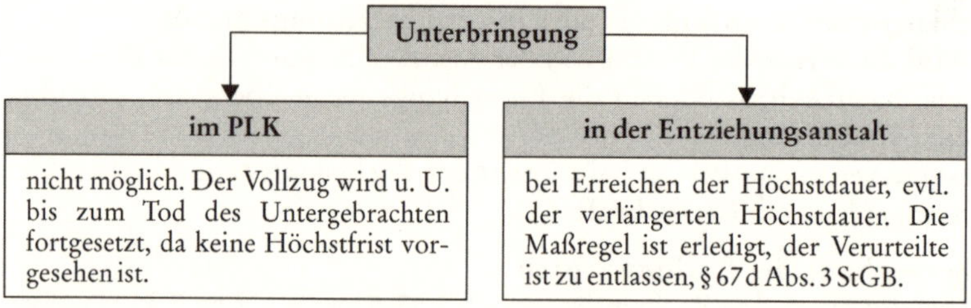

2. Aussetzung zur Bewährung

580 Aussetzung zur Bewährung der Maßregel der Besserung und Sicherung ist jederzeit möglich unter den Voraussetzungen des § 67d Abs. 2 StGB.

Mit der Aussetzung tritt Führungsaufsicht ein, § 67d Abs. 2 Satz 2 StGB.

Eine Bewährungszeit für die Aussetzung der Maßregel wird nicht bestimmt. Die Aussetzung läuft bis zum Ende der Führungsaufsicht. Mit ihrem Ende ist auch die Maßregel erledigt, § 67g Abs. 5 StGB.

Ist wenigstens die Hälfte einer **zugleich** angeordneten Freiheitsstrafe durch Verbüßung oder Anrechnung erledigt, so kann der Strafrest zur Bewährung ausgesetzt werden, § 67 Abs. 5 StGB, auch wenn die übrigen Voraussetzungen zur Halbstrafenaussetzung nach § 57 StGB nicht vorliegen. Für die Aussetzung der Strafe wird eine Bewährungszeit festgesetzt.

3. Erledigung durch erneute Anordnung

581 Mit der erneuten Anordnung derselben Maßregel der Unterbringung in einer Entziehungsanstalt ist die frühere erledigt nach § 67f StGB.

4. Aufhebung der Unterbringung

582 Das Gericht erklärt die Unterbringung in einer Entziehungsanstalt für erledigt, wenn die Voraussetzungen des § 64 S. 2 StGB (eine hinreichend konkrete Aussicht besteht, die Person durch die Behandlung in einer Entziehungsanstalt zu heilen oder über eine erhebliche Zeit vor dem Rückfall in den Hang zu bewahren und von der Begehung erheblicher rechtswidriger Taten abzuhalten, die auf ihren Hang zurückgehen) nicht mehr vorliegen, vgl. § 67d Abs. 5 StGB. Die Zeit, in welcher die verurteilte Person sich aber in der Entziehungsanstalt befunden hat, ist, wenn die Maßregel neben der Strafe angeordnet wurde, auf die Strafe anzurechnen, auch wenn die Zeit in der Entziehungsanstalt auch aus Gründen, die in der Person des Untergebrachten liegen, erfolglos geblieben ist.

Auch die Unterbringung im einem psychiatrischen Krankenhaus kann unter den Voraussetzungen des § 67d Abs. 6 StGB nach dem Beginn der Vollstreckung für erledigt erklärt werden, wenn die Voraussetzungen der Maßregel nicht mehr vorliegen oder die weitere Vollstreckung unverhältnismäßig wäre.

Entgegen der Bestimmung in § 67d Abs. 2 StGB, wonach mit der Entlassung aus der Entziehungsanstalt Führungsaufsicht eintritt, ohne dass das Gericht eine Anordnung des Nichteintritts der FA treffen kann, kann das Gericht bei der Erledigterklärung der Maßregel nach § 63 StGB anordnen, dass mit der Entlassung aus dem psychiatrischen Krankenhaus Führungsaufsicht nicht eintritt, sofern die übrigen Voraussetzungen des § 67d Abs. 6 StGB vorliegen.

10. Abschnitt. Maßregeln oder Folgen, die kraft Gesetzes eintreten, einschließlich der Berechnungen

I. Amtsverlust nach § 45 StGB

583 Eintritt – § 45 Abs. 1 StGB.

Der Amtsverlust (Verlust der Amtsfähigkeit und der Wählbarkeit) wird wirksam mit der Rechtskraft des Urteils. Dieser Amtsverlust tritt ein, wenn eine Person wegen eines **Verbrechens** zu einer **Freiheitsstrafe von mindestens 1 Jahr** verurteilt wird. Dies gilt auch dann, wenn die Vollstreckung dieser Strafe zur Bewährung ausgesetzt wird. Eines besonderen Ausspruchs im Urteil bedarf es nicht. Der kraft Gesetzes eintretende Amtsverlust nach § 45 Abs. 1 StGB umfasst nicht das aktive Wahlrecht. Siehe Rn. 79–86.

Dauer 5 Jahre nach § 45 Abs. 1 StGB.

584 Fristberechnung nach § 45 a Abs. 2 StGB.

Die Frist von 5 Jahren beginnt zu laufen, wenn die verhängte Freiheitsstrafe verbüßt, verjährt oder erlassen ist, oder die neben einer Freiheitsstrafe verhängte freiheitsentziehende Maßregel erledigt ist. Ob sich die verurteilte Person während des Laufs der Frist in anderer Sache weiter in Haft befindet oder sonst auf Grund behördlicher Anordnung in einer Anstalt verwahrt wird, ist ohne Bedeutung. Für die Berechnung dieser Frist ist es also unbedingt erforderlich, dass die richtige Reihenfolge der Vollstreckung nach der StVollstrO und auch im Hinblick auf § 454 b StPO eingehalten wird. Die Frist beginnt daher zu laufen, wenn die verurteilte Person die Strafe verbüßt hat, als deren Folge der Amtsverlust eingetreten ist.

585 War die Strafe, der Strafrest nach § 57 StGB oder im Gnadenwege zur Bewährung ausgesetzt worden, so wird die Bewährungszeit in die Frist mit eingerechnet. Strittig ist, ob als **Bewährungszeit** die vom Gericht festgesetzte Bewährungszeit gemeint ist oder die tatsächliche Bewährungszeit.

Beispiel:

586 Die verurteilte Person war wegen eines Verbrechens zu einer Freiheitsstrafe von 3 Jahren verurteilt worden. 2/3 dieser Strafe hat sie verbüßt in der Zeit vom TB 15. 4. 2004 bis 14. 4. 2006 TE. Der Strafrest vom TB 15. 4. 2006 bis 14. 4. 2007 (365 Tage) wurde durch Beschluss der Strafvollstreckungskammer vom 14. 3. 2006 – rechtskräftig seit 31. 3. 2006 – zur Bewährung ausgesetzt. Die Bewährungszeit wurde auf 3 Jahre festgesetzt. Das Ende der Bewährungszeit ist daher der 31. 3. 2009. Wenn jetzt das Gericht die Reststrafe durch Beschluss vom 20. 5. 2009 erlässt, beginnt die Frist für den Amtsverlust zu laufen mit der Rechtskraft des Entlassbeschlusses, hier 30. 5. 2009.

Berechnung:

Beginn	30. 5. 2009	
Dauer		5 Jahre
Ende	30. 5. 2014	
Einzurechnen ist die Bewährungszeit		3 Jahre
Tatsächliches Ende	30. 5. 2011	

587 Wird, wie die andere Ansicht meint, die tatsächliche Dauer der Bewährungszeit eingerechnet, würde die Berechnung wie folgt aussehen:

Beginn mit der Entlassung	15. 4. 2006	
Dauer		5 Jahre
Ende	15. 4. 2011	

Die erste Berechnungsart scheint richtig zu sein, da § 45 a Abs. 3 StGB, von der Bewährungszeit spricht, die einzurechnen ist. Bewährungszeit ist aber die Zeit, die das Gericht festsetzt.

Verhängt das Gericht im Urteil den Amtsverlust nach § 45 Abs. 1 StGB oder aberkennt das Gericht das Stimmrecht nach § 45 Abs. 5 StGB, so hat das Gericht auch deren Dauer festzulegen, die zwischen 2 und 5 Jahren zu liegen hat. Im Übrigen gelten auch hier die gleichen Berechnungsvorschriften wie bei dem Amtsverlust kraft Gesetzes nach § 45 Abs. 1 StGB.

II. Führungsaufsicht (FA)

1. Eintritt kraft Gesetzes

- bei der bedingten Aussetzung der Unterbringung in einem psychiatrischen Krankenhaus oder einer Entziehungsanstalt sowie bei der bedingten Entlassung aus der Sicherungsverwahrung nach §§ 67c Abs. 1, 67d Abs. 2 StGB; **588**
- bei Erledigterklärung der Sicherungsverwahrung nach einem Vollzug von 10 Jahren nach § 67d Abs. 4 StGB;
- bei Aussetzung der Vollstreckung der Unterbringung in einem psychiatrischen Krankenhaus oder einer Entziehungsanstalt, wenn die Aussetzung zugleich mit der Anordnung erfolgt nach § 67b StGB;
- nach vollständiger Verbüßung einer Freiheitsstrafe oder Gesamtfreiheitsstrafe von mindestens 2 Jahren wegen vorsätzlicher Straftaten oder nach vollständiger Verbüßung einer Freiheitsstrafe oder Gesamtfreiheitsstrafe von mindestens 1 Jahr wegen Straftaten der in § 181b StGB genannten Art nach § 68f StGB. Nicht eindeutig geklärt ist, ob bei einer Gesamtfreiheitsstrafe von mindestens 2 Jahren alle Straftaten **vorsätzliche** Taten sein müssen. Nach h.M. tritt bei einer Gesamtfreiheitsstrafe von mindestens 2 Jahren FA bei einer Vollverbüßung dann ein, wenn wenigstens wegen einer Vorsatztat eine Einzelstrafe von mindestens 2 Jahren verhängt wurde.[69]
  Die FA nach § 68f StGB tritt dann nicht ein, wenn im Anschluss an die Freiheitsstrafe eine freiheitsentziehende Maßregel der Besserung und Sicherung vollstreckt wird oder das Gericht anordnet, dass der Eintritt der FA entfällt.
  Strittig ist, ab welchem Tage nun die Frist der FA zu berechnen ist. Nach § 68f StGB tritt die FA ein mit der Entlassung. Da die verurteilte Person aber nach § 16 StVollZG nicht um 24.00 Uhr entlassen wird, sondern bereits im Laufe des Tages, jedenfalls noch am Vormittag oder der Entlasszeitpunkt nach den Vorschriften des Strafvollzugsgesetzes vorverlegt werden kann, ist fraglich ob die FA zu laufen beginnt ab dem Tag nach der Entlassung, da Strafhaft bis 24.00 Uhr gerechnet wird oder von dem Zeitpunkt der Entlassung an. Da für die Berechnung der Fristen bei den sonstigen Maßregeln die Vorschriften der StVollstrO nicht anzuwenden sind, beginnt die Frist zu laufen mit dem Zeitpunkt der tatsächlichen Entlassung aus der Strafhaft. Der Tag der tatsächlichen Entlassung zählt bereits als Tag des Beginns der FA. Für die Fristberechnung gelten die Vorschriften §§ 187, 188 BGB.

Es ist Sache des Rechtspflegers die FA, die kraft Gesetzes eintritt, zu erkennen. **589**
Es ist auch Aufgabe des Rechtspflegers, das Ende der FA zu berechnen und zwar sowohl das Ende der FA, die kraft Gesetzes eintritt, als auch der angeordneten FA nach § 54a Abs. 4 StVollstrO. Dies gilt einmal für die Berechnung beim Beginn der FA und auch für die Änderungen. Da die Berechnung der FA allein der Vollstreckungsbehörde obliegt, ist es auch nicht Aufgabe des Gerichts oder der FA-Stelle

[69] So auch *OLG Dresden* RPfleger 2005, 107.

durch deklaratorischen Beschluss das Ende festzustellen. Das jeweils errechenbare Ende der FA ist dem BZR mitzuteilen. Dabei ist darauf zu achten, dass das mitgeteilte Ende der FA nicht mehr als 5 Jahre in der Zukunft liegt, selbst dann, wenn schon bei der Fertigung der Mitteilung erkennbar ist, dass die FA zu einem späteren Zeitpunkt endet.

Beispiel:

590 Die verurteilte Person wurde wegen einer vorsätzlichen Tat zu der Freiheitsstrafe von 3 Jahren verurteilt. Sie hat diese Strafe bis 15. 4. 2008 voll verbüßt. Im Anschluss daran verbüßt sie in einer anderen Sache eine Freiheitsstrafe von 18 Monaten. Bezüglich der Freiheitsstrafe von 3 Jahren ist dem BZR mitzuteilen:

2453 Strafvollstreckung erledigt am: 15. 4. 2008
1100 Führungsaufsicht bis: 15. 4. 2013

Obwohl schon jetzt bekannt ist, dass die FA, nachdem die verurteilte Person sich nach wie vor in Haft befindet, über den Zeitraum des 15. 4. 2013 hinausgeht, darf ein darüber hinausgehendes Datum nicht eingetragen werden. Sobald die verurteilte Person aus dem Strafvollzug entlassen wird, ist dann dem BZR das neue Ende der FA mitzuteilen.

591 Bestehen bei der Vollstreckungsbehörde Zweifel über die Berechnung der Dauer bzw. des Endes der FA, so kann eine Entscheidung des Gerichts nach § 458 StPO herbeigeführt werden. Übereinstimmend halten alle Kommentatoren die Anwendung des § 458 StPO auch bei Maßregeln, Nebenstrafen und Nebenfolgen für anwendbar.

2. Dauer der FA

592 Die FA dauert 5 Jahre. Sie kann durch gerichtliche Entscheidung bis auf 2 Jahre verkürzt werden.

Das Gericht kann eine die Höchstdauer von 5 Jahren überschreitende unbefristete FA anordnen, wenn die verurteilte Person

- in eine Weisung nach § 56c Abs. 3 Nr. 1 StGB nicht einwilligt (sich einer Heilbehandlung, die mit einem körperlichen Eingriff verbunden ist, oder einer Entziehungskur zu unterziehen) oder
- einer Weisung, sich einer Heilbehandlung oder einer Entziehungskur zu unterziehen, oder einer Therapieweisung nicht nachkommt, § 68c Abs. 2 StGB.

Ferner kann das Gericht die FA über die Höchstdauer von 5 Jahren hinaus unbefristet verlängern unter den Voraussetzungen des § 68c Abs. 3 StGB.

3. Beginn der FA

593 Sie beginnt mit der Rechtskraft des Aussetzungsbeschlusses bei der Unterbringung in einer Entziehungsanstalt oder im psychiatrischen Krankenhaus oder mit der Entlassung aus dem Strafvollzug im Falle des § 68f StGB oder mit der Rechtskraft der Entscheidung, wenn bereits im Urteil die angeordnete Unterbringung im PLK oder in der Entziehungsanstalt zur Bewährung ausgesetzt wird.

4. Ende der FA

594 Die FA endet

- in der Regel mit dem Ablauf der Höchstfrist von 5 Jahren, wenn das Gericht die FA nicht abkürzt, also keine Entscheidung trifft, sofern es sich nicht um eine unbefristete FA handelt;
- soweit die FA nicht unbefristet ist, endet sie:

– mit Beginn des Vollzugs einer freiheitsentziehenden Maßregel,
– mit Beginn des Vollzugs einer Freiheitsstrafe, neben der eine freiheitsentziehende Maßregel angeordnet ist,
– mit Eintritt einer neuen FA.

Die unbefristete FA endet aber nicht in den oben genannten Fällen. Der Grund hierfür ist, dass zwar nach Ablauf der Höchstfrist einer freiheitsentziehenden Maßregel oder der Aussetzung einer freiheitsentziehenden Maßregel zur Bewährung erneut FA eintritt, die aber zunächst ohne gerichtliche Entscheidung befristet ist. Das Gericht kann jedoch nach § 68e Abs. 1 S. 3 StGB anordnen, dass bei Bestehen einer unbefristeten FA die neue FA entfällt, wenn es ihrer neben der bestehenden nicht bedarf.

- Die FA ruht während der Dauer des Vollzugs einer Freiheitsstrafe oder einer freiheitsentziehenden Maßregel.
- Das Gericht hebt die befristete FA nach § 68e Abs. 2 StGB auf, wenn zu erwarten ist, dass die verurteilte Person auch ohne diese keine Straftaten mehr begehen wird. Die gesetzliche Mindestdauer von 2 Jahren ist jedoch zu beachten.
- Bei Straferlass nach Ablauf der Bewährungszeit, wenn die FA wegen derselben Tat angeordnet worden war. Dasselbe gilt auch, wenn ein verhängtes Berufsverbot für erledigt erklärt wird. Dies gilt jedoch nicht bei einer unbefristeten FA. § 68g Abs. 3 StGB spricht von der **angeordneten** FA. Nach dem Sinn und Zweck dieser Vorschrift muss dies aber auch gelten für eine FA, die kraft Gesetzes eintritt.[70]
- Mit dem Eintritt der Vollstreckungsverjährung nach § 79 Abs. 4 StGB. Zu beachten ist jedoch, dass die unbefristete FA nicht verjährt. Hier ist jedoch zunächst zu unterscheiden zwischen der angeordneten FA und der FA kraft Gesetzes. § 79 StGB gilt nach seinem Wortlaut in Abs. 1 nur für rechtskräftig verhängte Strafen und Maßregeln der Besserung und Sicherung. Diese Voraussetzung fehlt für die FA kraft Gesetzes. Durch die Neufassung des § 79 Abs. 4 StGB durch Gesetz vom 13. 4. 2007 ist jedoch m. E. eine Klarstellung erfolgt. Satz 1 spricht von der unbefristeten FA, die nicht verjährt und in Satz 2 Nr. 1 von den **sonstigen Fällen** der FA, so dass auch die kraft Gesetzes eingetretene FA, sofern es sich nicht um eine unbefristete handelt, in 5 Jahren verjährt.

Die angeordnete FA und die FA kraft Gesetzes verjähren in 5 Jahren (sofern keine unbefristete Führungsaufsicht). Bei einer FA von 5 Jahren würde dies bedeuten, dass der reguläre Ablauf der FA und der Eintritt der Vollstreckungsverjährung zeitlich zusammenfallen. Zunächst erscheint schon dieses Ergebnis widersinnig. Wie berechnet sich nun die Vollstreckungsverjährung, wenn sich die FA aufgrund der Vorschrift in § 68e Abs. 4 Satz 2 StGB verlängert, weil die verurteilte Person entweder auf behördliche Anordnung verwahrt wird oder flüchtig ist oder sich verborgen hält?

a) Im Falle der behördlichen Verwahrung gilt § 79a Nr. 3 StGB, wonach während dieser Zeit die Verjährung ruht.
b) Schwieriger zu beantworten ist die Frage der Vollstreckungsverjährung, wenn die verurteilte Person flüchtig ist oder sich verborgen hält. Während dieser Zeit, das ist unbestritten, läuft die Vollstreckungsverjährung. Wie ist aber nun die Zeit zu behandeln, während der die Führungsaufsicht wirksam war?

---

[70] So auch *Fischer* Rn. 5 und *Lackner/Kühl* Rn. 4 je zu § 68g StGB.

Beispiel:

FA 5 Jahre. 3 Jahre läuft die FA normal und es werden alle Weisungen erfüllt. Danach geht die verurteilte Person flüchtig und bleibt für die nächsten 3 Jahre unauffindbar. Dann, nach 6 Jahren ab Beginn der FA, wird sie wieder ermittelt. Ist nun hinsichtlich der FA Vollstreckungsverjährung eingetreten?

Eine Meinung hat festgestellt, dass hinsichtlich der FA Verjährung eingetreten sei. Ich halte dies für bedenklich. Die Gründe sind folgende: Sowohl bei einer Freiheitsstrafe als auch bei einer Geldstrafe ruht die Vollstreckungsverjährung, solange die Vollstreckung läuft. Diese und andere Fälle des Ruhens sind in § 79a StGB aufgezählt. Grundsätzlich ist diese Aufzählung nicht erweiterungsfähig, aber notwendig, wie nachstehendes Beispiel verdeutlichen soll:

Entziehung der Fahrerlaubnis (eine Maßregel, die der FA vergleichbar ist, da sie ebenfalls nicht mit Freiheitsentzug verbunden ist) auf Lebenszeit. Nach § 79 Abs. 4 S. 2 Nr. 2 StGB beträgt die Verjährungsfrist 10 Jahre. Wenn die verurteilte Person nun nach 11 Jahren einen Antrag auf Aufhebung der Maßregel und Erteilung einer neuen Fahrerlaubnis stellt, könnte diese doch nicht mit Hinweis auf die Entziehung auf Lebenszeit abgewiesen werden, da Vollstreckungsverjährung eingetreten ist. Dass dies bei einer lebenslang wirksamen Maßregel nicht der Sinn sein kann, bedarf wohl keiner weiteren Erläuterung. Wir können uns auch nicht darauf berufen, dass ja die Verwaltungsbehörde aus ihrem Ermessen heraus eine neue Fahrerlaubnis verweigern kann, denn auf diese Verwaltungsmaßnahme darf ja die Vollstreckung eines rechtskräftigen Strafurteils nicht angewiesen sein.

595 Hingewiesen werden soll in diesem Zusammenhang nochmals auf § 67g Abs. 5 StGB, wonach mit der Erledigung der FA, die bei Aussetzung einer Unterbringung in einem psychiatrischen Krankenhaus oder in einer Entziehungsanstalt oder in der Sicherungsverwahrung kraft Gesetzes eintritt, auch die Unterbringung erledigt ist. Eines besonderen Erlasses der weiteren Unterbringung bedarf es nicht.

596 In die Dauer der FA wird die Zeit nicht eingerechnet, in welcher sich die verurteilte Person auf Grund einer behördlichen Anordnung in einer Anstalt befindet, in welcher sie flüchtig ist oder sich verborgen hält nach § 68e Abs. 4 Satz 2 StGB. Diese Zeiten sind vom Vollstreckungsrechtspfleger zu ermitteln. Dies kann er gegen Ende der FA dadurch, dass er sich einen Auszug aus dem BZR geben lässt, in dem eingetragen ist, ob die verurteilte Person zu einer weiteren Freiheitsstrafe verurteilt wurde und bis wann sie diese Strafe verbüßt hat. Ist die Verurteilung zu einer Geldstrafe eingetragen, ergibt sich aus dem Register nicht, ob diese Geldstrafe bezahlt wurde oder ob die verurteilte Person die Ersatzfreiheitsstrafe verbüßt hat. Es empfiehlt sich daher, sich mit der zuständigen Vollstreckungsbehörde ins Benehmen zu setzen. Der Rechtspfleger wird auch bei der FA-Stelle anfragen, ob dort Tatsachen bekannt sind, die dem Ablauf der FA entgegenstehen. Erst danach lässt sich die Beendigung der FA einigermaßen ordnungsgemäß feststellen. Schwierig wird die Feststellung der Verwahrung in einer Anstalt durch andere Behörden, wie z.B. Verwaltungsbehörden, oder auf Grund vormundschaftsgerichtlicher Anordnungen. Hier ist größte Sorgfalt geboten schon im Hinblick auf § 67g Abs. 5 StGB.

Das Ende ist – wie bereits ausgeführt – vom Rechtspfleger zu berechnen. Er hat auch die Mitteilung an das BZR zu verfügen.

3. Kapitel. Die Ordnungswidrigkeiten

I. Allgemeines

Der Rechtszweig des Ordnungswidrigkeitenrechts hat sich in Deutschland erst nach 1945 entwickelt. Ausgangspunkt für diese Entwicklung ist das Bestreben gewesen, den Kreis strafrechtlicher Tatbestände einzuengen, um das Strafrecht auf die wirklich strafwürdigen Fälle zu beschränken. Deshalb sollen Zuwiderhandlungen gegen staatliche Gebote und Verbote anders behandelt werden als kriminelle Verhaltensweisen. **597**

Solche Bestrebungen zur Herauslösung nicht strafwidriger Zuwiderhandlungen aus dem Strafrecht lassen sich über Jahrhunderte zurückverfolgen. So heißt es in den Motiven des Strafgesetzbuches von 1871 hierzu: „Vergeblich ist von den Rechtsschulen des Mittelalters bis herab zu unserer Zeit der Versuch gemacht worden, die Grenzlinie zwischen dem Kriminellen und polizeilich Strafbaren zu finden." Das Gesetz über die Ordnungswidrigkeiten (OWiG) vom 25. 3. 1952 als materiell- und verfahrensrechtliches Rahmengesetz sollte ganz allgemein für Ordnungswidrigkeiten auf allen Sachgebieten gelten. Rein formal wird die Unterscheidung zwischen dem Ordnungsunrecht und dem Kriminalunrecht seitdem durch die Bewertung des Gesetzgebers durchgeführt, nämlich danach, ob er für eine bestimmte Verhaltensweise als Unrechtsfolge Strafe oder Geldbuße androht. **598**

Im letzteren Falle liegt eine Ordnungswidrigkeit vor, deren Verfolgung und Ahndung jeweils den Verwaltungsbehörden obliegt, die in der Regel mit der Ausführung des Gesetzes und der Überwachung der vorgeschriebenen Gebote und Verbote betraut sind. Die Ahndung leichter Zuwiderhandlung kann auf diese Weise rasch und ohne großen Aufwand durchgeführt werden, weil die Überwachung der gesetzlichen Ordnung und deren Durchsetzung mit Hilfe einer Geldbuße in einer Hand liegen. Dem Betroffenen bleiben zugleich die Nachteile eines ordentlichen Strafverfahrens erspart. Die Gerichte sind zur rechtlichen Kontrolle nur dann aufgerufen, wenn der Betroffene mit dem Spruch der Verwaltungsbehörde nicht einverstanden ist. **599**

II. Allgemeine Vorschriften

1. Begriffsbestimmung

Eine Ordnungswidrigkeit ist eine rechtswidrige und vorwerfbare Handlung, die den Tatbestand eines Gesetzes verwirklicht, das die Ahndung mit einer Geldbuße zulässt. **600**

Eine Geldbuße muss angedroht sein, dann gelten die Vorschriften des OWiG. Die Vorschriften des StGB sind nicht, die der StPO nur mittelbar anzuwenden. **601**

Nebenfolgen, die angeordnet werden können (Einziehung, §§ 22ff. OWiG, Unbrauchbarmachung, Abführung des Mehrerlöses und Verbot der Jagdausübung), entscheiden nicht über die gesetzliche Bewertung der Handlung. Bei Straftaten und Ordnungswidrigkeiten können gleiche Nebenfolgen zugelassen sein, wenn sie mit dem Wesen von Straftat und Ordnungswidrigkeit gleichermaßen vereinbar sind, *BVerfG* 27, 36. **602**

2. Geldbuße

603 Die Geldbuße beträgt mindestens € fünf und wenn das Gesetz nichts anderes bestimmt, höchstens € 1.000,–. Droht das Gesetz für vorsätzliches und fahrlässiges Handeln Geldbuße an, ohne im Höchstmaß zu unterscheiden, so kann fahrlässiges Handeln im Höchstmaß nur mit der Hälfte des angedrohten Höchstbetrages der Geldbuße geahndet werden – § 17 OWiG. Grundlage für die Zumessung der Geldbuße sind die Bedeutung der Ordnungswidrigkeit und der Vorwurf, der den Täter trifft. Auch die wirtschaftlichen Verhältnisse des Täters kommen in Betracht. Die Geldbuße soll den wirtschaftlichen Vorteil, den der Täter aus der Ordnungswidrigkeit gezogen hat, übersteigen. Reicht das gesetzliche Höchstmaß nicht aus, so kann es überschritten werden.

a) Konkurrenzen

604 Verletzt dieselbe Handlung mehrere Gesetze, nach denen sie als Ordnungswidrigkeit geahndet werden kann, oder ein solches Gesetz mehrmals, so wird nur **eine** Geldbuße festgesetzt. Sind mehrere Gesetze verletzt, so wird die Geldbuße nach dem Gesetz bestimmt, das die höchste Geldbuße androht. Auf die in dem anderen Gesetz angedrohten Nebenfolgen kann jedoch erkannt werden – § 19 OWiG.

Sind mehrere Geldbußen verwirkt, liegt also Tatmehrheit vor, so wird jede Geldbuße gesondert festgesetzt. Eine „Gesamtgeldbuße" im Sinne einer „Gesamtstrafe" wie im Strafrecht, gibt es nach dem OWiG nicht, § 20 OWiG.

Ist dagegen eine Handlung gleichzeitig Straftat und Ordnungswidrigkeit, so wird nur das Strafgesetz angewendet. Unterbleibt jedoch die Verhängung einer Strafe, kann eine Geldbuße festgesetzt werden.

Wird der Täter zugleich wegen einer Straftat und Ordnungswidrigkeit verurteilt, die er in Tatmehrheit begangen hat, so ist auf eine Geldbuße gesondert neben der Strafe zu erkennen. Die Bildung einer Gesamtstrafe aus Strafe und Geldbuße ist nicht möglich – § 21 OWiG.

b) Nebenfolgen

605 Als Nebenfolgen sind zulässig die Einziehung nach § 22 OWiG, wobei der Grundsatz der Verhältnismäßigkeit nach § 24 OWiG zu beachten ist. Die Einziehung kann auch auf einen Teil der Gegenstände beschränkt werden. Ferner ist nach dem OWiG zulässig die Einziehung des Wertersatzes nach § 25 OWiG mit der Wirkung, dass das Eigentum an der Sache oder an dem eingezogenen Recht mit der Rechtskraft der Entscheidung auf den Staat oder, soweit das Gesetz dies bestimmt, auf die Körperschaft oder Anstalt des öffentlichen Rechts übergeht, deren Organ oder Stelle die Einziehung angeordnet hat. Rechte Dritter an dem Gegenstand bleiben bestehen. Die selbständige Anordnung einer Einziehung ist im Rahmen des § 27 OWiG zulässig.

606 Als Nebenfolge kann nach § 25 StVG zusammen mit einer Geldbuße auch ein Fahrverbot verhängt werden. Das Fahrverbot wird wirksam mit der Rechtskraft des Bußgeldbescheides. Die Verbotsfrist berechnet sich in gleicher Weise wie das Fahrverbot nach § 44 StGB.

III. Verjährung

Zur Verfolgungsverjährung siehe §§ 31ff. OWiG. Die Verfolgung von Ordnungswidrigkeiten verjährt, wenn das Gesetz nichts anderes bestimmt, 607
- in drei Jahren bei Ordnungswidrigkeiten, die mit Geldbuße im Höchstmaß von mehr als € 15.000,– bedroht sind;
- in zwei Jahren bei Ordnungswidrigkeiten, die mit Geldbuße im Höchstmaß von mehr als € 2.500,– bis € 15.000,– bedroht sind;
- in einem Jahr bei Ordnungswidrigkeiten, die mit Geldbuße im Höchstmaß von mehr als € 1.000,– bis zu € 2.500,– bedroht sind;
- in sechs Monaten bei den übrigen Ordnungswidrigkeiten.

Nach § 26 Abs. 3 StVG beträgt die Verfolgungsverjährung bei Ordnungswidrigkeiten nach § 24 StVG (Verkehrsordnungswidrigkeiten) drei Monate bis zum Erlass eines Bußgeldbescheides oder der Erhebung der öffentlichen Klage, danach sechs Monate.

Zur Vollstreckungsverjährung siehe § 34 OWiG.

Eine rechtskräftig verhängte Geldbuße darf nach Ablauf der Verjährungsfrist nicht mehr vollstreckt werden. Die Verjährungsfrist beträgt:
- 5 Jahre bei einer Geldbuße von mehr als € 1.000,–;
- 3 Jahre bei einer Geldbuße bis zu € 1.000,–.

Die Verjährung beginnt mit der Rechtskraft der Entscheidung, sie ruht, solange nach dem Gesetz die Vollstreckung nicht begonnen oder nicht fortgesetzt werden kann, die Vollstreckung ausgesetzt ist oder eine Zahlungserleichterung bewilligt ist. Dies gilt auch entsprechend für Nebenfolgen, die zu einer Geldzahlung verpflichten. Ist eine solche Nebenfolge neben einer Geldbuße angeordnet, so verjährt die Vollstreckung der einen Rechtsfolge nicht früher als die der anderen. Dies bedeutet, dass in diesen Fällen immer die längste Verjährungsfrist gilt. 608

IV. Das Bußgeldverfahren

Für das Bußgeldverfahren vor der Verwaltungsbehörde gelten, soweit das OWiG nichts anderes bestimmt, sinngemäß die Vorschriften der StPO, des GVG und des JGG. Die Verwaltungsbehörde hat, soweit das OWiG nichts anderes bestimmt, im Bußgeldverfahren dieselben Rechte und Pflichten wie die Staatsanwaltschaft bei der Verwaltung von Straftaten. Das Verfahren endet mit dem Bußgeldbescheid. Der Bußgeldbescheid hat die nach § 66 OWiG genannten notwendigen Bestandteile zu enthalten. Hinzuweisen ist insbesondere auf § 66 Abs. 2 Nr. 3 OWiG, nämlich die Belehrung, dass Erzwingungshaft nach § 96 OWiG angeordnet werden kann, wenn die betroffene Person ihrer Pflicht nach § 66 Abs. 2 Nr. 2 OWiG nicht nachkommt. 609

V. Das gerichtliche Verfahren

Die betroffene Person kann gegen den Bußgeldbescheid innerhalb einer Frist von 2 Wochen nach Zustellung schriftlich oder zur Niederschrift bei der Verwaltungsbehörde, die den Bußgeldbescheid erlassen hat, Einspruch einlegen – § 67 OWiG. Der Einspruch kann auf bestimmte Beschwerdepunkte beschränkt werden. Bei einem Einspruch gegen den Bußgeldbescheid entscheidet das Amtsgericht, in dessen Bezirk die Verwaltungsbehörde ihren Sitz hat. Zuständig ist der Einzelrichter. 610

611 Das Verfahren nach zulässigem Einspruch richtet sich, soweit das OWiG nichts anderes bestimmt, nach den Vorschriften der StPO, die nach zulässigem Einspruch gegen einen Strafbefehl gelten. Demnach muss das Gericht zunächst einmal in der Hauptverhandlung entscheiden. Grundlage ist der Bußgeldbescheid. Die Gegensätze zum Strafverfahren sind:

612 Der Staatsanwalt ist zur Teilnahme an der Hauptverhandlung nicht verpflichtet – § 75 OWiG; er nimmt an der Hauptverhandlung teil, wenn er einer Entscheidung durch Beschluss nach § 72 OWiG widersprochen hat oder Anhaltspunkte dafür vorhanden sind, dass die Tat auch unter dem rechtlichen Gesichtspunkt einer Straftat beurteilt werden kann. Er soll an der Hauptverhandlung teilnehmen, wenn

- das Gericht ihm mitgeteilt hat, dass es seine Mitwirkung für angemessen hält,
- die Aufklärung des Sachverhalts eine umfangreiche Beweisaufnahme erfordert,
- eine höhere Geldbuße oder eine bedeutsame Nebenfolge in Betracht kommt,
- eine Rechtslage von allgemeiner Bedeutung zu entscheiden ist,
- die Verwaltungsbehörde die Teilname angeregt hat,
- mit einer gerichtlichen Einstellung des Verfahrens in Fällen zu rechnen ist, in welchen dies vom Standpunkt des öffentlichen Interesses nicht vertretbar erscheint.

Die betroffene Person ist zum Erscheinen in der Hauptverhandlung verpflichtet. Das Gericht kann die betroffene Person jedoch auf ihren Antrag hin von dieser Verpflichtung befreien unter den Voraussetzungen des § 73 Abs. 2 OWiG. Trotz der Entbindung vom persönlichen Erscheinen in der Hauptverhandlung kann sich die betroffene Person durch einen schriftlich bevollmächtigten Verteidiger vertreten lassen. Im Übrigen gelten die StPO-Vorschriften wie Ladungsfrist, ununterbrochene Verhandlung nach § 228 Abs. 2 StPO, Gang der Hauptverhandlung nach § 243 StPO, Beweisaufnahmeverfahren nach §§ 244–257 StPO, wobei jedoch nicht das förmliche Beweisrecht nach § 244 Abs. 3, Abs. 4 StPO gilt.

Als weitere Sonderheit kann das Gericht nach § 72 OWiG auch ohne Hauptverhandlung entscheiden, wenn es eine solche nicht für erforderlich hält und die betroffene Person und die Staatsanwaltschaft diesem Verfahren nicht widersprechen. Das Gericht entscheidet in diesem Fall im Beschlussverfahren. Es darf jedoch von der im Bußgeldbescheid getroffenen Entscheidung nicht zum Nachteil der betroffenen Person abweichen. Bei Wegfall des Fahrverbots kann jedoch eine höhere als die im Bußgeldbescheid ausgesprochene Geldbuße festgesetzt werden.

VI. Vollstreckung

1. Allgemein

613 Das Vollstreckungsverfahren dient der Durchsetzung der Bußgeldentscheidung und zwar nicht nur hinsichtlich der Geldbuße, sondern auch der Nebenfolgen, soweit sie nicht schon mit der Rechtskraft wirksam werden, und der Kosten. Durch Gnadenerweise können Geldbußen und Nebenfolgen erlassen, ermäßigt oder gestundet werden. Gesuche um Zahlungserleichterungen sind aber in der Regel zunächst nach § 93 OWiG zu behandeln. Die unzulässige Vollstreckung zum Nachteil der betroffenen Person kann den Tatbestand der Vollstreckung gegen Unschuldige verwirklichen – § 345 Abs. 3 S. 2 StGB. An einen ausländischen Staat kann ein Ersuchen um Vollstreckung einer Bußgeldentscheidung in der Regel nicht gerichtet

werden. Zu beachten sind jedoch die Vorschriften aus dem Schengener Abkommen und die Richtlinien der Europäischen Union über die Vollstreckung von Bußgeldbescheiden, die von Mitgliedern der Europäischen Union erlassen und rechtskräftig geworden sind.

Bußgeldentscheidungen sind vollstreckbar, wenn sie rechtskräftig geworden sind. **614** Vollstreckungsbehörde ist die Behörde, die den Bußgeldbescheid erlassen hat. Für die Vollstreckung der gerichtlichen Bußgeldentscheidung gelten die Bestimmungen der §§ 451 Abs. 1, Abs. 2, 459 und 459g Abs. 1 StPO. Zuständig ist die Staatsanwaltschaft als Vollstreckungsbehörde. Die Vollstreckung ist nach § 31 RPflG dem Rechtspfleger übertragen. Im Verfahren gegen Jugendliche und Heranwachsende gelten auch die Bestimmungen der §§ 82ff. JGG sinngemäß. Zuständig für die Vollstreckung ist der Jugendrichter.

Teilbeträge werden, wenn die betroffene Person bei der Zahlung keine Bestimmung trifft, zunächst auf die Geldbuße, dann auf die etwa angeordneten Nebenfolgen, die zu einer Geldzahlung verpflichten, und zuletzt auf die Kosten des Verfahrens angerechnet. Jedoch sind Zahlungen Dritter, etwa der Rechtsschutzversicherung, nur auf die Kosten anzurechnen. Es gelten die gleichen Bestimmungen wie bei der Geldstrafe. Die Geldbuße oder der Teilbetrag einer Geldbuße wird vor Ablauf von 2 Wochen nach Eintritt der Fälligkeit nur beigetrieben, wenn aufgrund bestimmter Tatsachen erkennbar ist, dass sich die betroffene Person der Zahlung entziehen will. Ergibt sich, dass der betroffenen Person nach ihren wirtschaftlichen Verhältnisses die Zahlung in absehbarer Zeit nicht möglich ist, so kann die Vollstreckungsbehörde anordnen, dass die Vollstreckung unterbleibt – § 95 OWiG.

2. Erzwingungshaft

Nach Ablauf der Zahlungsfrist kann das Gericht auf Antrag der Vollstreckungs- **615** behörde (Verwaltungsbehörde oder Staatsanwaltschaft) oder, wenn ihm die Vollstreckung selbst obliegt (Jugendgericht), von Amts wegen Erzwingungshaft anordnen, wenn:
- die Geldbuße oder der bestimmte Teilbetrag einer Geldbuße nicht bezahlt ist,
- die betroffene Person ihre Zahlungsunfähigkeit nicht dargetan hat nach § 66 Abs. 2 Nr. 2b OWiG,
- sie nach § 66 Abs. 2 Nr. 3 OWiG belehrt ist und
- keine Umstände bekannt sind, welche ihre Zahlungsunfähigkeit ergeben.

Das Gericht kann unter den Voraussetzungen des § 96 Abs. 2 OWiG Zahlungser- **616** leichterungen bewilligen, eine bereits ergangene Anordnung der Erzwingungshaft ist in diesem Falle aufzuheben. Die vom Gericht angeordnete Erzwingungshaft darf wegen **einer** Geldbuße 6 Wochen nicht übersteigen. Wegen mehrerer in einer Bußgeldentscheidung festgesetzten Geldbußen darf die Erzwingungshaft 3 Monate nicht übersteigen – § 96 Abs. 3 OWiG. Die Erzwingungshaft wird nach Tagen bemessen und kann nachträglich nicht verlängert, jedoch abgekürzt werden. Wegen desselben Betrages darf die Vollstreckung der Erzwingungshaft nicht wiederholt werden. Gegen die Anordnung der Erzwingungshaft steht der betroffenen Person die sofortige Beschwerde nach § 311 StPO zu.

Für die Vollstreckung der Erzwingungshaft gelten die Vorschriften der §§ 451 **617** Abs. 1, Abs. 2 StPO und im Verfahren gegen Jugendliche und Heranwachsende die Vorschriften der §§ 82ff. JGG entsprechend. Die betroffene Person kann die Vollstreckung der Erzwingungshaft jedoch dadurch abwenden, dass sie den zu zahlenden Betrag entrichtet. Macht die betroffene Person nachträglich geltend, dass ihr nach ihren wirtschaftlichen Verhältnissen nicht zuzumuten ist, den zu zahlenden Betrag der Geldbuße sofort zu entrichten, so wird dadurch die Vollziehung der Anordnung nicht gehemmt. Die Vollstreckungsbehörde kann jedoch auch nach Anordnung der Erzwingungshaft Zahlungserleichterungen bewilligen. In diesem Falle muss die Erzwingungshaft nicht aufgehoben werden. Kommt die betroffene Person ihren Zahlungsverpflichtungen nicht nach, kann die Vollstreckungsbehörde die Erzwingungshaft weiter vollstrecken. Sind Teilbeträge entrichtet worden, ist nach wie vor die gesamte angeordnete Erzwingungshaft zu vollstrecken.

Beispiel:

Das Gericht ordnet wegen einer Geldbuße von € 250,– Erzwingungshaft von 10 Tagen an. Nach Ladung zum Antritt der Erzwingungshaft in die Justizvollzugsanstalt, stellt die betroffene Person einen Ratenzahlungsantrag, welchen die Vollstreckungsbehörde auch bewilligt. Nachdem die betroffene Person den Teilbetrag von € 200,– bezahlt hat, stellt sie die Zahlungen ein. Die Vollstreckungsbehörde kann deshalb die angeordnete Erzwingungshaft von 10 Tagen vollstrecken. Erachtet die Vollstreckungsbehörde eine Erzwingungshaft von 10 Tagen wegen einer restlichen Geldbuße von € 50,– für unangemessen, legt sie die Akten erneut dem Gericht vor, das die angeordnete Erzwingungshaft von 10 Tagen herabsetzen kann.

Im Verfahren gegen Jugendliche oder Heranwachsende kann das Gericht anstelle der Anordnung der Erzwingungshaft anordnen, dass die jugendliche oder heranwachsende Person einer Arbeitsauflage nachkommt, nach Kräften den durch die Handlung verursachten Schaden wieder gutmacht, bei einer Verletzung von Verkehrsvorschriften an einem Verkehrsunterricht teilnimmt oder sonst eine bestimmte Leistung zu erbringen hat. Der Jugendrichter kann die Anordnungen nebeneinander treffen und nachträglich ändern. Kommt die jugendliche oder heranwachsende Person einer der vorgenannten Anordnungen nicht nach und zahlt sie auch die Geldbuße nicht, so kann Jugendarrest gegen sie verhängt werden, wenn sie entsprechend belehrt worden ist, § 11 Abs. 3 Satz 2 JGG gilt entsprechend. Ist Jugendarrest vollstreckt worden, so kann der Jugendrichter die Vollstreckung der Geldbuße ganz oder zum Teil für erledigt erklären.

618 Wird nach Anordnung der Erzwingungshaft gegen die betroffene Person diese Haft auch vollstreckt, so ist sie zur Bezahlung der Geldbuße nach wie vor verpflichtet. Eine andere Regelung gilt im Strafverfahren bei Verurteilung zu einer Geldstrafe, wonach nach Vollstreckung der Ersatzfreiheitsstrafe die gegen die verurteilte Person verhängte Strafe erledigt ist. Neben der Geldbuße hat die betroffene Person auch zusätzlich die Haftkosten zu bezahlen. Ein zweites Mal darf jedoch die Erzwingungshaft wegen derselben Geldbuße nicht angeordnet und nicht vollstreckt werden.

619 Für die Vollstreckung der Erzwingungshaft gilt § 451 StPO. Der Beschluss über die Anordnung der Erzwingungshaft bedarf der Rechtskraft. Ein Vorführungs- oder Haftbefehl kann gegen die betroffene Person, die nicht freiwillig der Ladung zum Antritt der Haft Folge leistet, erlassen werden. Abzubrechen ist die Vollstreckung sofort, wenn die betroffene Person den zu zahlenden Betrag entrichtet, da sie jederzeit durch Zahlung die Vollstreckung abwenden kann. Die Möglichkeit zur Zahlung muss der betroffenen Person auch dann gewährt werden, wenn sie zwangsweise der Vollzugsanstalt zugeführt wird. Auch die Vollzugsanstalt hat den Geldbetrag anzunehmen, falls eine Einzahlung bei der zuständigen Kasse oder der Post im gegenwärtigen Zeitpunkt nicht möglich ist. Die betroffene Person hat auch nach Antritt der Haft den vollen Geldbetrag der Geldbuße zu bezahlen. Im OWiG gibt es das System der Tagessätze nicht.

Die Vollstreckungen der Erzwingungshaft sind die in der Praxis häufigsten Fälle, in denen die inhaftierte Person insgesamt nicht mehr als 7 Tage im Vollzug zuzubringen hat. Für die Berechnung der Erzwingungshaft gelten die entsprechenden Vorschriften der Strafvollstreckungsordnung über die Strafzeitberechnung entsprechend, d.h. die Berechnung der Erzwingungshaft hat nach Tagen und Stunden zu erfolgen.

4. Kapitel. Die Kosten des Verfahrens

I. Die Gerichtskosten

Unter einer Strafsache im Sinn des GKG ist nur ein Verfahren vor den ordentlichen Gerichten zu verstehen, das auf die Verhängung einer öffentlichen Strafe gerichtet ist. Die Gebührenpflicht in Strafsachen knüpft grundsätzlich nicht wie diejenige in bürgerlichen Rechtsstreitigkeiten an bestimmte gerichtliche Handlung an, sondern an die Tatsache, dass das Gericht rechtskräftig auf eine Strafe erkannt hat. So bestimmt § 8 GKG, dass in Strafsachen die Kosten erst mit der Rechtskraft des Urteils fällig werden. Dies gilt in gerichtlichen Verfahren nach dem OWiG entsprechend. 620

Die Gebührenhöhe bestimmt sich für alle Rechtszüge nach der Höhe der **rechtskräftig erkannten Strafe** oder nach einem festen Satz, also nicht nach einem Gegenstandswert. Maßgebend ist die Anlage 1 zum GKG, Kostenverzeichnis ab Nr. 3110.

Kraft Gesetzes eintretende Nebenfolgen wie der Amtsverlust nach § 45 StGB oder das Beschäftigungsverbot nach § 25 JArbSchG oder die kraft Gesetzes eintretende Führungsaufsicht bleiben unberücksichtigt und lösen keine Gebühren aus. Anders ist es für Maßregeln der Besserung und Sicherung die im Urteil verhängt werden. Unberücksichtigt bleiben ferner Nebenstrafen und Nebenfolgen wie Einziehung und Unbrauchbarmachung u. a. 621

Bei Gesamtstrafen, die in einem Urteil verhängt werden, ist bei gleichzeitiger Aburteilung für die Gebührenhöhe die **Gesamtstrafe** maßgebend und nicht die Summe der Einzelstrafen. Wird nachträglich nach § 55 StGB eine Gesamtstrafe gebildet, bestimmt sich die Höhe der Gebühr nicht nach der neuen Gesamtstrafe, sondern nach der Differenz der neuen Gesamtstrafe und der Höhe der einbezogenen Strafe, also auch nicht nach der Einzelstrafe. 622

Die rechtskräftige Verhängung einer Maßregel der Besserung und Sicherung löst in jeder Instanz eine Gebühr in Höhe von € 60,– aus. Werden in einer Strafentscheidung gleichzeitig mehrere Maßregeln der Besserung und Sicherung verhängt, verbleibt es bei **einer** Gebühr in Höhe von € 60,–. 623

II. Gebühren des Verteidigers

1. Der frei gewählte Verteidiger

Der Gebührenanspruch des gewählten Verteidigers richtet sich nach der Vorbemerkung 4 zu dem Vergütungsverzeichnis und den Nummern 4118, 4112 und 4106 des Vergütungsverzeichnisses des Rechtsanwaltsvergütungsgesetzes (RVG). Danach wird für den Gebührenanspruch des Verteidigers nicht ein „Wert“ zugrunde gelegt, also die Höhe der verhängten Strafe wie bei den Gerichtsgebühren. Sein Gebührenanspruch ist der Anspruch auf eine Rahmengebühr. Wie diese Rahmengebühr zu bemessen ist, ergibt sich aus § 14 RVG. 624

Bei Rahmengebühren bestimmt der Rechtsanwalt seine Gebühr im Einzelfall unter Berücksichtigung aller Umstände nach billigem Ermessen. Er hat dabei nachstehende Umstände zu berücksichtigen:

- die Bedeutung der Angelegenheit. Das Wort „Bedeutung" ist nicht aus der subjektiven Sicht der angeklagten Person oder des Verteidigers zu sehen, sondern aus objektiver Sicht, da wohl in der Regel für die angeklagte Person gerade ihr Fall von besonderer Bedeutung ist;
- den Umfang der anwaltlichen Tätigkeit. Dabei ist von dem Durchschnitt aller Verfahren auszugehen. Dies gilt insbesondere dann, wenn die Kosten von einer dritten Person zu erstatten sind. So rechtfertigt ein durchschnittliches Verfahren eine **Mittelgebühr.** Wie sich die Mittelgebühr errechnet, siehe nachstehendes Beispiel;
- die Schwierigkeit der anwaltlichen Tätigkeit. Auch hier muss die Schwierigkeit aus objektiver Sicht betrachtet werden und nicht ob dieser Fall gerade für einen bestimmten Anwalt besonders schwierig ist, etwa wenn ein Rechtsanwalt, der sich auf Ehesachen spezialisiert hat, jetzt eine Verteidigung in einem Strafverfahren übernimmt und sich deshalb erneut in das Straf- und Strafverfahrensrecht einlesen muss. Besonders schwierig kann ein Fall sein, wenn z.B. die Beweislage äußerst schwer ist, wenn die Gesetzeslage außergewöhnlich ist usw.
- die Vermögens- und Einkommensverhältnisse der angeklagten Person.

Alle genannten Umstände sind gleichwertig zu behandeln. Ein besonderes Haftungsrisiko des Rechtsanwalts kann bei der Bemessung herangezogen werden. Ferner ist grundsätzlich das Haftungsrisiko bei der Bemessung heranzuziehen, wenn sich die Rahmengebühr nicht nach dem Gegenstandswert richtet.

Gegen seinen eigenen Mandanten kann der Verteidiger sich seine Gebühren grundsätzlich nicht nach § 11 RVG durch das Gericht festsetzen lassen, da diese zunächst einmal nicht für Rahmengebühren gilt. Eine Ausnahme wird jedoch in § 11 Abs. 8 RVG gemacht. Danach kann der Rechtsanwalt seinen Gebührenanspruch gegen seinen Mandanten dann festsetzen lassen, wenn

- es sich um eine festgestellte Pauschgebühr nach § 42 RVG handelt,
- es sich um die Mindestgebühren nach dem Vergütungsverzeichnis des RVG handelt,
- der Auftraggeber der Höhe der Gebühren ausdrücklich zugestimmt hat. In diesem Fall hat der Rechtsanwalt die Zustimmungserklärung des Auftraggebers mit dem Antrag vorzulegen.

Im Übrigen muss der Rechtsanwalt, sofern er gegen seinen Mandanten einen Vollstreckungstitel benötigt, die Gebührenklage erheben. Im Rechtsstreit gegen seinen Mandanten hat das Gericht ein Gutachten des Vorstandes der Rechtsanwaltskammer einzuholen, sofern die Gebührenhöhe streitig ist. Der Vorstand der Rechtsanwaltskammer hat das Gutachten kostenlos zu erstatten.

Beispiel: Anklage wegen des Verdachts des Diebstahls eines PKW. Die beschuldigte Person erteilt bereits nach Aufnahme der Ermittlungen durch die Polizei ein Mandat. Der Rechtsanwalt fordert die Ermittlungsakten an. Es wird Anklage erhoben. Die Hauptverhandlung, erstreckt sich über 2 Verhandlungstage. Die angeklagte Person wird zu der Freiheitsstrafe von 12 Monaten verurteilt, die Vollstreckung der Strafe wird zur Bewährung ausgesetzt.

Zu prüfen ist der Gebührenanspruch zunächst nach § 14 RVG.

– Bedeutung der Angelegenheit	– Durchschnitt
– Umfang der anwaltlichen Tätigkeit	– Durchschnitt
– Schwierigkeit der anwaltlichen Tätigkeit	– Durchschnitt
– Vermögens- und Einkommensverhältnisse	– Durchschnitt

Damit erhält der Rechtsanwalt jeweils die Mittelgebühr. Auch der Umstand, dass die Hauptverhandlung sich über 2 Verhandlungstage erstreckt, geht zwar über die durchschnittlichen Verfahren hinaus. Der Rechtsanwalt erhält aber für jeden weiteren Verhandlungstag nach eine gesonderte Gebühr nach Nr. 4108 des Vergütungsverzeichnisses zur RVG. Die Vermögens- und Einkommensverhältnisse der angeklagten Person wurden als durchschnittlich angenommen.

Danach ergibt sich für den Verteidiger nachstehender Gebührenanspruch:

– Gebühr nach Nr. 4104 VV zum RVG Mittelgebühr (Mittelgebühr ist € 250,– plus € 30,– geteilt durch 2)	€ 140,–
– Gebühr nach Nr. 4106 VV zum RVG Mittelgebühr	€ 140,–
– Gebühr nach Nr. 4108 VV zum RVG Mittelgebühr	€ 230,–
– Gebühr nach Nr. 4108 VV zum RVG Mittelgebühr (2. Verhandlungstag)	€ 230,–
– Auslagenpauschale nach Nr. 7002 VV zum RVG[1]	€ 20,–
– Mehrwertsteuer nach Nr. 7008 VV zum RVG (19%)	€ 144,40
Summe	**€ 904,40**

Diese Rechtsanwaltskosten wären festzusetzen, wenn sie von einer dritten Person, auch von der Staatskasse im Falle eines Freispruchs zu erstatten wären. Ist der eigene zahlungspflichtige Mandant mit der Kostenrechnung seines Verteidigers, die über dem Betrag von 904,40 € liegen kann, da der Verteidiger seine Gebühren nach billigem Ermessen bestimmen kann, nicht einverstanden, sind die Kosten des Verteidigers im streitigen Verfahren vor dem Gericht zu bestimmen.

Eine Festsetzung der Rechtsanwaltgebühren durch das Gericht (zuständig ist der **625**
Rechtspfleger) kommt nur in Betracht im Rahmen des § 11 Abs. 8 RVG. Wenn die verurteilte Person auch die Kosten einer Nebenklage zu tragen hat und der Nebenkläger durch einen Rechtsanwalt vertreten wird oder wenn ein Dritter, der nicht angeklagte Person war, die Kosten des Verfahrens zu tragen hat, so beim Freispruch bei dem die Kosten der Staatskasse auferlegt sind können diese Kosten gegen die zur Zahlung verpflichtete Person, also den zur Tragung der Kosten der Nebenklage Verurteilten oder gegen die Staatskasse nach §§ 103ff. ZPO festgesetzt werden.

Problematisch ist, wenn die angeklagte Person wegen zweier oder mehrerer Ta- **626**
ten angeklagt ist, sie teilweise verurteilt und teilweise freigesprochen wird und das Gericht erkennt, dass soweit Freispruch erfolgt ist, die Kosten die Staatskasse zu tragen hat. Die Festsetzung der Kosten des Verteidigers gegen die Staatskasse erfolgt nach überwiegender Meinung nach der sogenannten Differenztheorie.

Beispiel: Die Anklage lautet auf Diebstahl, gefährliche Körperverletzung und Betrug. Die ange- **627**
klagte Person wird in der Hauptverhandlung vor dem Amtsgericht durch einen frei gewählten Rechtsanwalt verteidigt. Das Gericht verurteilt die angeklagte Person wegen Diebstahl und Betrug zu einer Gesamtfreiheitsstrafe von 9 Monaten. Hinsichtlich des Tatvorwurfs der Körperverletzung erfolgt Freispruch. Soweit die angeklagte Person freigesprochen wurde, trägt die Kosten des Verfahrens die Staatskasse.

Der für die verurteilte Person schwerste Tatvorwurf liegt in unserem Fall bei der gefährlicher Körperverletzung. Er könnte auch bei einem anderen der genannten Tatvorwürfe liegen. Dies ist im Einzelfall jeweils zu prüfen.

Im Rahmen des § 14 RVG macht der Verteidiger geltend eine über der Mittelgebühr der Nr. 4104, 4106 und 4108 liegende Gebühr, nachdem er die angeklagte Person hinsichtlich aller Tatvorwürfe verteidigt hat: Die über der Mittelgebühr liegende Gebühr ist nach § 14 RVG dadurch gerechtfertigt, weil die Sache insgesamt durch die 3 Anklagepunkte umfangreicher war als der Durchschnitt der Verfahren vor dem Amtsgericht.

– Gebühr nach Nr. 4104 VV zum RVG	€ 210,–	
– Gebühr nach Nr. 4106 VV zum RVG	€ 210,–	
– Gebühr nach Nr. 4108 VV zum RVG	€ 300,–	
– Auslagenpauschale nach Nr. 7002 VV zum RVG	€ 20,–	
– Mehrwertsteuer nach Nr. 7008 VV zum RVG	€ 104,60	€ 880,60

[1] Der Verteidiger kann anstelle der Auslagenpauschale auch seine tatsächlichen Auslagen für Post- und Telekommunikationsdienstleistungen verlangen. Er muss diese Auslagen nicht belegen, es genügt die anwaltliche Versicherung, dass diese entstanden sind.

Wäre die angeklagte Person nur wegen der Taten angeklagt worden, wegen derer sie später auch rechtskräftig verurteilt wurde, könnte der Verteidiger im Rahmen des § 14 RVG die Mittelgebühr geltend machen:

– Gebühr nach Nr. 4104 VV zum RVG	€ 140,–	
– Gebühr nach Nr. 4106 VV zum RVG	€ 140,–	
– Gebühr nach Nr. 4108 VV zum RVG	€ 230,–	
– Auslagenpauschale nach Nr. 7002 VV zum RVG	€ 20,–	
– Mehrwertsteuer nach Nr. 7008 VV zum RVG	€ 109,70	€ 630,70
Festsetzung gegen die Staatskasse daher		**€ 249,90**

Nach der herrschenden Meinung in Literatur und Rechtsprechung haftet die Staatskasse jeweils nur für den Differenzbetrag.

2. Der Pflichtverteidiger

628 Der Pflichtverteidiger hat nach §§ 45 ff. RVG einen Anspruch gegen die Staatskasse. Für ihn gilt jedoch nicht der Gebührenrahmen des § 14 RVG, sondern seine Gebühr ist eine Festgebühr nach den Nr. 4100 ff. VV zum RVG, sofern dem Rechtsanwalt nicht eine Pauschgebühr nach §§ 42 f. RVG bewilligt ist. Die aus der Staatskasse zu gewährende Vergütung wird auf Antrag des Rechtsanwalts von dem Urkundsbeamten der Geschäftsstelle des ersten Rechtszuges festgesetzt, vgl. § 55 RVG. Nimmt der Rechtspfleger die Festsetzung vor, handelt er als Urkundsbeamter der Geschäftsstelle, so dass gegen seine Entscheidung nicht die Rechtsmittel nach dem RPflG gegeben sind, sondern die Erinnerung nach § 56 RVG. Über die Erinnerung entscheidet der Vorsitzende des Gerichts des ersten Rechtszuges durch Beschluss, im Falle der Erinnerung gegen eine Festsetzung nach § 55 Abs. 3 RVG entscheidet die Strafkammer des Landgerichts.

Der Rechtsanwalt kann auch im Rahmen des § 51 RVG eine Pauschgebühr geltend machen. Über einen solchen Antrag entscheidet jedoch das OLG.

Erhält der Rechtsanwalt seine Gebühren im Rahmen des § 45 RVG aus der Staatskasse erstattet, hat er grundsätzlich keinen weiteren Anspruch gegen seinen Mandanten[2] es sei denn, der Verurteilte hat auf Grund der gerichtlichen Entscheidung einen Anspruch gegen die Staatskasse, etwa auf Grund eines Freispruchs oder eines Teilfreispruches.

629 Die in die Verfahrenskosten verurteilte Person hat die von der Staatskasse an den Pflichtverteidiger bzw. beigeordneten Verteidiger bezahlten Kosten der Staatskasse zurückzuerstatten.

630 Wird die angeklagte Person freigesprochen oder teilweise freigesprochen und werden die Kosten des Verfahrens der Staatskasse ganz oder teilweiseauferlegt, so hat der als Pflichtverteidiger bestellte Rechtsanwalt als Vertreter des Beschuldigten gegen die Staatskasse den Vergütungsanspruch eines frei gewählten Verteidigers ganz oder zum Teil. Diese Festsetzung gegen die Staatskasse erfolgt wieder nach den Vorschriften der §§ 103 ff. ZPO. Dies ergibt sich aus § 52 Abs. 2 und Abs. 3 RVG. Dies gilt auch dann, wenn ein Teilfreispruch erfolgt. Der als Pflichtverteidiger bestellte Anwalt hat nur insoweit einen Gebührenanspruch gegen seinen Mandanten, als diesem ein Erstattungsanspruch gegen die Staatskasse zusteht.

---

[2] Ergänzende Ausführungen hierzu in Rn. 630.

Beispiel: Anklage vor der Strafkammer des Landgerichts wegen Diebstahl in besonders schwerem Fall und Raub. Vor Anklageerhebung wird ein Pflichtverteidiger beigeordnet, nachdem sich der Beschuldigte in dieser Sache in Untersuchungshaft befindet. In der Hauptverhandlung, die etwa 4 Stunden dauert, erfolgt hinsichtlich des Raubes Freispruch unter Auferlegung der Kosten und notwendigen Auslagen insoweit auf die Staatskasse, hinsichtlich des Vorwurfs des Diebstahls in besonders schwerem Fall erfolgt Verurteilung unter Auflegung der Kosten auf die angeklagte Person.

Der Rechtsanwalt hat zunächst einen Anspruch nach § 45 RVG gegen die Staatskasse, der sich wie folgt errechnet, nachdem eine Pauschgebühr nicht festgesetzt wurde und auch nicht beantragt worden war:

– Gebühr nach Nr. 4105 VV zum RVG	€ 137,–
– Gebühr nach Nr. 4113 VV zum RVG	€ 151,–
– Gebühr nach Nr. 4115 VV zum RVG	€ 263,–
– Auslagenpauschale nach Nr. 7002 VV zum RVG	€ 20,–
– Mehrwertsteuer nach Nr. 7008 VV zum RVG	€ 108,49
Anspruch gegen die Staatskasse	**€ 679,49**

Anspruch gegen den Mandanten, der sich nach §§ 14, 52 RVG richtet. Zunächst die die Gebühr eines frei gewählten Verteidigers zu berechnen und zwar hinsichtlich aller Anklagepunkte. Da es sich vom Umfang her über eine über dem Durchschnitt liegende Angelegenheit handelt, liegen die Gebühren jeweils auch über den Mittelgebühren:

– Gebühr nach Nr. 4105 VV zum RVG	€ 250,–
– Gebühr nach Nr. 4113 VV zum RVG	€ 300,–
– Gebühr nach Nr. 4115 VV zum RVG (auf Grund des Umfangs wurde eine Gebühr über der Mittelgebühr in Ansatz gebracht)	€ 450,–
– Auslagenpauschale nach Nr. 7002 VV zum RVG	€ 20,–
– Mehrwertsteuer nach Nr. 7008 VV zum RVG	€ 193,80
Summe	**€ 1213,80**

Wäre die Anlage nur wegen Diebstahls in besonders schwerem Fall erfolgt, hätte der Gebührenanspruch des Rechtsanwalts nur in Höhe der Mittelgebühr bestanden.

– Gebühr nach Nr. 4105 VV zum RVG	€ 171,25
– Gebühr nach Nr. 4113 VV zum RVG	€ 188,75
– Gebühr nach Nr. 4115 VV zum RVG	€ 328,75
– Auslagenpauschale nach Nr. 7002 VV zum RVG	€ 20,–
– Mehrwertsteuer nach Nr. 7008 VV zum RVG	€ 134,66
Summe	**€ 843,41**

Anspruch des Verteidigers gegen seinen Mandanten:

– Gesamtanspruch eines gewählten Verteidigers:	€ 1213,80
– Anspruch des Angeklagten gegen die Staatskasse aufgrund des Teilfreispruchs:	€ 843,41
Anspruch des Verteidigers gegen die Staatskasse daher zusätzlich	**€ 370,39**

Dieser Betrag ist nach den ZPO-Vorschriften gegen die Staatskasse festzusetzen. Es sind hier also zwei Kostenfestsetzungen notwendig. Die Kostenfestsetzung der Pflichtverteidigergebühren nach § 55 RVG gegen die Staatskasse und die Festsetzung nach §§ 103 ff. ZPO gegen die Staatskasse hinsichtlich des Anspruchs des Angeklagten auf Grund des Teilfreispruchs. Der Rechtsanwalt darf aber auf Grund beider Festsetzungen nach obigem Beispiel insgesamt nicht mehr erhalten als € 1213,80.

Soweit der Angeklagte in die Verfahrenskosten verurteilt ist, hat er an die Staatskasse auch die von dieser an den Pflichtverteidiger bezahlten Kosten zu erstatten. Der Erstattungsbetrag ist nach oben hin begrenzt durch die Kostenentscheidung des Gerichts. In obigem Beispiel muss der Verurteilte Anwaltskosten in Höhe von maximal € 843,41 bezahlen. Da die Pflichtverteidigerkosten insgesamt nur € 649,49 betragen, hat er diesen Betrag ganz der Staatskasse zu erstatten. Dieser Betrag wird zusammen mit der Kostenrechnung gegen den Verurteilten zum Soll gestellt.

Stichwortverzeichnis

Die Zahlen verweisen auf die Randnummern.